延安大学2023年研究生教材建设项目（YJC202304）

YANJIUSHENG YUWEN

研究生语文

主编　刘向斌　副主编　师　瑞

西安交通大学出版社
XI'AN JIAOTONG UNIVERSITY PRESS

图书在版编目(CIP)数据

研究生语文 / 刘向斌主编. -- 西安：西安交通
大学出版社，2025.7. -- ISBN 978 - 7 - 5693 - 4179 - 9

Ⅰ. H193.9

中国国家版本馆 CIP 数据核字第 2025RY0394 号

书　　名	研究生语文
主　　编	刘向斌
策划编辑	雒海宁
责任编辑	雒海宁
责任校对	袁　娟
封面设计	任加盟

出版发行	西安交通大学出版社
	（西安市兴庆南路 1 号　邮政编码 710048）
网　　址	http://www.xjtupress.com
电　　话	(029)82668357　82667874(市场营销中心)
	(029)82668315(总编办)
传　　真	(029)82668280
印　　刷	西安五星印刷有限公司

开　　本	889mm×1194mm　1/16　**印张**　16.375　**字数**　376 千字
版次印次	2025 年 7 月第 1 版　　2025 年 7 月第 1 次印刷
书　　号	ISBN 978 - 7 - 5693 - 4179 - 9
定　　价	58.00 元

如发现印装质量问题,请与本社市场营销中心联系。

订购热线:(029)82665248　(029)82667874

投稿热线:(029)82664840　QQ:363342078

读者信箱:363342078@qq.com

前　言

在中国式现代化建设的新征程上，教育、人才和科技是驱动发展的三驾马车。党的二十大报告指出，"教育、科技、人才是全面建设社会主义现代化国家的基础性、战略性支撑"，强调"深入实施科教兴国战略，人才强国战略，创新驱动发展战略"，"加快建设教育强国、科技强国、人才强国"。因此，如何推进教育、科技、人才的协同发展，如何实施教育强国、科技强国、人才强国战略思想，应是每一位高等教育工作者必须认真思考的新时代人才培养课题。

简言之，人才培养是通过系统教育与专业训练实现个体能力提升的过程。目前，高等院校和科研院所是人才培养的重要社会力量，落实人才培养目标也是高等院校及科研院所必须承担的时代使命和社会职责。从当前社会对人才的需求来看，我们应当培养具备良好人文与科学素养、社会责任感，学科基础扎实，同时具有自主学习能力、创新精神和实践能力的高素质人才。事实上，人文素养、科学素质、社会责任感、自主学习能力、创新精神与实践能力构成了新时代人才的六大核心评价标准。因此，如何将学生培养成国家所需要的建设型人才，是高等教育管理者、工作者、研究者所共同面临的人才培养大课题。

随着社会经济的发展，应用型、技能型人才需求激增，使得社会上逐渐形成"重理轻文"的风气。该风气影响着学子们的专业选择，并在一定程度上影响了大学学科教育的发展走向。由此导致的直接后果是，有人会认为文科教育无用，甚至认为人文素质教育并不重要。这种错误思想影响了我国公民人文素养水平的整体性提高，这是令人担忧的现实问题。

不唯如此。各高校学术型、专业型硕士研究生整体的语文水平与人文素养现状也令人担忧。我们在指导研究生修改论文时发现，语文问题已成为论文修改的大问题，甚至远远超过了专业性问题。多年前，丘立才老师就曾以《努力提高研究生的中国语文水平》为题写了一篇论文，呼吁应当重视提高研究生的"识字"水平、文字水平和文化水平①。刘向政基于硕士研究生在中文、英文摘要中存在的语文问题，建议高校在学科建设与通识课程设置等方面"应突出或彰显汉、英语语文教育的作用……在研究生教育理念上，坚持两条腿走路，不能重英轻汉，也不能重汉轻英。"②现在看来，两位学者提出的问题依然突出。特别是各专业研究生的学位论文中存在的用字、用词、语义、语法、修辞、标点，乃至句子和段落层面的语言问题尤为突出。

针对上述现状，我们决定为在读的硕士研究生编写一本语文教材。意图很明确，就是为了

---

① 丘立才.努力提高研究生的中国语文水平[J].中山大学学报论丛,1998(5):28-30.

② 刘向政.论工科类研究生汉、英语文修养及学科建设:从一则硕士研究生毕业论文的中、英文摘要谈起[J].湖南社会科学,2007(4):208-210.

让研究生的语文能力有所提高。我们认为,研究生语文课程应作为研究生阶段的公共必修课,旨在提升各学科硕士研究生的综合语文能力,包括语言运用、古典文献阅读、批判性思维、审美鉴赏及学术论文写作等核心素养。因此,明确《研究生语文》教材的使用对象、适用范围、教材性质、内容框架及教学目标至关重要。

著名教育家叶圣陶先生曾这样界定"语文"的本质:"平常说的话叫口头语言,写到纸面上的叫书面语言。'语'就是口头语言,'文'就是书面语言。把口头语言和书面语言连在一起说就叫'语文'。"因此,语文就是培养学生的口语与书面语表达能力的一门学科。同样,开设研究生语文的课程目标就是提升硕士研究生的口语和书面语表达能力。

当前,常见的语文教材有大学语文、中学语文和小学语文、成人语文等四大类。前三类属于学校教育教材,后一类属于社会教育教材。小学语文、中学语文主要培养小学生、中学生的基础语文能力,包括听、说、读、写等语言基本功及辨别真伪、善恶与美丑的认识能力。因此,教材中贯穿道德、伦理与情感教育,以及价值导向和思维训练等内容。

大学语文与成人语文均以成人为教学对象,其教学目标可视作中、小学语文教育的延伸与发展。其中,大学语文不仅注重大学生语文应用能力的培养,同时强调人文素养、家国情怀的培育,并加强对道德判断、思辨能力与审美能力的系统训练。而成人语文则以"补课与补缺"为主要目标,旨在提高已步入社会的成年人的语文应用能力,因此要重视语文基础知识学习,以及口语表达、书面表达等语言交际能力的训练,以帮助成年人解决在学习、工作、生活及社交中所遇到的语文问题。

《研究生语文》是高等教育类的研究生教材,以成年学生为教学对象,应具备语文教材的基本功能,同时体现研究生教育的特点。目前,我国的研究生教育是精英教育,所以《研究生语文》应助力于精英人才的培养,应具有潜移默化的引导性、阅读与梳理文献的实践性、辨别真善美与假恶丑的批判性。同时《研究生语文》应立足于大语文观,兼顾古今经典作品,内容应具有开放性、典型性和思辨性特征,其选文不应局限于文学领域,哲学、科技、经济、医学、教育、历史等领域的经典作品都应纳入其中。总之,提升语文学习能力、拓展知识视野、提升人文素养、强化思维训练、提高口语与书面表达能力等皆是该教材期望达到的培养目标。

近年来,科学技术正以日新月异的变化速度引领着我们面对当下、走向未来。在此背景下,科技教育与人文教育唯有通过深度融合,方能实现教育强国的战略目标。与此同时,人工智能技术给教育界带来了不可忽视的挑战与冲击,也让我们不得不认真思考,在推进科技教育与人文教育协同发展、融合发展的过程中,应该如何实现人才培养的核心目标。我们知道,教育的本质是育人,而科技教育和人文教育在教育强国战略实施的过程中承担着不同的角色,二者的核心育人目标和育人结果也各有侧重。"科技教育旨在培养学生认识客观世界及其规律的能力,进而改造客观世界,本质是求真。人文教育旨在培养学生人文精神,提高学生人文素养,本质是求善。"①当然,科技教育的"根本精神在于求真",而人文教育的"根本精神在于求善

---

① 崔文龙.深刻把握强化科技教育和人文教育协同的战略意义[N].光明日报,2024-11-05(6).

和求美。"①所以,"让科技教育富有'人文温度',让人文教育促进科技创新,是深化教育综合改革的重要内容。"②从这个意义上讲,本教材编写目的是积极引导学生走求真、求善、求美之路。

基于上述定位,本教材主要面向全体硕士研究生,涵盖理学、工学、医学、农学、哲学、经济学、法学、教育学、文学、历史学、管理学、艺术学等学科领域。教材内容既可作为研究生课程指定用书,也可供社会各界人士研读参考,特别适合需要提升学术表达能力、批判性思维和人文素养的读者群体使用。

当然,编写教材,必须遵循教材编写的原则。《研究生语文》应具备语文教材的基本特点,遵循语文教材的基本编写原则,但又有别于其他语文教材。大、中、小学和成人语文教材着眼于提升语文基础能力与基本技能,而《研究生语文》在具备语文教材的基本功能的基础上,更强调学术性提升与高阶思维强化。故本教材主要遵循如下编写原则:

第一,科学性原则:培养科学思维,确保内容准确规范;

第二,人文性原则:传承优秀文化,培养批判精神;

第三,基础性原则:夯实语言基础,服务思维训练;

第四,实用性原则:贴近学生需求,注重实践应用;

第五,逻辑性原则:内容编排合理,符合认知规律;

第六,文学性原则:精选文学经典,提升审美素养;

第七,时代性原则:呼应时代需求,弘扬先进文化;

第八,兴趣性原则:激发学习热情,培养探索精神。

总之,《研究生语文》教材兼备文学性、思想性与研究性特征,注重汉语思维训练和中国文化传承。本教材重点培养研究生的欣赏、鉴别、分析、思辨能力,以期提高他们的人文素养、语文水平,让其具有独立思考能力和质疑精神。本教材重视作品讲解,关注拓展阅读与训练,坚持讲解与阅读并重。

本教材选文特点如下。

(一)注重时间的纵深性和内容的多样性,选文以古代作品为主,兼顾现当代作品,将国外经典作品纳入拓展阅读范围。

(二)尽量选编大、中、小语文教材未选篇目。若无法避免重复,选文须以探索、思辨作为解读视角,为提升语文能力服务。

(三)选文须关注思维习惯的改变,重视思维训练,贯穿中国文化核心精髓,以提升汉语思维能力,让中国文化精髓走心入脑为最高目标。

(四)选文注重类型性、代表性和规范性,注重选用文学、思想、艺术、科技、健康、教育等类型的经典作品。

---

① 杜云.强化科技教育和人文教育协同[N].光明日报,2024-10-22(6).

② 任定成,李三虎.把握科技与人文的内在统一性 强化科技教育和人文教育协同[N].人民日报,2024-10-28(9).

（五）选文不受制于进化思维，但要正视进化论作为思想体系、学术方法论对中国文化走向的深刻影响。

（六）选文既要关注欧洲工业革命背景下的西学东渐现象，也不能忽略中华文化传播出去的东学西进问题。

（七）选文尊重历史原则，凡现代汉语规范用字实施之前发表的选文，完全尊重原文原貌。诸如，"蝴蝶"写作"胡蝶"，"服侍"写作"伏侍"，"耽搁"写作"担搁"及"的地得"的使用等，都未作不符合历史实际的改动。

本教材采用语文教材的传统体例，同时体现研究生语文教材的特殊性和针对性，以提升语文综合能力和文化综合能力为两大核心目标，分为上编、下编与附录三部分。其中，上编、下编共九个单元。上编分为诗歌、散文、小说、戏曲、辞赋五个单元。下编分为思想穿梭、科技探索、养生之道、艺术之美四个单元。"思想穿梭"侧重经、史、道、释等经典作品；"科技探索"侧重自然科学思想及发明、创造说明等经典作品；"养生之道"侧重中医、养生、体育等经典作品；"艺术之美"侧重书法、绘画、雕塑理论及美学思想等内容。每单元选文（可节选）按时代次序排列。附录部分包括中国语文教育简史和常见语病及标点误用两部分内容。

各单元内容的编排次序为：标题、作者、阅读提示、正文、注释、拓展阅读、拓展思考。其中，"阅读提示"用于简要介绍选文特点；"注释"侧重于繁难字词解释，不做烦琐考证；"拓展阅读"侧重写作背景、作者、相关拓展阅读作品介绍；"拓展思考"布置思考题，关注思辨能力训练，注重逆向思维、发散思维等思维方式训练。选文中的"古文"指1911年之前的作品，"今文"指1911年之后的作品。本教材严格遵守国家相关法律法规，确保教材的规范性和权威性。

需要说明的是，本教材作为硕士研究生公共必修课研究生语文的专用教材，开课时段建议在研究生一年级第一或第二学期。该教材总学时为108学时，计3学分。当然，各高校、科研院所根据研究生的培养目标、课程设置、学习群体特征以及授课教师数量、教学条件等，也可自行调整学分，但教师授课学时不应少于54学时，学生自修阅读学时不应少于54学时。

主编刘向斌

2025年6月14日

目 录

上 编

下　编

附 录

上　编

第一单元　诗歌

蒹葭
（《诗经·秦风》）

【阅读提示】

　　《蒹葭》是一首怀人之作,表达了诗人对思慕之人苦苦追寻而不得的惆怅。全诗将暮秋水边凄清明净的景色与诗人凄婉苦闷的情感相交融,渲染出空灵、渺远的境界。全诗表达了诗人对"伊人"的渴慕追求与渺不可即,极具象征意味,意蕴深邃。明代诗人万时华称赞说:"意境空旷,寄托玄淡。"(《诗经偶笺》卷四)全诗重章迭句、一唱三叹的结构形式,给诗歌造成一种回环往复之美。

　　　　蒹葭[1]苍苍[2],白露为霜。所谓伊人,在水一方。
　　　　遡洄[3]从之,道阻且长。遡游[4]从之,宛在水中央。
　　　　蒹葭凄凄[5],白露未晞[6]。所谓伊人,在水之湄[7]。
　　　　遡洄从之,道阻且跻[8]。遡游从之,宛在水中坻[9]。
　　　　蒹葭采采[10],白露未已。所谓伊人,在水之涘[11]。
　　　　遡洄从之,道阻且右[12]。遡游从之,宛在水中沚[13]。

　　　　　　　　　　　　　　　　　　　（孔颖达《毛诗正义》卷六）

【注释】

　　[1]蒹葭:芦苇。
　　[2]苍苍:淡青色。
　　[3]遡洄:逆流向上游走。遡,同"溯"。
　　[4]遡游:顺流向下游走。
　　[5]凄凄:同"萋萋",茂盛的样子。
　　[6]晞:晒干。
　　[7]湄:岸边。
　　[8]跻:地势高。
　　[9]坻:水中的小块高地。
　　[10]采采:茂盛的样子。

[11]涘:水边。

[12]右:迂回曲折。

[13]沚:水中的小块陆地。

【拓展阅读】

1. 写作背景

秦之先祖非子于周孝王时因养马有功受封秦谷(今甘肃天水)。此后,秦襄公因出兵护送平王东迁有功而得封岐山以西,随后秦迁都于雍(今陕西宝鸡)。东周时代,秦地大体包括现在的陕西大部分及甘肃东南部一带,《秦风》就是这一地域的民歌。地处西北、迫近戎狄的环境使得秦人慷慨尚武,情感也多粗犷沉雄。然《蒹葭》情致柔婉,神韵悠长,是一首引人注目的别调。

2. 经典诵读

汉广

南有乔木,不可休思。汉有游女,不可求思。汉之广矣,不可泳思。江之永矣,不可方思。

翘翘错薪,言刈其楚。之子于归,言秣其马。汉之广矣,不可泳思。江之永矣,不可方思。

翘翘错薪,言刈其蒌。之子于归,言秣其驹。汉之广矣,不可泳思。江之永矣,不可方思。

(孔颖达《毛诗正义》卷一)

【拓展思考】

钱钟书认为,《蒹葭》与《汉广》所赋,皆为"西洋浪漫主义所谓企慕之情境也"。(钱钟书《管锥编》第一册)钱氏所说"企慕之情境",指"在水一方"的"伊人"之"象"寄寓着"可望难即、欲求不遂"之"意",唯其有一水之隔的距离才易引发人的浪漫遐想,可望而不可即的状态又易引起感伤的企慕心理。故而,"在水一方"的朦胧意境涵盖了人们所追求的更广阔、更完美的境界。"伊人"不应局限于企慕之人,譬如爱情的美好、事业的得意、梦想的实现、理想的超越等一切人们为之向往又不能如愿以偿者,皆可象征。

阅读《汉广》和《古诗十九首》,运用"企慕之情境"的观点试作赏析。

西洲曲
(《乐府诗集·杂曲歌辞》)

【阅读提示】

《西洲曲》在南朝民歌中篇幅最长、艺术性较高,抒发了女子对心上人热烈、深长的思念。

全篇利用景物来暗示季节的转换,通过细腻的动作刻画表现人物复杂的心理变化,运用顶真、谐音、双关、比喻等修辞方法,基本上四句一换韵,节奏明快,声情摇曳。清代诗人沈德潜称其"续续相生,连跗接萼,摇曳无穷,情味愈出"。(《古诗源》卷十二)

忆梅下西洲,折梅寄江北。单衫杏子红,双鬓鸦雏色。西洲在何处?两桨桥头渡。日暮伯劳[1]飞,风吹乌臼[2]树。树下即门前,门中露翠钿[3]。开门郎不至,出门采红莲。采莲南塘秋,莲花过人头。低头弄莲子,莲子青如水。置莲怀袖中,莲心彻底红。忆郎郎不至,仰首望飞鸿[4]。鸿飞满西洲,望郎上青楼[5]。楼高望不见,尽日栏杆头。栏杆十二曲,垂手明如玉。卷帘天自高,海水摇空绿。海水梦悠悠,君愁我亦愁。南风知我意,吹梦到西洲。

(郭茂倩《乐府诗集》卷七十二)

【注释】

[1]伯劳:鸟名。夏至始鸣,喜独居。

[2]乌臼:即"乌桕",落叶乔木。

[3]翠钿:用翠玉制作或镶嵌而成的首饰。

[4]飞鸿:飞行的大雁,比喻书信。

[5]青楼:青砖碧瓦的楼阁,指女子所居。

【拓展阅读】

1. 写作背景

南朝统治者为了满足自己纵情声色的需求,命乐府机构采集、整理、保存民歌。南朝民歌兴起于长江中下游地区,这里优美的自然环境和富裕的经济条件,使得情歌创作尤为繁荣。关于《西洲曲》的写作背景和创作时间,郭茂倩在《乐府诗集》中仅言"古辞",没有明确的记载。但我们根据其写作技巧的成熟程度推断,大概作于齐梁之际。

2. 作者简介

关于《西洲曲》的作者,《乐府诗集》称无名氏。然《玉台新咏》中《西洲曲》署名江淹,《古诗源》说《西洲曲》是梁武帝所作,似不可从。学界一般认为《西洲曲》是无名氏所作的,后期经过文人的润色加工而成。

3. 经典诵读

长干行(其一)

李白

妾发初覆额,折花门前剧。郎骑竹马来,绕床弄青梅。同居长干里,两小无嫌猜。十四为君妇,羞颜未尝开。低头向暗壁,千唤不一回。十五始展眉,愿同尘与灰。常存抱柱信,岂上望夫台。十六君远行，瞿塘滟滪堆。五月不可触，猿声天上哀。门前迟行迹，一一生绿苔。苔深不能扫，落叶秋风早。八月胡蝶来，双飞西园草。感此伤妾心，坐愁红颜老。早晚下三巴，预将书报家。相迎不道远，直至长风沙。

（安旗等《李白全集编年笺注》卷一）

【拓展思考】

1. 比较阅读《西洲曲》和北朝民歌《木兰诗》，分析南北朝民歌的差异，探讨造成以上不同文学风貌的原因。

2. 试比较《西洲曲》与《长干行（其一）》，分析二者的异同，并说明它们之间是否存在继承关系。

蝉
虞世南

【阅读提示】

虞世南的《蝉》是唐代第一首咏物诗。诗人看似字字写蝉，却处处以蝉自况，托物言志。诗人以蝉的形体和食性比喻自己显宦的身份和高洁的品行，以嘹亮清远的蝉声比喻自己美好的名声。末尾两句转比兴为议论，强调品行高洁之人不需要凭借外力，自能声名远播，表达了对蝉品格的钦佩和对自己品德才华的高度自信。整首诗洋溢着对人的内在品格的热情赞美，展示了刚健昂扬的时代精神。清代诗人沈德潜评价说："咏蝉者每咏其声，此独尊其品格。"（沈德潜《唐诗别裁集》卷十九）

　　　　垂緌[1]饮清露，流响[2]出疏桐。
　　　　居高声自远，非是藉[3]秋风。

（彭定求等编《全唐诗》卷三十六）

【注释】

[1]垂緌：比喻蝉头部伸出的触须，状如低垂的冠缨。緌，帽带在领下打结后下垂的部分。
[2]流响：形容连续不断的蝉鸣声。
[3]藉：凭借。

【拓展阅读】

1. 写作背景

虞世南在南朝陈和隋朝时历经坎坷，但能在纷纭乱世中沉静寡欲，笃志勤学，入唐后终于得逢明主,受到太宗礼遇,位列凌烟阁二十四功臣之一。他有感于太宗的知遇之恩,故作此诗,也以蝉自勉。

2.作者简介

虞世南(558—638),字伯施,越州余姚(今属浙江)人。唐代政治家、书法家、文学家。他仕历南朝的陈、隋、唐三朝。入唐后,他辅佐李世民,为"十八学士"之一。他博学多才,刚烈敢谏,深受敬重,太宗赞其有"五绝":德行、忠直、博学、文辞、书翰。两唐书均有传。《全唐诗》录其诗一卷。其诗多为应制之作,歌功颂德,文辞典丽,但也有少数诗歌颇为清新刚健。

3.经典诵读

在狱咏蝉

骆宾王

西陆蝉声唱,南冠客思侵。那堪玄鬓影,来对白头吟。
露重飞难进,风多响易沉。无人信高洁,谁为表予心。

(彭定求等编《全唐诗》卷七十八)

蝉

李商隐

本以高难饱,徒劳恨费声。五更疏欲断,一树碧无情。
薄宦梗犹泛,故园芜已平。烦君最相警,我亦举家清。

(彭定求等编《全唐诗》卷五三九)

【拓展思考】

清代诗人施补华云:"《三百篇》比兴为多,唐人犹得此意。同一'咏蝉',虞世南'居高声自远,非是藉秋风',是清华人语;骆宾王'露重飞难进,风多响易沉',是患难人语;李商隐'本以高难饱,徒劳恨费声',是牢骚人语。比兴不同如此。"(《岘佣说诗》)虞世南的《蝉》、骆宾王的《在狱咏蝉》和李商隐的《蝉》,为唐代文坛咏蝉诗"三绝"。请结合以上评论,撰文分析(不少于1500字),同为咏蝉诗,何以呈现出不同的面貌。

终南山

王维

【阅读提示】

该诗旨在咏叹终南山的宏伟壮观,抒发诗人游山的感受。首联是远景描写,勾勒终南山的高耸广袤;颔联由远及近,写出终南山特有的景色;颈联从光线、空间等角度,描绘终南山千岩万壑的形态;尾联以动衬静,隔水问路,烘托出终南山的荒远幽深。该诗移步换景,笔法细腻,写景写人,有声有色,诗画合一,意境清远。清人黄培芳赞此诗曰:"神境。四十字中无一字可易,昔人所谓'如四十位贤人'。"(周兴陆等编《唐贤三昧集汇评》卷上)

太乙[1]近天都[2],连山[3]到[4]海隅。
白云回望合,青霭[5]入看无。
分野[6]中峰变,阴晴众壑殊。
欲投人处[7]宿,隔水问樵夫。

(赵殿成《王右丞集笺注》卷七)

【注释】

[1]太乙:终南山的主峰。
[2]天都:天帝所居之地,也指京城长安。
[3]山:一作"天"。
[4]到:一作"接"。
[5]青霭:山中淡素的雾气。
[6]分野:古人把天上的星宿和地上的州域联系起来,分别以天上的二十八星宿对应地上的十二州,在天为分星,在地为分野。此句是说终南山分属于不同的分野,极言山域之广袤。
[7]人处:有人住的地方。

【拓展阅读】

1. 写作背景

此诗是王维于开元末至天宝初隐居终南山时所作。王维聪慧,入仕较早,但那时李林甫为相,大肆排斥异己,致使他长期处于隐居与入仕的纠葛之中。随着用世之心逐渐消减,他最终选择了一种既未彻底归隐,又不完全在仕的半官半隐的生活方式。

2. 作者简介

王维(701—761),字摩诘,祖籍山西祁县,生于蒲州(今山西永济)。他通音乐,工诗画,开元九年(721年)进士,在安史之乱中被俘,被迫任伪职给事中,上元元年(760年)官至尚书右丞,世称"王右丞"。两唐书均有传。王维思想兼融儒、道、佛,其受禅宗思想影响尤深。他在前期有政治热情,写过一些政治感遇诗和游侠边塞诗;在后期过着半官半隐的生活,多描绘山水田园,诗中有画,且充满禅趣。其著有《王右丞集》。

3.经典诵读

［双调］寿阳曲·远浦帆归
马致远

夕阳下,酒旆闲,两三航未曾着岸。落花水香茅舍晚,断桥头卖鱼人散。

（蒋星煜编《元曲鉴赏辞典》）

【拓展思考】

1.山水田园诗的生发与隐逸文化的勃兴密切相关。许多诗人为了追求人格的自由,或归隐或羡隐。王维也不例外,晚年长期过着半仕半隐的生活。试撰文讨论王维的隐逸生活和隐逸思想对其山水田园诗的创作有何影响。

2.18 世纪后期至 19 世纪,英国湖畔诗人华兹华斯、柯勒律治、骚塞等写过不少歌咏湖光山色的山水田园诗。试选取其中一位诗人的作品,与王维的山水田园诗进行比较,以探析中西山水田园诗之异同。

金陵三首(其二)
李白

【阅读提示】

该诗借盛衰对照抒发兴亡之感。前两联描绘金陵城昔日的山水形胜和繁华富丽,后两联感叹亡国后的荒凉衰败。盛衰场景两相映照,发人深思,表达了诗人对世事变幻的深沉感伤。尾联以月光、波澜的清冷朦胧景色作结,又使得整首诗歌韵味无穷,意境深远。该诗是唐代较早的以金陵怀古为题材的佳篇,对后来的金陵怀古咏史诗产生了极大影响。

地拥金陵[1]势,城回江[2]水流。
当时[3]百万户,夹道起朱楼[4]。
亡国[5]生春草,离宫[6]没古丘。
空余后湖[7]月,波上对江州[8]。

（彭定求等编《全唐诗》卷一八一）

【注释】

[1]金陵:金陵山,即南京的钟山。
[2]江:一作"汉"。

[3]当时:指六朝时期。

[4]朱楼:高大华美的楼阁。

[5]国:都城,指金陵。

[6]离宫:离宫别馆,指皇帝巡游时居住的宫室。

[7]后湖:即玄武湖,在今南京市东北。

[8]江州:一作"瀛州",传说中的东海仙山,此指玄武湖中的洲岛。

【拓展阅读】

1. 写作背景

据詹锳《李白诗文系年》,此诗为李白于至德元载(756 年)途经金陵时所作。是时朝政日非,安史乱军致使两京残破。金陵是六朝古都,曾经繁盛华丽,此时已然衰落。李白有感于此,作诗怀古伤今。

2. 作者简介

李白(701-762),字太白,号青莲居士,唐代浪漫主义诗人,有"诗仙"美誉。关于李白的身世有很多疑问,一般认为他出生于西域碎叶城(今吉尔吉斯斯坦境内),四岁随父迁至剑南道绵州昌隆县(今四川江油市)。李白深受道家、侠义、纵横家、儒家思想影响,性格狂放不羁,气质飘逸洒脱。李白擅写乐府、歌行和绝句,诗风或雄奇豪放或清新俊逸,想象奇特丰富,语言清新自然。其存世诗文千余篇,有《李太白集》。

3. 经典诵读

金陵怀古
许浑

玉树歌残王气终,景阳兵合戍楼空。
松楸远近千官冢,禾黍高低六代宫。
石燕拂云晴亦雨,江豚吹浪夜还风。
英雄一去豪华尽,惟有青山似洛中。

(彭定求等编《全唐诗》卷五三三)

【拓展思考】

1.李白曾多次到达金陵,写有近百首咏叹金陵的诗歌。结合李白的经历、作品和相关知识,分析他大量创作金陵诗歌的原因。

2.金陵怀古是古代咏史怀古文学中的恒久主题,历代文人对它的吟咏从未停歇。选取某一朝代或阶段金陵怀古的代表性作品,探析其中"金陵情结"的内涵。

羌村三首(其一)

杜甫

【阅读提示】

诗人通过对傍晚时分萧索乡村图景的描绘,对妻孥惊怪、邻里围观、夜阑秉烛三个场景的描写,表达了离乱归家后悲喜交加的心情。本诗虽是写一家之事,却极富典型性,反映了战乱致使百姓妻离子散、生命朝不保夕的境况,体现了杜甫忧国忧民的情怀。全诗熔写景、叙事、抒情于一炉,情感真挚,语言质朴。明代诗人王慎中评论说:"三首俱佳,而第一首尤绝,一字一句,镂出肺肠,才人莫知措手,而婉转周至,跃然目前,又若寻常人所欲道者。"(仇兆鳌《杜诗详注》卷五)

峥嵘[1]赤云西,日脚[2]下平地。
柴门鸟雀噪,归客千里至。
妻孥[3]怪[4]我在,惊定还拭泪。
世乱遭飘荡,生还偶然遂!
邻人满墙头,感叹亦歔欷[5]。
夜阑更秉烛,相对如梦寐。

(仇兆鳌《杜诗详注》卷五)

【注释】

[1]峥嵘:山高峻的样子。

[2]日脚:比喻"云隙光",即穿过云隙射下来的太阳光线。"云隙光"常见于日出或日落时分,此处指日落时。

[3]妻孥:妻子和儿女。

[4]怪:疑怪、惊诧。

[5]歔欷:叹息、抽泣声。

【拓展阅读】

1. 写作背景

天宝十四载(755年)安史之乱爆发,杜甫和难民一起颠沛流离、北上逃难。听闻肃宗在灵武即位的消息后,他把妻儿安顿在鄜州羌村(今陕西省富县茶坊镇大申号村),意欲奔赴肃宗行在,不料为叛军所俘,被押至长安。后来他逃离长安,在凤翔"麻鞋见天子",肃宗有感于杜甫的忠心,任命他为左拾遗。唐肃宗至德二载(757年),杜甫因营救房琯而得罪肃宗,被墨制放还回鄜州羌村探望妻儿。他乱离生还,心情复杂,故而作诗。

2. 作者简介

杜甫(712—770),字子美,祖籍襄阳(今湖北省襄阳市),生于河南巩县(今巩义市),自称"少陵野老",世称"杜少陵"。他官至工部员外郎,世亦称"杜工部"。两唐书均有传。其存诗1400多首,有《杜工部集》。杜甫一生深受儒家思想影响,关心民瘼,尤擅乐府和律诗,精于炼字,被誉为"诗圣"。其诗反映了安史之乱前后广阔的社会生活画面,具有史学价值,被称为"诗史"。诗歌以沉郁顿挫为主,也有萧散自然的风格。

3. 经典诵读

[南吕]一枝花·咏喜雨
张养浩

用尽我为国为民心,祈下些值玉值金雨。数年空盼望,一旦遂沾濡。唤省焦枯。喜万象春如故,恨流民尚在途。留不住都弃业抛家。当不的也离乡背土。

[梁州]恨不的把野草翻腾做菽粟,澄河沙都变化做金珠。直使千门万户家豪富,我也不枉了受天禄,眼觑着灾伤教我没是处,只落的雪满头颅。

[尾声]青天多谢相扶助,赤子从今罢叹吁。只愿的三日霖霪不停住,便下当街上似五湖,都淹了九衢,犹自洗不尽从前受过的苦。

(蒋星煜编《元曲鉴赏辞典》)

【拓展思考】

袁枚说:"人但知杜少陵每饭不忘君;而不知其于友朋、弟妹、夫妻、儿女间,何在不一往情深耶?"(袁枚《随园诗话》卷十四)杜甫深受儒家思想影响,其诗往往体现出对家人的孝亲,对他人的仁爱和对国家的忧虑。撰文分析杜甫诗歌中蕴含的家国情怀及对当下的启发意义。

九日齐山登高
杜牧

【阅读提示】

诗歌运用白描、用典、夹叙夹议手法,描写重阳登高的所见所思。首联描绘江涵秋影、新雁初飞的明丽秋景,记叙与友人携酒登高的快意生活。颔联和颈联表达诗人面对尘世苦多、人生无常的矛盾心理,既有及时行乐之意,也反映出通达的人生态度。其中颔联生动传神,极写今日尽欢,为历来传颂佳句。尾联以齐景公牛山泣涕的反例作结,安慰自己,旷达中内蕴苦涩。清代吴汝纶评曰:"感慨苍茫,小杜最佳之作。"(高步瀛《唐宋诗举要》下册)

江涵秋影雁初飞,与客携壶上翠微[1]。
尘世难逢开口笑,菊花须插满头归。
但将酩酊酬佳节,不用登临恨[2]落晖。
古往今来只如此,牛山何必独[3]沾衣?

(冯集梧《樊川诗集注》卷三)

【注释】

[1]翠微:齐山之巅有翠微亭,这里代指齐山。

[2]恨:一作"叹",又作"怨"。

[3]独:一作"泪"。见成语"牛山下涕"。《晏子春秋·谏上》:"景公游于牛山,北临其国城而流涕曰:'若何滂滂去此而死乎?'"

【拓展阅读】

1. 写作背景

会昌五年(845年),杜牧在池州(今安徽省池州市)任刺史,友人张祜来拜访他。当时张祜怀才不遇,杜牧也深感仕途失意,九日登齐山时,杜牧遂感慨作诗,慰人慰己。

2. 作者简介

杜牧(803—852),字牧之,京兆万年(今陕西西安)人,中唐名相杜佑之孙,晚年常居樊川别墅,世称"杜樊川",与李商隐并称"小李杜"。他是大和年间进士,长期在外地任幕僚,历任监察御史、黄州、池州刺史等职,官至中书舍人。他性格刚直,喜论兵法,指陈时政。他在诗歌创作方面众体兼备,尤以绝句突出。其写景抒情诗佳作迭出,咏史怀古诗往往能翻新出奇,语言精炼含蓄,风格俊爽豪逸。其有《樊川文集》二十卷。

3. 经典诵读

登高

杜甫

风急天高猿啸哀,渚清沙白鸟飞回。
无边落木萧萧下,不尽长江滚滚来。
万里悲秋常作客,百年多病独登台。
艰难苦恨繁霜鬓,潦倒新停浊酒杯。

(仇兆鳌《杜诗详注》卷二十)

【拓展思考】

1.《九日齐山登高》自创作之日起到清代,一直得到历代文人的不断追和,形成了杜牧诗歌接受史上一道独特的风景线。据《四库全书总目》记载,明代齐山寺僧祖浩及其徒道鉴共同编定《齐山诗集》七卷,收录了后人对《九日齐山登高》追和之作。(永瑢等《四库全书总目》卷一九一)此集今虽不见,但追和盛况可见一斑。据统计,自宋至清,仅依照杜牧原韵的追和之作就有近40首,其他如檃括、化用则数量更多。对此现象,谈谈你的看法。

2.重阳赏菊饮酒、登高怀远作为传统节日习俗,深受历代文人重视,也留下了众多经典诗词。请整理唐宋时期重阳诗词,分析其中的文化内涵和诗人情怀。

浣溪沙·一向年光有限身
晏殊

【阅读提示】

词作感叹光阴荏苒、留别寻常,劝人不要为已经逝去或不可挽回的事情徒然伤感,而应该珍惜眼前,把握当下,体现了词人面对人生困境时的一种实际、理性的生活态度。"满目山河空念远,落花风雨更伤春"两句,取景宏大,境界开阔,深沉温婉,兼有刚柔之美,别具一格。近代诗人赵尊岳《〈珠玉词〉选评》评曰:"此词感慨特深,堂庑更大,忽尔拓之使远,又复收之使近,诚有抽铁为枝之幻。亦惟如此,始益见其沉郁。"(唐圭璋等主编《词学》第七辑)

一向[1]年光有限身,等闲[2]离别易销魂,酒筵歌席莫辞频。

满目山河空念远,落花风雨更伤春,不如怜取[3]眼前人。

(唐圭璋编《全宋词》)

【注释】

[1]一向:一晌、一会儿。
[2]等闲:平常、普通。
[3]怜取:怜爱、珍惜。

【拓展阅读】

1.作者简介

晏殊(991—1055),字同叔,抚州临川(今属江西)人。自幼聪慧,十四岁以神童召试,赐同进士出身,历官显要,在仁宗朝官居副宰相。他知人善任,提拔后进。才学之士如范仲淹、韩琦等皆出其门。《宋史》有传。晏殊工诗擅文,尤以词著称,多做小令。词风温润秀洁,明丽深婉,娴雅而富于情思。其著有《珠玉词》一卷,存词130余首。

2. 经典诵读

望江南·超然台作
苏轼

春未老,风细柳斜斜。试上超然台上望,半壕春水一城花。烟雨暗千家。

寒食后,酒醒却咨嗟。休对故人思故国,且将新火试新茶,诗酒趁年华。

（邹同庆等《苏轼词编年校注》）

【拓展思考】

1. 叶嘉莹在《灵谿词说》中评论晏殊说:"独能将理性之思致,融入抒情之叙写中,在伤春怨别之情绪内,表现出一种理性之反省及操持,在柔情锐感之中,透露出一种圆融旷达之理性的观照。"对此,结合作品,谈谈你的理解。

2. 作为词史上两位重要的词人,冯延巳和晏殊的词风明显有一脉相承的关系。清代刘熙载在《艺概》中也曾评价说:"冯延巳词,晏同叔得其俊,欧阳永叔得其深。"试撰文论述晏殊对冯延巳的继承和发展。

满江红·写怀
岳飞

【阅读提示】

作者慨叹深沉,通过该词表达对中原沦陷的悲愤和对前功尽弃的痛惜,抒发对祖国统一的殷切希望和对国家朝廷的赤胆忠心,也显示出报国立功的信心和乐观奋发的精神。全词意境深远,情调激昂,慷慨壮烈。该词自问世以来便被广泛传颂,成为中华民族的文化瑰宝。每当国家遭遇外敌入侵时,这首词便会被人们重新翻出,激励着千千万万的中华儿女奋勇向前。

怒发冲冠,凭栏处、潇潇雨歇。抬望眼、仰天长啸,壮怀激烈。三十功名[1]尘与土,八千里路[2]云和月。莫等闲、白了少年头,空悲切。

靖康耻[3],犹未雪。臣子恨,何时灭。驾长车,踏破贺兰山[4]缺。壮志饥餐胡虏肉,笑谈渴饮匈奴血。待从头、收拾旧山河,朝天阙[5]。

（唐圭璋编《全宋词》）

【注释】

[1]三十功名：指三十来岁时取得的功名成就。

[2]八千里路：形容多年来南征北战、行程之远。

[3]靖康耻：指靖康二年(1127年)，金兵攻陷汴京，掳走徽、钦二帝之事。

[4]贺兰山：如若实指，有两种说法：一说位于宁夏与内蒙古交界处的贺兰山；一说位于河北省磁县境内的贺兰山。如若虚指，则代指中原王朝与北方游牧民族之间交战的边境。

[5]朝天阙：朝拜皇城宫阙。

【拓展阅读】

1. 写作背景

学术界对此莫衷一是，主要有三种观点。第一种是基于"三十功名"的词句，认为该词作于宋高宗绍兴二年(1132年)前后。第二种认为该词作于宋高宗绍兴六年(1136年)，岳飞镇守鄂州期间。此时岳飞第二次北伐，由于孤军深入，既无援军，又缺粮草，只得撤回鄂州。第三种观点认为该词作于入狱前不久。当时岳飞大败金兵，胜利在望，但宋高宗、秦桧等一意求和，以十二道"金字牌"催令班师。于是他不得不放弃北伐，挥笔写下该词。

2. 作者简介

岳飞(1103—1142)，字鹏举，相州汤阴(今属河南)人，南宋抗金名将、民族英雄。他少年从军，官至枢密副使，封武昌郡开国公。他因力主北伐，反对议和，被秦桧以"莫须有"的罪名谋害。他在孝宗时被追谥武穆，宁宗时被追封鄂王，理宗时被改谥忠武。《宋史》有传。岳飞工诗词，有《岳武穆集》。《全宋词》录其词三首。

3. 经典诵读

满江红·小住京华
秋瑾

小住京华，早又是、中秋佳节。为篱下黄花开遍，秋容如拭。四面歌残终破楚，八年风味徒思浙。苦将侬、强派作蛾眉，殊未屑！

身不得，男儿列。心却比，男儿烈！算平生，肝胆因人常热。俗子胸襟谁识我？英雄末路当磨折。莽红尘、何处觅知音？青衫湿！

（郭延礼选注《秋瑾选集》）

【拓展思考】

岳飞精忠报国的故事家喻户晓，他的一曲壮怀激烈的《满江红》也成为承载爱国情感的千古绝唱。时代在变,爱国主义的传承方式也在不断丰富。新媒体语境下如何讲好中国故事,是值得我们深思的一个话题。观看相关影视作品,试谈谈如何以中国古典诗词为内核,全方位多维度地传承家国情怀,从而增强民族凝聚力。

虞美人·听雨
蒋捷

【阅读提示】

该词以"听雨"为切入视角,通过时空跳跃,描写少年风流、中年漂泊、晚年孤寂三个阶段不同的人生境况;洗练凝重,既是一生命运遭遇的浓缩,也折射出时代兴衰嬗替的轨迹,体现了词人对民族命运和个体生命意义的沉思。整首词脉络分明,内涵深广,情感蕴藉。

少年听雨歌楼上,红烛昏罗帐[1]。壮年听雨客舟中,江阔云低,断雁[2]叫西风。
而今听雨僧庐下,鬓已星星也。悲欢离合总无情,一任阶前、点滴到天明。

(唐圭璋编《全宋词》)

【注释】

[1]罗帐:置于床上的帷幔。
[2]断雁:离群的孤雁。

【拓展阅读】

1. 写作背景

蒋捷生活于宋元易代之际,历史的沧桑巨变使他一生颠沛流离,他用词来抒写国破家亡的深悲剧痛和自己的凄惨遭际。此诗当作于宋亡之后的晚年,忧患余生,嗟叹兴亡。

2. 作者简介

蒋捷,生卒年不详,字胜欲,号竹山,江苏阳羡(今江苏宜兴)人,宋末元初著名词人。他与周密、王沂孙、张炎并称"宋末四大家",虽出生于宜兴巨族,但进士及第(1274 年)不久南宋就灭亡了,生逢乱世,郁郁不得志。作为南宋遗民,入元后他坚守气节,不臣二主,为人所重。晚年,他隐居太湖竹山,世称"竹山先生"。其词多抒发故国之思、黍离之悲,造句奇巧,以悲凉清俊为主。其有《竹山词》一卷。

3. 经典诵读

清平乐·年年雪里
李清照

年年雪里,常插梅花醉。挼尽梅花无好意,赢得满衣清泪!

今年海角天涯,萧萧两鬓生华。看取晚来风势,故应难看梅花。

（唐圭璋编《全宋词》）

【拓展思考】

结合自己的知识经验和人生体验,谈谈你对《虞美人·听雨》丰富意蕴的理解。

木兰花令·拟古决绝词
纳兰性德

【阅读提示】

该词题名,一本作"木兰花·拟古决绝词柬友"。唐代元稹有《古决绝词》,故此处作"拟古"。词作以被抛弃女性的口吻控诉男子的薄情,表达决绝分手的态度及对爱情的珍视。有人认为这首词以男女爱情为喻,说明朋友之间也当始终如一。该词通过"秋风""画扇""比翼连枝"等意象,营造了哀婉凄楚的意境,借汉唐典故抒发幽怨之情。全词格调温婉凄怆,语言自然流畅,富于哲思,广为流传。

人生若只如初见,何事秋风悲画扇[1]。等闲[2]变却故人心,却道故心[3]人易变。

骊山语罢清宵半[4],泪雨零铃[5]终不怨。何如薄幸锦衣郎[6],比翼连枝当日愿。

（赵秀亭、冯统一《饮水词校笺》卷二）

【注释】

[1]秋风悲画扇:见成语"秋风团扇"。班婕妤失宠后曾作《怨歌行》,以团扇自喻,抒发悲伤愤懑之情。

[2]等闲:平白无故的。

[3]故心:犹言"旧情"。谢朓《同王主簿怨情》:"故人心尚永,故心人不见。"

[4]骊山语罢清宵半:指唐玄宗与杨贵妃的爱情故事,两人于七月七日在长生殿盟誓。

[5]泪雨零铃:相传杨贵妃死后,唐玄宗因雨中闻铃声而思念杨妃,作《雨霖铃》曲。零,落细雨,通"霖"。

[6]锦衣郎:指唐玄宗。

【拓展阅读】

1. 写作背景

该词是模仿古乐府写给友人的一首决绝词,目的是劝慰对方。一般认为这个朋友是同为诗词家的顾贞观。词作具体写作时间不详。

2. 作者简介

纳兰性德(1655—1685),原名成德,字容若,号楞伽山人,满洲正黄旗人。他是朝廷重臣纳兰明珠之子,又因其自幼饱读诗书,文武兼备,受赏识而成为康熙皇帝侍从,随驾巡游四方。纳兰性德诗文兼善,以词著称于世。其词以小令见长,感情真挚自然,情调多感伤哀婉。其有《纳兰词》等。

3. 经典诵读

浣溪沙·谁念西风独自凉
纳兰性德

谁念西风独自凉?萧萧黄叶闭疏窗。沉思往事立残阳。

被酒莫惊春睡重,赌书消得泼茶香。当时只道是寻常。

（赵秀亭、冯统一《饮水词校笺》卷一）

【拓展思考】

在中国词史上,晏几道和纳兰性德虽时隔 600 余年,但在身世、才华、性格乃至词风等多方面都有相似性。正如宛敏灏《二晏及其词》所言:"直至清代犹有似小山风者……吾以为最似小山者,莫如纳兰容若。"试撰文论析二人的异同。

飞鸟集(三首)
泰戈尔

【阅读提示】

短诗选自《飞鸟集》。诗人以轻快的笔触、独特的意境、深刻的情感表达和丰富的哲学思考传递了积极向上的精神力量。本诗虽寥寥几语却熠熠生辉,滋养着人们的心田。

如果错过了太阳时你流了泪，
那末你也要错过群星了。

使生如夏花之绚烂，
死如秋叶之静美。

世界以它的痛苦同我接吻，
而要求歌声做报酬。

（泰戈尔著，郑振铎译《泰戈尔诗集》）

【阅读拓展】

1. 写作背景

《飞鸟集》出版于 1916 年，是泰戈尔创作的一部英文诗集。诗集中的一部分诗歌是诗人翻译自己的孟加拉文格言诗集《碎玉集》（1899 年），另外一部分诗歌则是 1916 年诗人造访日本时创作的即兴英文诗作。

2. 作者简介

拉宾德拉纳特·泰戈尔（1861—1941），印度诗人、文学家、社会活动家，也是第一位获得诺贝尔文学奖的亚洲人。他出生于一个相当重视教育的富贵家庭，接受了良好的教育。他的诗洋溢着对祖国、人民、社会、自然、生命的热爱和深沉的思考，将现实主义与浪漫主义相结合，富于哲理性和浓郁的抒情性，语言明快自然。其代表作有《新月集》《飞鸟集》《吉檀迦利》等。

3. 经典诵读

偶然

徐志摩

我是天空里的一片云，
偶尔投影在你的波心——
你不必讶异，
更无须欢喜——
在转瞬间消灭了踪影。

你我相逢在黑夜的海上，
你有你的，我有我的，方向；
你记得也好，
最好你忘掉，
在这交会时互放的光亮！

（徐志摩《翡冷翠的一夜》）

【拓展思考】

1.郭沫若曾说自己在日本留学时"首先接近了印度诗人泰戈尔的英文诗,那实在是把我迷着了"。(彭放编《郭沫若谈创作》)冰心也曾在《繁星·春水》自序中提及自己读到泰戈尔的诗时深受启发,便将自己那些零碎的思考收集起来,"记在一个小本子里"。结合具体作家作品,请你谈谈泰戈尔对中国现代诗学的影响。

2.请选出《飞鸟集》中你喜欢的几句诗,谈一谈你的理解。

炉中煤——眷念祖国的情绪

郭沫若

【阅读提示】

该诗选自郭沫若的诗集《女神》。全诗通篇运用比喻,"炉中煤"喻自己,"年青的女郎"喻祖国,以恋歌形式表达自己报国济民的热情和决心,抒发对祖国的讴歌和眷恋之情。诗情跌宕,层层升华;节奏鲜明,韵律和谐;格调高昂,风格豪放。

啊,我年青的女郎[1]!
我不辜负你的殷勤[2],
你也不要辜负了我的思量[3]。
我为我心爱的人儿
燃到了这般模样!

啊,我年青的女郎!
你该知道了我的前身?
你该不嫌我黑奴卤莽?
要我这黑奴的胸中,
才有火一样的心肠。

啊,我年青的女郎!
我想我的前身
原本是有用的栋梁,
我活埋在地底多年,
到今朝总得重见天光。

啊,我年青的女郎!
我自从重见天光,
我常常思念我的故乡,
我为我心爱的人儿
燃到了这般模样!

(郭沫若《女神》)

【注释】

[1]年青的女郎:充满青春活力、朝气蓬勃的女郎,指五四运动后新生的祖国。

[2]你的殷勤:指祖国对"我"的哺育。

[3]我的思量:"我"对祖国的思念。

【阅读拓展】

1. 写作背景

1919 年爆发的"五四运动"冲击着每一个进步青年的内心,郭沫若也不例外。该诗写于1920 年,此时诗人虽在日本留学,却心系祖国,关注着国家发生的一切。受五四精神感召,他写诗抒发自己的爱国情感。

2. 作者简介

郭沫若(1892—1978),原名郭开贞。我国现代文学家、剧作家、诗人、历史学家、考古学家、社会活动家。郭沫若历经清末、民国和新中国,在学术方面成就非凡,其生平著作超过百万字,集结为《郭沫若全集》三十八卷。其在诗歌方面的代表作品集有《女神》《星空》等。他被认为是汉语新诗的开创者。

3. 经典诵读

教我如何不想她

刘半农

天上飘着些微云,
地上吹着些微风。
啊!
微风吹动了我的头发,
教我如何不想她?

月光恋爱着海洋,
海洋恋爱着月光。

啊！

这般蜜也似的银夜。

教我如何不想她？

水面落花慢慢流，

水底鱼儿慢慢游。

啊！

燕子你说些什么话？

教我如何不想她？

枯树在冷风里摇，

野火在暮色中烧。

啊！

西天还有些儿残霞，

教我如何不想她？

（刘半农《扬鞭集》卷上）

【拓展思考】

1. 赏析郭沫若代表作《凤凰涅槃》。

2. 谈谈你对刘半农《教我如何不想她》的理解与体会。

第二单元　散文

齐人有冯谖者
（《战国策·齐四》）

【阅读提示】

本篇题名，《古文观止》本作"冯谖客孟尝君"。本文叙述的是齐国贫士冯谖投奔到孟尝君门下作食客的故事，反映了战国时期贵族阶层盛行养士的风气。该文既突出描写了冯谖足智多谋、敢作敢为的过人才能，也在一定程度上展示了孟尝君礼贤下士的品格。吴楚材、吴调侯《古文观止》云："三番弹铗，想见豪士一时沦落，胸中块垒，勃不自禁。通篇写来，波澜层出，姿态横生，能使冯公须眉，浮动纸上；沦落之士，遂尔顿增气色。"（《古文观止》卷四）

齐人有冯谖[1]者，贫乏不能自存，使人属[2]孟尝君[3]，愿寄食门下。孟尝君曰："客何好?"曰："客无好也。"曰："客何能?"曰："客无能也。"孟尝君笑而受之曰："诺。"左右以君贱之也，食以草具[4]。

居有顷，倚柱弹其剑，歌曰："长铗[5]归来乎！食无鱼。"左右以告。孟尝君曰："食之，比[6]门下之客。"居有顷，复弹其铗，歌曰："长铗归来乎！出无车。"左右皆笑之，以告。孟尝君曰："为之驾，比门下之车客。"于是乘其车，揭[7]其剑，过其友曰："孟尝君客我。"后有顷，复弹其剑铗，歌曰："长铗归来乎！无以为家。"左右皆恶之，以为贪而不知足。孟尝君问："冯公有亲乎?"对曰，"有老母。"孟尝君使人给其食用，无使乏。于是冯谖不复歌。

后孟尝君出记[8]，问门下诸客："谁习计会，能为文收责[9]于薛者乎?"冯谖署曰："能。"孟尝君怪之，曰："此谁也?"左右曰："乃歌夫长铗归来者也。"孟尝君笑曰："客果有能也，吾负之，未尝见也。"请而见之，谢曰："文倦于事，愦于忧，而性懧[10]愚，沉于国家之事，开罪于先生。先生不羞，乃有意欲为收责于薛乎?"冯谖曰："愿之。"于是约车治装，载券契而行，辞曰："责毕收，以何市而反?"孟尝君曰："视吾家所寡有者。"

驱而之薛，使吏召诸民当偿者，悉来合券。券遍合，起，矫命[11]以责赐诸民。因烧其券。民称万岁。

长驱到齐，晨而求见。孟尝君怪其疾也，衣冠[12]而见之，曰："责毕收乎? 来何疾也！"曰："收毕矣。""以何市而反?"冯谖曰："君云'视吾家所寡有者'。臣窃计，君宫中积珍宝，狗马实外厩，美人充下陈[13]。君家所寡有者，以义耳！窃以为君市义。"孟尝君曰："市义奈何?"曰："今君有区区之薛，不拊爱[14]子其民，因而贾利[15]之。臣窃矫君命，以责赐诸民，因烧其券，民称万岁。乃臣所以为君市义也。"孟尝君不说,曰:"诺,先生休矣!"

　　后期年,齐王谓孟尝君曰:"寡人[16]不敢以先王之臣为臣。"孟尝君就国于薛,未至百里,民扶老携幼,迎君道中。孟尝君顾谓冯谖:"先生所为文市义者,乃今日见之。"

　　冯谖曰:"狡兔有三窟,仅得免其死耳。今君有一窟,未得高枕而卧也。请为君复凿二窟。"孟尝君予车五十乘,金五百斤,西游于梁[17],谓惠王曰:"齐放其大臣孟尝君于诸侯,诸侯先迎之者,富而兵强。"于是梁王虚上位,以故相为上将军,遣使者黄金千斤,车百乘,往聘孟尝君。冯谖先驱,诫孟尝君曰:"千金,重币也;百乘,显使也。齐其闻之矣。"梁使三反,孟尝君固辞不往也。

　　齐王闻之,君臣恐惧,遣太傅赍[18]黄金千斤、文车二驷,服剑一,封书谢孟尝君曰:"寡人不祥,被于宗庙之祟,沉于谄谀之臣,开罪于君。寡人不足为也。愿君顾先王之宗庙,姑反国统万人乎!"冯谖诫孟尝君曰:"愿请先王之祭器,立宗庙于薛。"庙成,还报孟尝君曰:"三窟已就,君姑高枕为乐矣。"

　　孟尝君为相数十年,无纤介[19]之祸者,冯谖之计也。

(刘向集录《战国策》卷十一)

【注释】

　　[1]冯谖,一本作"冯煖""冯驩"。

　　[2]属:委托,请求。

　　[3]孟尝君:姓田,名文,曾担任齐相,战国四公子之一。

　　[4]草具:指粗劣的饭食。

　　[5]铗:本指剑把,这里指剑。

　　[6]比:等同。

　　[7]揭:高举。

　　[8]记:账簿。

　　[9]责:通"债"。

　　[10]懧:通"懦",懦弱。

　　[11]矫命:假托某人(这里指孟尝君)的命令。

　　[12]衣冠:名词作动词,穿好衣服,戴好帽子。

　　[13]下陈:后列或堂下。

　　[14]拊爱:爱护。

　　[15]贾利:用商人的方法谋利。

　　[16]寡人不敢以先王之臣为臣:这是齐王解除孟尝君相位的委婉之词。

　　[17]梁:梁国即魏国,因为魏国曾经迁都到大梁。大梁即今河南省开封市。

　　[18]赍:赠送。

　　[19]纤介:细小、微小。介,通"芥",小草。

【拓展阅读】

1.《战国策》简介

《战国策》是我国一部重要的国别体史书,杂记了西周、东周、秦、齐、楚、赵、魏、韩、燕、宋、卫、中山等十二国的部分历史,所记时间上接春秋,下至秦统一六国。其名称有《国策》《国事》《短长》《事语》《长书》《修书》等。此书经西汉刘向整理,共33卷,以为"战国时游士辅所用之国,为之策谋",故定名为《战国策》。

2. 标点翻译

孟尝君列传(节选)
司马迁

孟尝君名文姓田氏文之父曰靖郭君田婴田婴者齐威王少子而齐宣王庶弟也田婴自威王时任职用事与成侯邹忌及田忌将而救韩伐魏成侯与田忌争宠成侯卖田忌田忌惧袭齐之边邑不胜亡走会威王卒宣王立知成侯卖田忌乃复召田忌以为将宣王二年田忌与孙膑田婴俱伐魏败之马陵虏魏太子申而杀魏将庞涓宣王七年田婴使于韩魏韩魏服于齐婴与韩昭侯魏惠王会齐宣王东阿南盟而去明年复与梁惠王会甄是岁梁惠王卒宣王九年田婴相齐齐宣王与魏襄王会徐州而相王也楚威王闻之怒田婴明年楚伐败齐师于徐州而使人逐田婴田婴使张丑说楚威王威王乃止田婴相齐十一年宣王卒湣王即位即位三年而封田婴于薛

(司马迁《史记》卷七十五)

【拓展思考】

1. 结合冯谖对孟尝君的重要作用,请你谈谈《战国策》在思想上与传统儒家思想相比具有怎样的倾向性。

2. 对读本篇文章与《史记·孟尝君列传》,请你谈谈两者塑造孟尝君与冯谖形象的异同之处。

伯夷列传(节选)
司马迁

【阅读提示】

《伯夷列传》记载了伯夷、叔齐兄弟二人的事迹。该传通过语言、行为描写,展现了两位淡泊名利、坚守节操的隐士形象。孔子在《论语》中赞颂伯夷、叔齐兄弟是"古之贤人也","求仁而得仁，又何怨","不降其志，不辱其身"。韩愈在《伯夷颂》中写道："若伯夷者，特立独行、穷天地、亘万世而不顾者也。"（马其昶《韩昌黎文集校注》卷一）

伯夷、叔齐，孤竹[1]君之二子也。父欲立叔齐，及父卒，叔齐让伯夷。伯夷曰"父命也"，遂逃去。叔齐亦不肯立而逃之。国人立其中子。于是伯夷、叔齐闻西伯昌[2]善养老，盍[3]往归焉。及至，西伯卒，武王载木主[4]，号为文王，东伐纣。伯夷、叔齐叩马而谏曰："父死不葬，爰及干戈，可谓孝乎？以臣弑[5]君，可谓仁乎？"左右欲兵[6]之。太公[7]曰："此义人也。"扶而去之。武王已平殷乱，天下宗周，而伯夷、叔齐耻之，义不食周粟，隐于首阳山[8]，采薇而食之。及饿且死，作歌，其辞曰："登彼西山兮，采其薇矣。以暴易暴兮，不知其非矣。神农、虞、夏[9]忽焉没兮，我安适归矣？于嗟徂兮，命之衰矣。"遂饿死于首阳山。

（司马迁《史记》卷六十一）

【注释】

[1]孤竹：商周时期北方地区的一个诸侯国。

[2]西伯昌：西伯侯姬昌，即周文王。

[3]盍：何不、为什么。

[4]木主：木制的神位，又称神主、牌位，其上书写死者姓名以供祭祀。

[5]弑：古代称臣子杀君主、子女杀父母为弑。

[6]兵：本义是兵器，这里名词作动词，即拿起兵器杀人。

[7]太公：指姜尚。

[8]首阳山：有在辽西、河南、山西、陕西、甘肃等多种说法。考虑到伯夷、叔齐兄弟年龄较大，且在西岐附近谏阻武王，故他们隐居之地很有可能在陕西。

[9]神农、虞、夏：指神农氏、虞舜、夏禹等明君统治的时期。

【拓展阅读】

1. 作者简介

司马迁，字子长，西汉夏阳（今陕西韩城）人。他是我国古代伟大的史学家、文学家、思想家，著有《史记》一百三十卷。《史记》是我国第一部纪传体通史，也是著名的传记文学作品，在史学与文学上均有重大建树。

2. 标点翻译

伯夷列传（节选）

司马迁

夫学者载籍极博尤考信于六艺诗书虽缺然虞夏之文可知也尧将逊位让于虞舜舜禹之间岳

牧咸荐乃试之于位典职数十年功用既兴然后授政示天下重器王者大统传天下若斯之难也而说者曰尧让天下于许由许由不受耻之逃隐及夏之时有卞随务光者此何以称焉太史公曰余登箕山其上盖有许由冢云孔子序列古之仁圣贤人如吴太伯伯夷之伦详矣余以所闻由光义至高其文辞不少概见何哉

（司马迁《史记》卷六十一）

【拓展思考】

1. 站在现代立场来看,西周取代商朝顺应了历史的潮流,是历史的进步。而伯夷、叔齐不但劝谏周武王伐纣,而且耻食周粟,宁愿饿死也不宗周。请结合历史,辩证评价伯夷、叔齐的言行。

2. 伯夷、叔齐是我国历史上较早的、也较为可信的隐士,请你结合个人所学,谈谈伯夷、叔齐在我国隐士文化史上的地位影响。

桃花源记

陶渊明

【阅读提示】

《桃花源记》是东晋著名文学家陶渊明《桃花源诗》前面的小记,也是一篇历代传诵的散文。该文描写了一个没有压迫、没有剥削的桃花源世界,在那里人们生活富足,自由快乐。清人邱嘉穗云:"设想甚奇,直于污浊世界中另辟一天地,使人神游于黄农之代。"(《东山草堂陶诗笺》卷五)

晋太元[1]中,武陵[2]人捕鱼为业。缘溪行,忘路之远近。忽逢桃花林,夹岸数百步,中无杂树,芳草鲜美,落英缤纷。渔人甚异之,复前行,欲穷其林。

林尽水源,便得一山,山有小口,仿佛若有光。便舍船,从口入。初极狭,才通人。复行数十步,豁然开朗。土地平旷,屋舍俨然,有良田、美池、桑竹之属。阡陌交通,鸡犬相闻。其中往来种作,男女衣着,悉如外人。黄发垂髫[3],并怡然自乐。

见渔人,乃大惊,问所从来。具答之。便要[4]还家,为设酒杀鸡作食。村中闻有此人,咸来问讯。自云先世避秦时乱,率妻子邑人来此绝境[5],不复出焉,遂与外人间隔。问今是何世,乃不知有汉,无论魏晋。此人一一为具言所闻,皆叹惋。余人各复延至其家,皆出酒食。停数日,辞去。此中人语云:"不足为外人道也。"

既出,得其船,便扶向路,处处志之。及郡下,诣太守,说如此。太守即遣人随其往,寻向所志,遂迷,不复得路。

南阳[6]刘子骥,高尚士也,闻之,欣然规往。未果,寻病终。后遂无问津者。

（袁行霈《陶渊明集笺注》卷六）

【注释】

[1]太元:东晋孝武帝司马曜的第二个年号,公元376—396年。

[2]武陵:古代郡名,郡治在今天湖南省常德市一带。

[3]黄发垂髫:指老人和儿童。老人头发转黄,儿童垂发,故称。髫,额前垂下的头发。

[4]要:约请。

[5]绝境:指与外界隔绝之境。

[6]南阳:今河南省南阳市。

【拓展阅读】

1. 作者简介

陶渊明(约365—427),名潜,字元亮,别号五柳先生。私谥靖节,后代称之为靖节先生。他是寻阳郡柴桑县(今江西九江)人,东晋末到刘宋初期杰出的诗人、辞赋家、散文家,被钟嵘《诗品》誉为"古今隐逸诗人之宗"。(曹旭笺注《诗品笺注》)

2. 标点翻译

礼运(节选)
(《礼记》)

孔子曰大道之行也与三代之英丘未之逮也而有志焉大道之行也天下为公选贤与能讲信修睦故人不独亲其亲不独子其子使老有所终壮有所用幼有所长矜寡孤独废疾者皆有所养男有分女有归货恶其弃于地也不必藏于己力恶其不出于身也不必为己是故谋闭而不兴盗窃乱贼而不作故外户而不闭是谓大同

(孔颖达《礼记正义》卷二十一)

【拓展思考】

1.你认为陶渊明《桃花源记》所描述的"桃花源"理想有哪些积极意义。

2.《桃花源记》所描述的"桃花源"理想与《礼记·礼运》所载述的"大同"世界都是古人对美好生活的向往。请结合现实,谈谈你的社会理想。

师说
韩愈

【阅读提示】

《师说》是唐代著名文学家韩愈的一篇散文,本为勉励后学李蟠而作,但其中所指出的教师的重要性以及向教师学习的重要性却不受时空局限而具有普遍的意义。柳宗元《答韦宗立论师道书》云:"孟子称'人之患在好为人师'。由魏、晋氏以下,人益不事师。今之世不闻有师,有辄哗笑之,以为狂人。独韩愈奋不顾流俗,犯笑侮,收召后学,作《师说》,因抗颜而为师。"(《柳宗元集》卷三十四)

古之学者必有师。师者,所以传道[1]、受业、解惑也。人非生而知之者,孰能无惑?惑而不从师,其为惑也,终不解矣。生乎吾前,其闻道也固先乎吾,吾从而师之;生乎吾后,其闻道也亦先乎吾,吾从而师之。吾师道也,夫庸知其年之先后生于吾乎?是故无贵无贱,无长无少,道之所存,师之所存也。

嗟乎!师道之不传也久矣!欲人之无惑也难矣!古之圣人[2],其出人也远矣,犹且从师而问焉;今之众人,其下圣人也亦远矣,而耻学于师。是故圣益圣,愚益愚。圣人之所以为圣,愚人之所以为愚,其皆出于此乎?爱其子,择师而教之;于其身也,则耻师焉,惑矣。彼童子之师,授之书而习其句读者,非吾所谓传其道、解其惑者也。句读之不知,惑之不解,或师焉,或不焉,小学而大遗,吾未见其明也。巫医、乐师、百工之人,不耻相师。士大夫之族,曰师、曰弟子云者,则群聚而笑之。问之,则曰:"彼与彼年相若也,道相似也。位卑则足羞,官盛则近谀。"呜呼!师道之不复可知矣。巫医、乐师、百工之人,君子不齿,今其智乃反不能及,其可怪也欤!

圣人无常师。孔子师郯子[3]、苌弘[4]、师襄[5]、老聃[6]。郯子之徒,其贤不及孔子。孔子曰:"三人行,则必有我师。"是故弟子不必不如师,师不必贤于弟子,闻道有先后,术业有专攻,如是而已。

李氏子蟠,年十七,好古文,六艺经传皆通习之,不拘于时,学于余。余嘉其能行古道,作《师说》以贻之。

(马其昶《韩昌黎文集校注》卷一)

【注释】

[1]道:韩愈服膺儒家思想,故其所说之道指儒家之道。但是,我们今天不能拘泥于此,可泛指一切科学文化知识、人生以及社会的道理等。

[2]圣人:据下文可知,这里的圣人指孔子等儒家圣贤。

[3]郯子:春秋末期郯国国君,孔子向他请教过古代的职官名称。

[4]苌弘：周敬王时候的大夫，孔子向他请教过音乐问题。

[5]师襄：春秋末期鲁国乐官，孔子曾向他学琴。

[6]老聃：即老子，道家学派的创始人，孔子曾向他问过礼。

【拓展阅读】

1.作者简介

韩愈(768—824)，字退之，河内河阳(河南省孟州市)人，自谓郡望昌黎(今属河北省)，故世称"韩昌黎"，晚年官至吏部侍郎，故又称"韩吏部"，唐代著名的诗人、散文家，"唐宋八大家"之一。

2.标点翻译

潮州韩文公庙碑(节选)
苏轼

自东汉以来道丧文弊异端并起历唐贞观开元之盛辅以房杜姚宋而不能救独韩文公起布衣谈笑而麾之天下靡然从公复归于正盖三百年于此矣文起八代之衰而道济天下之溺忠犯人主之怒而勇夺三军之帅岂非参天地关盛衰浩然而独存者乎

(孔凡礼点校《苏轼文集》卷十七)

【拓展思考】

1.韩愈认为，教师的三大职责是"传道、受业、解惑"。除此之外，你认为教师还应该有什么重要作用？

2.如今，尊师重道已经成为社会的普遍共识。请你结合现实，谈谈应该如何把尊师重道落到实处。

留侯论
苏轼

【阅读提示】

《留侯论》是宋代大文豪苏轼的一篇散文。该文以"汉初三杰"之一的张良为例，结合他的"圯桥受书"以及辅佐刘邦统一天下建立西汉的故事，论证"忍小忿而就大谋"的重要性。该文气势充沛，文笔纵横，极尽曲折变化之妙，受到历代文人的赞美。

古之所谓豪杰之士者,必有过人之节[1]。人情有所不能忍者,匹夫见辱,拔剑而起,挺身而斗,此不足为勇也。天下有大勇者,卒然[2]临之而不惊,无故加之而不怒,此其所挟持[3]者甚大,而其志甚远也。

夫子房受书于圯上[4]之老人也,其事甚怪,然亦安知其非秦之世有隐君子者出而试之?观其所以微见其意者,皆圣贤相与警戒之义。而世不察,以为鬼物,亦已过矣。且其意不在书。

当韩之亡,秦之方盛也,以刀锯鼎镬[5]待天下之士,其平居无罪夷灭者,不可胜数,虽有贲、育[6],无所复施。夫持法太急者,其锋不可犯,而其末可乘[7]。子房不忍忿忿之心,以匹夫之力,而逞于一击之间。当此之时,子房之不死者,其间不能容发,盖亦已危矣。

千金之子,不死于盗贼,何者?其身之可爱,而盗贼之不足以死也。子房以盖世之才,不为伊尹[8]、太公之谋,而特出于荆轲、聂政[9]之计,以侥幸于不死,此固圯上之老人所为深惜者也。是故倨傲鲜腆[10]而深折[11]之。彼其能有所忍也,然后可以就大事,故曰:"孺子可教也。"

楚庄王伐郑,郑伯肉袒[12]牵羊以逆。庄王曰:"其君能下人,必能信用其民矣。"遂舍之。勾践之困于会稽而归,臣妾[13]于吴者,三年而不倦。且夫有报人之志,而不能下人者,是匹夫之刚也。夫老人者,以为子房才有余,而忧其度量之不足,故深折其少年刚锐之气,使之忍小忿而就大谋。何则?非有平生之素[14],卒然相遇于草野之间,而命以仆妾之役,油然而不怪者,此固秦皇之所不能惊,而项籍之所不能怒也。

观夫高祖之所以胜,而项籍之所以败者,在能忍与不能忍之间而已矣。项籍唯不能忍,是以百战百胜而轻用其锋。高祖忍之,养其全锋而待其弊,此子房教之也。当淮阴破齐而欲自王,高祖发怒,见于词色。由此观之,犹有刚强不忍之气,非子房其谁全之!

太史公疑子房以为魁梧奇伟,而其状貌乃如妇人女子,不称其志气[15]。呜呼!此其所以为子房欤!

（孔凡礼点校《苏轼文集》卷四）

【注释】

[1]节:气节、节操。

[2]卒然:突然。

[3]挟持:所挟持的理想,即抱负、志向等。

[4]圯上:桥上。

[5]刀锯鼎镬:刀锯可杀人,鼎镬可烹人,故刀锯鼎镬借指秦朝的严刑峻法。

[6]贲、育:指孟贲和夏育,都是古代的大力士。

[7]其末可乘:其末势之时,有可乘之机。一本作"其势未可乘"。

[8]伊尹:商汤之相。

[9]聂政:战国时侠客,韩国人,曾刺杀韩相侠累。

[10]鲜腆:少善、不谦爱。

[11]折:挫折,使动用法。

[12]肉袒:赤裸上身。逆:迎。

[13]臣妾：奴仆，名词动用。

[14]平生之素：以往的旧交情。

[15]不称其志气：指张良柔弱的外貌与宏伟志气不相称。

【拓展阅读】

1. 作者简介

苏轼(1037—1101)，字子瞻，号东坡居士，世称苏东坡，北宋眉州眉山(今属四川省眉山市)人，北宋著名的文学家、书法家、画家，"唐宋八大家"之一。

2. 标点翻译

留侯世家(节选)
司马迁

良尝闲从容步游下邳圯上有一老父衣褐至良所直堕其履圯下顾谓良曰孺子下取履良鄂然欲殴之为其老强忍下取履父曰履我良业为取履因长跪履之父以足受笑而去良殊大惊随目之父去里所复还曰孺子可教矣后五日平明与我会此良因怪之跪曰诺五日平明良往父已先在怒曰与老人期后何也去曰后五日早会五日鸡鸣良往父又先在复怒曰后何也去曰后五日复早来五日良夜未半往有顷父亦来喜曰当如是出一编书曰读此则为王者师矣后十年兴十三年孺子见我济北谷城山下黄石即我矣遂去无他言不复见旦日视其书乃太公兵法也良因异之常习诵读之

(司马迁《史记》卷五十五)

【拓展思考】

1.通读该文，苏轼认为一个人想成大事，必须要有"忍"的性格。你是否同意？谈谈你的看法。

2.《留侯论》引起你怎样的思考？你认为一个人应该如何面对挫折与困难？

为人民服务
毛泽东

【阅读提示】

1944 年 9 月 5 日，毛泽东同志的警卫战士张思德在陕西安塞县烧木炭时，因为炭窑崩塌而牺牲。9 月 8 日，毛泽东参加了追悼会，不仅亲笔题词"向为人民利益而牺牲的张思德同志致敬"，而且发表了《为人民服务》的演讲。在该演讲中，毛泽东同志高度赞扬了张思德为人民服务的革命精神，号召大家团结起来，打败日本侵略者。此后，张思德的形象便成了"为人民服务"的典型代表。

我们的共产党和共产党所领导的八路军、新四军，是革命的队伍。我们这个队伍完全是为着解放人民的，是彻底地为人民的利益工作的。张思德[1]同志就是我们这个队伍中的一个同志。

人总是要死的，但死的意义有不同。中国古时候有个文学家叫做司马迁的说过："人固有一死，或重于泰山，或轻于鸿毛。"[2]为人民利益而死，就比泰山还重；替法西斯卖力，替剥削人民和压迫人民的人去死，就比鸿毛还轻。张思德同志是为人民利益而死的，他的死是比泰山还要重的。

因为我们是为人民服务的，所以，我们如果有缺点，就不怕别人批评指出。不管是什么人，谁向我们指出都行。只要你说得对，我们就改正。你说的办法对人民有好处，我们就照你的办。"精兵简政"这一条意见，就是党外人士李鼎铭[3]先生提出来的；他提得好，对人民有好处，我们就采用了。只要我们为人民的利益坚持好的，为人民的利益改正错的，我们这个队伍就一定会兴旺起来。

我们都是来自五湖四海，为了一个共同的革命目标，走到一起来了。我们还要和全国大多数人民走这一条路。我们今天已经领导着有九千一百万[4]人口的根据地，但是还不够，还要更大些，才能取得全民族的解放。我们的同志在困难的时候，要看到成绩，要看到光明，要提高我们的勇气。中国人民正在受难，我们有责任解救他们，我们要努力奋斗。要奋斗就会有牺牲，死人的事是经常发生的。但是我们想到人民的利益，想到大多数人民的痛苦，我们为人民而死，就是死得其所。不过，我们应当尽量地减少那些不必要的牺牲。我们的干部要关心每一个战士，一切革命队伍的人都要互相关心，互相爱护，互相帮助。

今后我们的队伍里，不管死了谁，不管是炊事员，是战士，只要他是做过一些有益的工作的，我们都要给他送葬，开追悼会。这要成为一个制度。这个方法也要介绍到老百姓那里去。村上的人死了，开个追悼会。用这样的方法，寄托我们的哀思，使整个人民团结起来。

（《毛泽东选集》卷三）

【注释】

[1]张思德(1915—1944)，四川仪陇人，中央警备团的一名战士。他在1933年参加红军，经历过长征，负过伤，是一个忠实为人民服务的共产党员。1944年9月5日，他在陕北安塞县的山中烧炭，因炭窑崩塌而牺牲。2009年9月10日，张思德被评为"100位为新中国成立作出突出贡献的英雄模范人物"之一。

[2]语见《汉书·司马迁传》："人固有一死，死有重于泰山，或轻于鸿毛，用之所趋异也。"

[3]李鼎铭(1881—1947)，陕西米脂人，开明绅士。他在1941年11月陕甘宁边区第二届参议会上提出"精兵简政"的提案，并在这次会议上当选为陕甘宁边区政府副主席。

[4]九千一百万：指当时陕甘宁边区和华北、华中、华南各抗日根据地所拥有的人口总数。

【拓展阅读】

　　毛泽东(1893—1976),字润之,湖南湘潭人,中国人民的领袖,伟大的马克思主义者,伟大的无产阶级革命家、战略家、理论家,中国共产党、中国人民解放军和中华人民共和国的主要缔造者和领导人,马克思主义中国化的伟大开拓者,近代以来中国伟大的爱国者和民族英雄,中国共产党第一代中央领导集体的核心,领导中国人民彻底改变自己命运和国家面貌的一代伟人。

【拓展思考】

　　1.张思德精神是延安精神的一个重要方面,请谈谈你对延安精神的理解。
　　2.为人民服务是中国共产党人的出发点与最终归宿,请你结合不同的职业,谈谈应该如何为人民服务。

漫步秦直道
厚夫

【阅读提示】

　　《漫步秦直道》是延安大学梁向阳教授(笔名厚夫)的一篇散文。该文"以深具文化底蕴的'秦直道'为主体意象,逐步荡漾开来,直面历史,评述秦皇,反观现实,激情涌动,最后以呼唤西部更生终结全文,既完成了对历史与现实的审美对接,也使文章拥有了'力'与'诗'的审美风格"。(孔岩《"力"与"诗"的和鸣——厚夫〈漫步秦直道〉赏评》)

一

　　拨开一丛又一丛沙蒿,我在旷野寻觅那湮没在岁月风尘中的秦直道踪迹。

　　这是一个火爆的夏季,太阳裂变出巨大的能量,炙烤得大地腾起茫茫云烟。我头顶骄阳,足踏厚土。极目四望,这里除了已经沙化的草地,还是沙化的草地,再也找不到人烟。此处的风景,便是天空中盘旋良久的鹰隼们。它们猛地扎到地上,叼起一只野兔或一只田鼠,又重新升入蓝天,把矫健的身姿投影到苍茫的大地之上。当然,还有那些被风沙长期蹂躏的沙柳们,面目粗糙,狰狞而倔强。如果再仔细加以辨认,不难发现眼前还忽隐忽现,逶迤跳跃着另一种风景,那就是我苦苦寻觅的秦直道。

　　这就是两千多年前"千古一帝"[1]秦始皇所修建的秦直道?这就是大秦帝国的军队"车辚辚,马萧萧"[2]征伐匈奴时踏过的秦直道?……我真不敢相信自己的眼睛。谜一般的秦直道,你竟如此诡谲莫测。若不是太史公司马迁在《史记》中留下寥寥数语的记载,若不是几千年来你像精灵一样诱惑着人们,我真不知道从哪里寻你的足迹呢。

秦直道,我终于走到你的身边。你静静地沉睡着,我依稀可辨你那宽阔的胸怀和博大的气势。我的眼前烽火突起,我的耳畔鼙鼓动天。我分明看到了那一队队碾过历史印迹的战车,旗幌上高挑着大大的篆"秦",它们势如破竹,所向披靡,风卷残云……

二

两千多年前的春秋战国时期,是一个铁与血的英雄年代,也是我国历史上文化景象云蒸霞蔚、辉煌灿烂的年代。王纲解纽后的群雄们,都有一个共同的目的,就是如何挖空心思地征杀伐掠,拓边扩地,剪灭群雄,问鼎中原,君临天下。于是,这个时代理性与激情为伍,阴谋与智慧共存。那些雄心勃勃的霸主、谋臣、说客、战将乃至智者[3],在历史舞台上粉墨登场,充分燃烧着自己的生命激情。短短几百年里,诞生了孔子、老子、庄子、孟子、墨子等一大批杰出的智者。他们把思想的精华通过文字的羽毛飞撒在黄河上下,成为几千年来主导华夏民族思想的源泉。

是啊,风起云涌的历史不会永远容忍诸侯们的恣意纷争,它不断整合着自己的运行轨迹,苦苦寻觅一个能担负统一华夏诸雄艰巨使命的英雄。抚读沧桑,惜风流人物总被雨打风吹去;遍阅今朝,唯有中国西部的气象宏大,一个英雄的身影越来越清晰,他就是秦王嬴政。他以西部人特有的果敢与智慧,征服着他的对手们,也征服着人心的向背,成为战国七雄的魁首。历史的垂青与深情并不是一时偶然的冲动,在这时,秦国已经经营了六世之久,中经商鞅变法的伟大革新,经济发达,军事强大。到嬴政时期,秦已经鹤立鸡群、傲视中原了。于是,当秦王嬴政具有"席卷天下,包举宇内,囊括四海之意,并吞八荒之心"[4]时,当他广泛地招揽人才择贤选能时,当他具有运筹帷幄而决胜千里的雄才大略时,机遇必然地降临到他的身上,让他担负起沉甸甸的历史使命。

"秦王扫六合,虎视何雄哉!"[5]一支用先进的生产力武装起来的强大秦军,它怎能不所向披靡呢?在短短十年间,秦王嬴政以秋风扫落叶的姿态,一举结束了春秋以来长达五百年的诸侯割据、纷争的局面。血流飘橹之后的景色,是统一与和平的春天。公元前221年,秦王嬴政统一华夏,在中国历史上第一次建立了统一的多民族中央集权的封建帝国。那年,三十八岁的嬴政登基即位[6],成为"千古一帝"。

三

大秦帝国如同一轮初升的朝阳,在东亚大陆放射它夺目的光芒。它是一个标尺,一个农业文明的高度,擎起东方的天空,令整个世界为之震撼。始皇帝踌躇满志,信心百倍地规划与设计着大秦帝国的宏伟蓝图,"朕为始皇帝,后世以计数,二世三世至于万世,传之无穷"[7]。他坚决果断地推行一系列维护中央集权的措施,设立郡县,制订法令,统一文字,等等。这里面自然也包括在北方边境上修筑长城和兴修直道了。正如太史公司马迁引贾谊言,"振长策而御宇内,吞二周而亡诸侯,履至尊而制六合,执敲扑以鞭笞天下,威振四海"[8]。

是啊,这是一个真正的秦始皇的时代!

剪灭六国后,君临天下的始皇帝完全有能力从容地驾驭时局。他知道,要使大秦帝国长治久安,必须排除外患,尤其是像剜毒瘤一样根除北方边患的痼疾。他的目光在大秦帝国的版图上巡视一番,手指轻轻一弹,便有一支三十万之众的庞大军队像猎犬一般地出击,横扫整个河套地区,把来无踪、去无影的匈奴骑兵驱逐到戈壁大漠。他又让大将军蒙恬控制高阙要塞,设置新县,迁徙百姓,修筑长城,实施一系列积极的防御措施。

秦直道在历史舞台上出现,与长城一样,是在当时特定的时空条件下,一个杰出的构思,一个既浪漫却又现实的合理行为。这种大手笔、大举措只有赢政才真正具有构建的能力。他修筑了连通临洮与辽东,横亘于中国北方的长城后,又下令修建了一个足踏咸阳,头抵阴山,独臂擎起边关安危的战略道路——直道。

直道的修建是在秦始皇的大军驱逐匈奴后的第二年,即秦始皇三十五年。《史记·蒙恬传》载:"始皇欲游天下,道九原,直抵甘泉,乃使蒙恬通道,自九原抵甘泉,堑山堙谷,千八百里。"秦直道全长一千八百里(约合今一千四百里),南起甘泉宫,北抵九原郡,是由咸阳至九原郡最为捷近的道路。按照我国著名历史地理学家史念海教授的翔实考证,秦直道由陕西淳化县北梁武帝村秦林光宫遗址北行,至子午岭上,循此主脉北行,直到定边县南,再由此东北行,进入鄂尔多斯草原,达乌审旗北,经东胜县西南,在昭君坟附近渡黄河,达到包头市西南秦九原郡治所。直道的一半道路修筑在子午岭主脉上,一半修筑在草地平原上,这不能不说是个奇迹!而且包括选线、施工等工程在内,它的整个工期只有两年半左右的时间。有了它,也就从某种意义上解除了始皇帝的心头之患——一旦北方边疆有个风吹草动,一旦匈奴骑兵来犯,秦王朝的援军就可以循着这条宽阔而便捷的直道,源源不断地直奔九原郡,登上阴山山脉,打击来犯之敌。时至今日,当来到这段陕西与内蒙古交界处的秦直道时,实地考察的我更为惊叹始皇帝的杰作了。

然而,聪明的始皇帝绝对不曾想到过,他对直道的检阅,只能是死后的事情,只能是在一个负载着阴谋的辒辌车[9]里进行了。就在他出巡病死后的日子里,十八子胡亥与中车府令赵高、丞相李斯共同策划着一个可笑的阴谋。这场阴谋的出笼不仅仅是鲍鱼之味遮住尸臭,更主要是给刚刚运作起来的大秦帝国画上了永远的休止符,这当然是鼠目寸光的胡亥悟不出的道理。

大秦帝国的始皇帝赢政,到动用数十万工匠精心修筑的陵寝里报到去了,时隔十五年,大秦帝国的大厦就彻底坍了。那一轮冉冉升起的太阳,从景象峥嵘的中天而降,坠入黑暗的深渊。接着便是楚汉相争的刀光剑影,接着便是一个新的时空单元的诞生……

蓦然回望大秦帝国,那由大将军蒙恬率领几十万军民修筑的长城,依然在中国北方的群山上蜿蜒起伏,孤独无语。然而,大秦帝国军队的铁蹄踏过的秦直道,却永远消灭在千山万壑之中了。到了今天,长城的军事功能丧失殆尽,但是它却成了中华民族坚强性格的象征物,被打上文化的烙印,成为世界文明的遗产,为全人类所敬仰。而那个"堑山堙谷"而修建的具有很高实用价值的秦直道,却随着社会秩序的周期性溃疡,它的辉煌湮没在岁月风尘中,这多少令后世感到遗憾。当然,有一点值得欣慰,今天的民族团结与进步,是全体华夏儿女共同创造的。秦直道功能的丧失与隐退,不正从另一方面旁证了国家的统一、富强么?我想,"千古一帝"秦始皇若有知,他也愿意看到今天祖国江山分外妖娆的现实的。

四

逝去的是历史,留下的是风景。对于今天来说,神秘的秦直道的探索与其面纱的进一步揭开,带有某种暗合性与启示性的意义。

陕西,这个大秦王朝的核心所在,大汉王朝的核心所在,大唐盛世的核心所在,它的辉煌毕竟属于历史,它能重振雄风么?回答是响亮而坚定的。它挟着远古的雄风,轰鸣如雷。君请看,那巍巍而立的长城不是见证么!君请看,那巨蟒似的秦直道不是见证么!

烈日当头,端着一个巨大的火盆。抬头望天,我听到了太阳毕剥燃烧的声音,它是那般的兴奋与激烈。这是西部的声音,一个新世纪的声音……

(厚夫《走过陕北》)

【注释】

[1]"千古一帝":最早来源于明代思想家李贽《藏书》对秦始皇的评价,后人也会借用"千古一帝"评价古代其他帝王。

[2]"车辚辚,马萧萧":语出唐代诗人杜甫《兵车行》。

[3]智者:指思想家。原文作"智慧者",据《延河》本改。

[4]语出西汉贾谊《过秦论》。

[5]语出唐代诗人李白《古风·秦王扫六合》一诗。

[6]登基即位:原文作"登上帝位登基称帝"四字,据《延河》本改。

[7]语出司马迁《史记》卷六《秦始皇本纪》。

[8]见司马迁《史记》卷六《秦始皇本纪》。其中"敲扑"一词,当作"棰拊",或作"槁朴",指鞭子。

[9]辒辌车:古代的卧车,亦用作丧车。

【拓展阅读】

厚夫(1965—),陕西延川人。本名梁向阳,延安大学文学院教授、延安市作家协会主席、陕西省作家协会副主席,著有《路遥传》《走过陕北》《重回历史现场看文学现象》《当代散文流变研究》等著作。《漫步秦直道》首次发表于《延河》1999年第7期,后被《散文选刊》等多家刊物转载,入选人民教育出版社2000年版全日制普通高级中学《语文读本》第一册。

【拓展思考】

1.细读本文,请你谈谈作者对秦始皇与秦直道的情感态度。

2.阅读孔岩《"力"与"诗"的和鸣——厚夫〈漫步秦直道〉赏评》一文,谈谈她与你对《漫步秦直道》一文解读的异同之处。

第三单元　小说

三王墓
干宝

【阅读提示】

　　《三王墓》载于晋人干宝所撰《搜神记》，为魏晋志怪小说之名篇。《搜神记》是汉魏以来志怪小说的集大成者。在民间流传和部分文人加工的基础上，它在艺术上逐渐向精致、考究的方向发展。本篇以复仇、反抗的悲壮为特色，也褒扬了诚信、信任的高贵品德，读后令人击节而叹。

　　楚干将、莫邪为楚王作剑，三年乃成。王怒，欲杀之。剑有雌雄。其妻重身当产，夫语妻曰："吾为王作剑，三年乃成。王怒，往必杀我。汝若生子是男，大，告之曰：'出户望南山，松生石上，剑在其背。'"于是即将雌剑往见楚王。王大怒，使相[1]之。剑有二，一雄一雌，雌来雄不来。王怒，即杀之。

　　莫邪子名赤，比[2]后壮，乃问其母曰："吾父所在？"母曰："汝父为楚王作剑，三年乃成。王怒，杀之。去时嘱我：'语汝子：出户望南山，松生石上，剑在其背。'"于是子出户南望，不见有山，但睹堂前松柱下石低[3]之上。即以斧破其背，得剑，日夜思欲报楚王。

　　王梦见一儿眉间广尺，言欲报仇。王即购之千金。儿闻之，亡去，入山行歌。客有逢者，谓："子年少，何哭之甚悲耶？"曰："吾干将、莫邪子也，楚王杀吾父，吾欲报之。"客曰："闻王购子头千金。将子头与剑来，为子报之。"儿曰："幸甚！"即自刎，两手捧头及剑奉之，立僵[4]。客曰："不负子也。"于是尸乃仆。

　　客持头往见楚王，王大喜。客曰："此乃勇士头也，当于汤镬[5]煮之。"王如其言煮头，三日三夕不烂。头踔[6]出汤中，瞋[7]目大怒。客曰："此儿头不烂，愿王自往临视之，是必烂也。"王即临之。客以剑拟[8]王，王头随堕汤中，客亦自拟己头，头复堕汤中。三首俱烂，不可识别。乃分其汤肉葬之，故通名"三王墓"。今在汝南北宜春县界。

（干宝《搜神记》卷十一）

【注释】

　　[1]相：察看。

[2]比：及、等到。

[3]低：通"砥"，磨刀石。

[4]僵：直。

[5]镬：古代的大锅，常被用作烹人的刑具。

[6]踔：跳跃。

[7]踬：一本作"瞋"。

[8]拟：指向。

【拓展阅读】

1. 作者简介

干宝(? — 336年)，字令升，汝南郡新蔡县(今河南省新蔡县)人，后迁居海宁盐官之灵泉乡(今属浙江)，东晋文学家、史学家。其父为东吴丹阳丞干莹。干宝著有《周易注》《五气变化论》《晋纪》《春秋序论》《搜神记》等，其中尤以《晋纪》《搜神记》影响较大。

2. 写作背景

《三王墓》是《搜神记》中最成熟的篇章之一，记叙著名工匠干将、莫邪之子为父报仇的故事。这是一个历时很久的传说，西汉刘向的《列士传》始记工匠被杀、复仇等事。其后，《孝子传》《列异传》等都记载了这件事，但文字、情节略有出入。《搜神记》是在以上诸书所记的内容基础上加工而成的，属于集成之作。

【拓展思考】

1.仔细阅读，本篇的高潮部分在哪？体现出怎样的特色？

2.作为复仇者的形象，赤与无名客各有特色。请分别总结。

3.请阅读鲁迅《故事新编·铸剑》，试比较二者的异同。

柳毅传(节选)

李朝威

【阅读提示】

《柳毅传》是唐传奇的名篇之一，鲁迅先生将它与《莺莺传》并置。鲁迅指出，唐传奇一改笔记小说"粗陈梗概"的特点，"作意好奇""始有意为小说"而成"描写委屈"的风貌。(《鲁迅全集》第九卷)

翌日，又宴毅于清光阁。钱塘[1]因酒作色，踞[2]谓毅曰："不闻猛石可裂不可卷，义士可杀不可羞者邪？愚有衷曲，一陈于公。为可，则俱履云霄；如不可，则皆夷粪壤。足下以为何如哉？"毅曰："请闻之。"钱塘曰："泾阳之妻，则洞庭君之爱女也。淑性茂质，为九姻[3]所重。不幸见辱于匪人，今则绝矣。将欲求托高义[4]，世为亲宾，使受恩者知其所归，怀爱者知其所付，岂不为君子始终之道者？"毅肃然而作，欻然[5]而笑曰："诚不知钱塘君孱困[6]如是！毅始闻跨九州，壤五岳，泄其愤怒；复见断锁金，掣玉柱，赴其急难。毅以为刚决明直，无如君者。盖犯之者不避其死，感之者不爱其生，此真丈夫之志。奈何萧管方洽，亲宾正和，不顾其道，以威加人？岂仆之素望哉！若遇公于洪波之中，玄山[7]之间，鼓以鳞须，被以云雨，将迫毅以死，毅则以禽兽视之，亦何恨哉！今体似衣冠，坐谈礼义，尽五常[8]之志性，穷百行之微旨[9]，虽人世豪杰有不如者，况江河灵类乎？而欲以介然之躯，悍然之性，乘酒假气，将迫于人，岂近直哉！且毅之质[10]，不足以藏王之一甲之间。然而敢以不伏之心，胜王不道之气。惟王筹之！"钱塘逡巡致谢曰："寡人生长宫房，不闻正论。向者词述狂狷，唐突高明。退自循顾，戾[11]不容责。幸君子不为此乖间[12]也。"其夕，复欢宴，其乐如旧。毅与钱塘遂为知心友。

明日，毅辞归。洞庭君夫人别宴毅于潜景殿，男女仆妾等悉出预会。夫人泣谓毅曰："骨肉受君子深恩，恨不得展愧戴[13]，遂至睽别。"使前泾阳女当席拜毅以致谢。夫人又曰："此别岂有复相遇之日乎？"毅始虽不诺钱塘之请，然当此席，殊有叹恨之色。宴罢辞别，满宫凄然。赠遗珍宝，怪不可述。毅于是复循出途上岸，见从者十余人，担囊以随，至其家而辞去。

毅因适广陵宝肆，鬻其所得。百未发一，财已盈兆。故淮右富族，咸以为莫如。遂娶于张氏，亡。又娶韩氏。数月，韩氏又亡。徙家金陵。常以鳏旷[14]多感，欲求新匹。有媒氏告之曰："有卢氏女，范阳人也。父曰浩，尝为清流[15]宰。晚岁好道，独游云泉[16]，今则不知所在矣。母曰郑氏。前年适清河张氏，不幸而张夫早亡。母怜其少艾，惜其惠美，欲择婿以配焉。又何如哉？"毅乃卜日[17]就礼。既而男女二姓俱为豪族，法[18]用礼物，尽其丰盛。金陵之士，莫不健仰[19]。

居月余，毅因晚入户，视其妻，深觉类于龙女，而逸艳丰状，则又过之。因与话昔事。妻谓毅曰："人世岂有如是之理乎？"经岁余，有一子。毅益重之。既产，逾月，乃秾饰换服，召毅于帷室之间，笑谓毅曰："君不忆余之于昔邪？"毅曰："凤非姻好，何以为忆？"妻曰："余即洞庭君之女也。泾川之辱，君能救之。自此誓心求报。洎[20]钱塘季父论亲不从，乖负宿心，怅望成疾。中间父母欲配嫁于濯锦小儿某。遂闭户剪发，以明无意。虽君子弃绝，分[21]无见期，而当初之心，死不自替。他日父母怜其志，复欲驰白于君。值君累娶张韩二氏，理不可遣。迨张韩继卒，君[22]卜居于兹，故余之父母得以为心矣。诚不意今日获奉君子，咸喜终世[23]，死无恨矣。"因咽泣良久，复谓毅曰："始不言者，知君无重色之心。今乃言者，知君有爱子之意。妇人匪薄[24]，不足以欢厚永心，故因君爱子，以托贱质。未知君意如何？愁惧兼心，不能自解。君附书之日，笑谓妾曰：'他日归洞庭，慎无相避。'诚不知当此之际，君岂有意于今日之事乎？其后季父请于君，君固不许。君乃诚将不可邪，抑忿然邪？君其话之。"毅曰："似有命者。仆始见君于长泾之隅，枉抑憔悴，诚有不平之志。然自约其心者，达君之冤，余无及也。初言'慎勿相避'者，偶然耳，岂有意哉！洎钱塘逼迫之际，唯理有不可直，乃激人之怒耳。夫始以义行为志，宁有杀其婿而纳其妻者邪？一不可也。某素以操贞为志尚，宁有屈于己而伏于心者乎？二不可也。且以率肆胸臆,酬酢纷纶,唯直是图,不遑避害。然而将别之日。见君有依然之容,心甚恨之。终以人事扼束,无由报谢。吁!今日,君,卢氏也,又家于人间。则无[25]始心未为惑矣。从此以往,永奉欢好,心无纤虑也。"妻因深感娇泣,良久不已。有顷,谓毅曰:"勿以他类,遂为无心,固当知报耳。夫龙寿万岁,今与君同之。水陆无往不适。君不以为妄也。"毅嘉之曰:"吾不知国客乃复为神仙之饵!"乃相与觐洞庭。既至,而宾主盛礼,不可具纪。

　　后徙居南海[26]仅四十年,其邸第、舆马、珍鲜、服玩,虽侯伯之室,无以加也。毅之族咸遂濡泽[27]。以其春秋积序[28],容状不衰。南海之人,靡不惊惑。

(陶宗仪编《说郛三种》第八册)

【注释】

[1]钱塘:即钱塘君,洞庭君之弟,龙女的叔父。

[2]踞:蹲着。

[3]九姻:九族姻亲,泛指各种亲戚关系。

[4]高义:品德高尚(之人)。

[5]欻然:忽然。

[6]孱困:卑劣、浅陋。

[7]玄山:玄远之山,泛指山岳。

[8]五常:即仁、义、礼、智、信。

[9]微旨:精妙的道理。

[10]质:身体。

[11]戾:罪过。

[12]乖间:隔阂、疏远。

[13]愧戴:感谢。

[14]鳏旷:独身无配偶。

[15]清流:今安徽滁州。

[16]云泉:白云清泉,泛指名山胜景。

[17]卜日:择日。古人择日必占,故称。

[18]法:规范、制度,此处指婚姻礼仪。

[19]健仰:十分仰慕。

[20]洎:到、及

[21]分:料想。

[22]卜居:择居。

[23]终世:终身、一生。

[24]匪薄:同"菲薄",鄙陋,自谦之词。

[25]无:一本作"吾",当从。

[26]南海:郡名,治所在今广州。

[27]濡泽:沾光。

[28]春秋积序:年岁增长。

【拓展阅读】

1. 作者简介

李朝威(约766—820),陇西(今甘肃省陇西县)人,唐代著名传奇作家,生平事迹不可考,作品仅存《柳毅传》和《柳参军传》两篇。他被后来的一些学者誉为中国传奇小说的开山鼻祖。

2. 写作背景

"柳毅传书"的神话传说,出自唐人陈翰所编《异闻集》。《柳毅传》产生于大唐开国一百多年后的贞元年间,体现了中唐传奇志怪小说的典型特征,并反映出特定的时代背景。《柳毅传》写的是龙女故事。而中国的龙女故事源于佛经,在发展演变过程中,龙女形象幻化成中国文人心目中美貌、深情、高贵的女子,从而形成了千姿百态、类型众多的龙女故事形式。在唐前文学中,龙女形象并没有鲜明的形象特征,数量也不多。至唐传奇中,龙女形象则呈现出"亦兽亦人""亦真亦幻""至情至性"等特征。

【拓展思考】

1. 主人公柳毅身上展现出多重情感,请分别指出。
2. 本篇长于对话,体味对话对小说叙述和人物塑造的作用。

宋江怒杀阎婆惜(节选)

施耐庵

【阅读提示】

《水浒传》是古典白话小说的高峰,明清英雄传奇小说的经典,以写人而著称。正如金圣叹所评"人有其性情,人有其气质,人有其形状,人有其声口"(罗德荣校点《金圣叹批评本水浒传》),既能"写一豪杰,即居然豪杰",又能"定是两个人,定不是一个人"——使人物典型性格的共性和个性得到淋漓尽致的表现。此篇展现宋江性格中的忍耐、信义和豪侠之色。

且说这阎婆惜听得宋江出门去了,爬将起来,口里自言自语道:"那厮搅了老娘一夜睡不着。那厮含脸[1],只指望老娘陪气下情。我不信你,老娘自和张三过得好,谁奈烦采你!你不上门来,倒好!"口里说着,一头铺被,脱下上截衫儿,解了下面裙子,袒开胸前,脱下截衬衣。床面前灯却明亮,照见床头栏干子上拖下条紫罗鸾带。婆惜见了,笑道:"黑三那厮吃喝不尽,忘了鸾带在这里，老娘且捉了，把来与张三系。"便用手去一提，提起招文袋和刀子来，只觉袋里有些重，便把手抽开，望桌子上只一抖，正抖出那包金子和书来。这婆娘拿起来看时，灯下照见是黄黄的一条金子。婆惜笑道："天教我和张三买物事[2]吃。这几日我见张三瘦了，我也正要买些东西和他将息[3]。"将金子放下，却把那纸书展开来灯下看时，上面写着晁盖并许多事务。婆惜道："好呀！我只道'吊桶落在井里'，原来也有'井落在吊桶里'。我正要和张三两个做夫妻。单单只多你这厮，今日也撞在我手里！原来你和梁山泊强贼通同往来，送一百两金子与你。且不要慌，老娘慢慢地消遣[4]你。"就把这封书依原包了金子，还插在招文袋里，"不怕你教五圣[5]来摄了去。"正在楼上自言自语，只听得楼下呀地门响。婆子问道："是谁？"宋江道："是我。"婆子道："我说早哩，押司却不信，要去。原来早了又回来。且再和姐姐睡一睡，到天明去。"宋江也不回话，一径奔上楼来。

那婆娘听得是宋江回来，慌忙把鸾带、刀子、招文袋，一发卷做一块，藏在被里，紧紧地靠了床里壁，只做齁齁假睡着。宋江撞到房里，径去床头栏干上取时，却不见了。宋江心内自慌，只得忍了昨夜的气，把手去摇那妇人道："你看我日前的面，还我招文袋。"那婆惜假睡着，只不应。宋江又摇道："你不要急燥，我自明日与你陪话。"婆惜道："老娘正睡哩，是谁搅我？"宋江道："你晓的是我，假做甚么？"婆惜扭转身道："黑三，你说甚么？"宋江道："你还了我招文袋。"婆惜道："你在那里交付与我手里，却来问我讨？"宋江道："忘了在你脚后小栏干上。这里又没人来，只是你收得。"婆惜道："呸！你不见鬼来！"宋江道："夜来是我不是了，明日与你陪话。你只还了我罢，休要作耍。"婆惜道："谁和你作耍？我不曾收得！"宋江道："你先时不曾脱衣裳睡，如今盖着被子睡，以定是起来铺被时拿了。"婆惜只是不与。正是：

> 雨意云情两罢休，无端懊恼触心头。
>
> 重来欲索招文袋，致使鸳帏血漫流。

只见那婆惜柳眉踢竖，星眼圆睁，说道："老娘拿是拿了，只是不还你！你使官府的人，便拿我去做贼断。"宋江道："我须不曾冤你做贼。"婆惜道："可知老娘不是贼哩！"宋江见这话，心里越慌，便说道："我须不曾歹看承你娘儿两个，还了我罢！我要去干事。"婆惜道："闲常也只嗔老娘和张三有事。他有些不如你处，也不该一刀的罪犯，不强似你和打劫贼通同。"宋江道："好姐姐，不要叫。邻舍听得，不是耍处。"婆惜道："你怕外人听得，你莫做不得！这封书，老娘牢牢地收着。若要饶你时，只依我三件事便罢！"宋江道："休说三件事，便是三十件事也依你。"婆惜道："只怕依不得。"宋江道："当行即行，敢问那三件事？"

阎婆惜道："第一件，你可从今日便将原典我的文书来还我，再写一纸，任从我改嫁张三，并不敢再来争执的文书。"宋江道："这个依得。"婆惜道："第二件，我头上带的，我身上穿的，家里使用的，虽都是你办的，也委一纸文书，不许你日后来讨。"宋江道："这个也依得。"阎婆惜又道："只怕你第三件依不得。"宋江道："我已两件都依你，缘何这件依不得？"婆惜道："有那梁山泊晁盖送与你的一百两金子，快把来与我，我便饶你这一场天字第一号官司，还你这招文袋里的款状。"宋江道："那两件倒都依得。这一百两金子，果然送来与我，我不肯受他的，依前教他把了回去。若端的有时，双手便送与你。"婆惜道："可知哩！常言道：'公人见钱，如蝇子见血。'他使人送金子与你，你岂有推了转去的？这话却似放屁！做公人的，'那个猫儿不吃腥？''阎罗王面前，须没放回的鬼'，你待瞒谁！便把这一百两金子与我，直得甚么！你怕是贼赃时，快熔过了与我。"宋江道："你也须知我是老实的人，不会说谎。你若不信，限我三日，我将家私变卖一百两金子与你。你还了我招文袋。"婆惜冷笑道："你这黑三倒乖，把我一似小孩儿般捉弄。我便先还了你招文袋这封书，歇三日却问你讨金子，正是'棺材出了，讨挽歌郎[6]钱。'我这里一手交钱，一手交货。你快把来两相交割。"宋江道："果然不曾有这金子。"婆惜道："明朝到公厅上，你也说不曾有这金子？"

宋江听了"公厅"两字，怒气直起，那里按纳得住，睁着眼道："你还也不还！"那妇人道："你恁地狠，我便还你不迭！"宋江道："你真个不还！"婆惜道："不还！再饶你一百个不还！若要还时，在郓城县还你！"

宋江便来扯那婆惜盖的被。妇人身边却有这件物，倒不顾被，两手只紧紧地抱住胸前。宋江扯开被来，却见这鸾带头正在那妇人胸前拖下来。宋江道："原来却在这里！"一不做，二不休，两手便来夺。那婆娘那里肯放，宋江在床边舍命的夺，婆惜死也不放。宋江恨命只一拽，倒拽出那把压衣刀子在席上，宋江便抢在手里。那婆娘见宋江抢刀在手，叫："黑三郎杀人也！"只这一声，提起宋江这个念头来。那一肚皮气，正没出处。婆惜却叫第二声时，宋江左手早按住那婆娘，右手却早刀落，去那婆惜嗓子上只一勒，鲜血飞出，那妇人兀自吼哩。宋江怕他不死，再复一刀，那颗头，伶伶仃仃，落在枕头上。但见：

> 手到处青春丧命，刀落时红粉亡身。七魄悠悠，已赴森罗殿上；三魂渺渺，应归枉死城中。紧闭星眸，直挺挺尸横席上；半开檀口，湿津津头落枕边。小院初春，大雪压枯金线柳；寒生庾岭，狂风吹折玉梅花。三寸气在千般用，一日无常万事休。红粉不知归何处，芳魂今日落谁家？

宋江一时怒起，杀了阎婆惜，取过招文袋，抽出那封书来，便就残灯下烧了；系上鸾带，走出楼来。那婆子在下面睡，听他两口儿论口[7]，倒也不着在意里。只听得女儿叫一声"黑三郎杀人也"，正不知怎地，慌忙跳起来，穿了衣裳，奔上楼来，却好和宋江打个胸厮撞。阎婆问道："你两口儿做什么闹？"宋江道："你女儿忒无礼，被我杀了！"婆子笑道："却是甚话？便是押司生的眼凶，又酒性不好，专要杀人？押司休取笑老身。"宋江道："你不信时，去房里看。我真个杀了！"婆子道："我不信。"推开房门看时，只见血泊里挺着尸首。婆子道："苦也！却是怎地好？"宋江道："我是烈汉！一世也不走，随你要怎地。"婆子道："这贱人果是不好，押司不错杀了。只是老身无人养赡。"宋江道："这个不妨。既是你如此说时，你却不用忧心。我家岂无珍羞百味，只教你丰衣足食便了，快活过半世。"阎婆道："恁地时却是好也，深谢押司。我女儿死在床上，怎地断送？"宋江道："这个容易。我去陈三郎家，买一具棺材与你。仵作行人入殓时，我自分付他来。我再取十两银子与你结果。"婆子谢道："押司只好趁天未明时讨具棺材盛了，邻舍街坊都不要见影。"宋江道："也好。你取纸笔来，我写个批子与你去取。"阎婆道："批子也不济事，须是押司自去取，便肯早早发来。"宋江道："也说得是。"两个下楼来，婆子去房里拿了锁钥，出到门前，把门锁了，带了钥匙。宋江与阎婆两个投县前来。

此时天色尚早，未明，县门却才开。那婆子约莫至县前左侧，把宋江一把结住[8]，发喊叫道："有杀人贼在这里！"吓得宋江慌做一团，连忙掩住口道："不要叫。"那里掩得住。县前有几个做公的，走将拢来看时，认得是宋江，便劝道："婆子闭嘴！押司不是这般的人，有事只消得好说。"阎婆道："他正是凶首，与我捉住，同到县里。"原来宋江为人最好，上下爱敬，满县人没一个不让他,因此做公的都不肯下手拿他,又不信这婆子说。正在那里没个解救,却好唐牛儿托一盘子洗净的糟姜,来县前赶趁[9],正见这婆子结扭住宋江在那里叫冤屈。唐牛儿见是阎婆一把扭结住宋江,想起昨夜的一肚子鸟气来,便把盘子放在卖药的老王凳子上,钻将过来,喝道:"老贼虫!你做甚么结扭住押司?"婆子道:"唐二,你不要来打夺人去,要你偿命也!"唐牛儿大怒,那里听他说,把婆子手一拆拆开了,不问事由,又开五指,去阎婆脸上只一掌,打个满天星。那婆子昏撒[10]了,只得放手。宋江得脱,往闹里一直走了。

婆子便一把去结扭住唐牛儿叫道:"宋押司杀了我的女儿,你却打夺去了。"唐牛儿慌道:"我那里得知!"阎婆叫道:"上下替我捉一捉杀人贼则个!不时,须要带累你们。"众做公的,只碍宋江面皮,不肯动手;拿唐牛儿时,须不担阁。众人向前,一个带住婆子,三四个拿住唐牛儿,把他横拖倒拽,直推进郓城县里来。

古人云:祸福无门,惟人自招;披麻救火,惹焰烧身。正是:三寸舌为诛命剑,一张口是葬身坑。毕竟唐牛儿被阎婆结住,怎地脱身,且听下回分解。

（施耐庵《水浒传》第二十一回）

【注释】

[1]含脸:板着脸。

[2]物事:东西。

[3]将息:调养。

[4]消遣:整治的意思。

[5]五圣:俗称五郎神,邪神。

[6]挽歌郎:旧时发丧,替丧家在棺前吊孝唱挽歌的人。

[7]论口:争吵。

[8]结住:拽住,拉住。

[9]赶趁:赶集去做生意。

[10]昏撒:昏迷、失去知觉。

【拓展阅读】

1.《水浒传》特点

《水浒传》善写英雄,也善写英雄出身的环境。这样的环境中有大奸大恶,更有贪欲无状的普通百姓。鲁迅先生曾评说《三侠五义》,认为它的主旨是"为市井细民写心",此话即可用来评述《水浒传》中这一章节。(鲁迅《中国小说史略》)作品笔走龙蛇,将市井细民刻画得色色生动。这些鲜活的人物与其生存环境浑然一体,恰恰构成了英雄人物急要突破的世俗藩篱。

2.《水浒传》作者

施耐庵是元末明初的著名小说家,原名施彦端,字子安,号耐庵。他出生于江苏兴化,祖籍苏州,是《水浒传》的主要创作者。目前,学界关于作者身份仍存争议:或认为《水浒传》可能是施耐庵与罗贯中合著的,故提出"合著说";或认为施耐庵身份存疑,认为他并非《水浒传》的唯一作者,甚至可能另有其人。

【拓展思考】

1. "宋江怒杀阎婆惜"是宋江"逼上梁山"命运多舛的转折点,亦是其典型性格中信义特征与侠胆气质的生动表现。请体会并论述。

2. "杀惜"故事以宋江重返春楼寻讨招文袋为界,可分为前后两段。请阅读全文,体会并分析前段为后段所起的铺垫作用,从而使行文至"杀"时,显得紧促而合理。

3. 体会各色人物之于环境书写的重要性。

连城

蒲松龄

【阅读提示】

《连城》选自《聊斋志异》。尽管纪晓岚评《聊斋志异》"一书而兼二体",但这不能改变其文言小说集大成的地位。《连城》一篇显然受到汤显祖"情不知所起,一往而深。生者可以死,死可以生。生而不可与死,死而不可复生者,皆非情之至也"(汤显祖《牡丹亭·作者题词》)的影响,但在文学方面,《连城》与《牡丹亭》又各有特色。

乔生,晋宁人,少负才名。年二十余,犹淹蹇[1],为人有肝胆。与顾生善;顾卒,时恤其妻子。邑宰以文相契重[2];宰终于任,家口淹滞[3]不能归,生破产扶枢,往返二千余里。以故士林益重之,而家由此益替[4]。

史孝廉有女,字连城,工刺绣,知书。父娇保[5]之。出所刺《倦绣图》,征少年题咏,意在择婿。生献诗云:"慵鬟高髻绿婆娑,早向兰窗绣碧荷。刺到鸳鸯魂欲断,暗停针线蹙双蛾。"又赞挑绣之工云:"绣线挑来似写生,幅中花鸟自天成。当年织锦非长技,幸把回文[6]感圣明。"女得诗喜,对父称赏。父贫之。女逢人辄称道,又遣媪矫父命,赠金以助灯火[7]。生叹曰:"连城,我知己也!"倾怀结想,如饥思啖。

无何,女许字[8]于鹾贾[9]之子王化成,生始绝望;然梦魂中犹佩戴[10]之。未几,女病瘵[11],沉痼不起,有西域头陀[12]自谓能疗,但须男子膺肉一钱,捣合药屑。史使人诣王家告婿,婿笑曰:"痴老翁,欲我剜心头肉也!"使返。史乃言于人曰:"有能割肉者妻之。"生闻而往,自出白刃,刲[13]膺授僧。血濡袍裤,僧敷药始止。合药三丸,三日服尽,疾若失。史将践其言,先告王。王怒,欲讼官。史乃设筵招生,以千金列几上,曰:"重负大德,请以相报。"因具白背盟之由。生怫然曰:"仆所以不爱膺肉者,聊以报知己耳!岂货肉哉!"拂袖而归。女闻之,意良不忍,托媪慰谕之,且云:"以彼才华,当不久落[14]。天下何患无佳人?我梦不祥,三年必死,不必与人争此泉下[15]物也。"生告媪曰:"士为知己者死,不以色也。诚恐连城未必真知我,不谐[16]何害[17]!"媪代女郎矢诚自剖[18]。生曰:"果尔,相逢时,当为我一笑,死无憾!"媪既去。逾数日,生偶出,遇女自叔氏归,睨之,女秋波转顾,启齿嫣然。生大喜曰:"连城真知我者!"会王氏来议吉期,女前症又作,数月寻死。生往临吊,一痛而绝。史舁[19]送其家。

生自知已死,亦无所戚。出村去,犹冀一见连城。遥望南北一道,行人连续如蚁,因亦混身杂迹其中。俄顷,入一廨署,值顾生,惊问:"君何得来?"即把手将送令归。生太息,言:"心事殊未了。"顾曰:"仆在此典牍,颇得委任,倘可效力,不惜也。"生问连城。顾即导生旋转多所,见连城与一白衣女郎,泪睫惨黛[20],藉坐[21]廊隅。见生至,骤起似喜,略问所来。生曰:"卿死,仆何敢生!"连城泣曰:"如此负义人,尚不吐弃之,身殉何为?然已不能许君今生,愿矢来世耳。"生告顾曰:"有事君自去,仆乐死不愿生矣。但烦稽连城托生何里,行[22]与俱去耳。"顾诺而去。白衣女郎问生何人,连城为缅述之,女郎闻之,若不胜悲。连城告生曰:"此妾同姓,小字宾娘,长沙史太守女。一路同来,遂相怜爱。"生视之,意态怜人。方欲研问,而顾已返,向生贺曰:"我为君平章[23]已确,即教小娘子从君返魂,好否?"两人各喜。方将拜别,宾娘大哭曰:"姊去,我安归?乞垂怜救,妾为姊捧帨[24]耳。"连城凄然,无所为计,转谋生。生又哀顾。顾难之,峻辞以为不可。生固强之。乃曰:"试妄为之。"去食顷而返,摇手曰:"何如!诚万分不能为力矣!"宾娘闻之,宛转娇啼,惟依连城肘下,恐其即去。惨怛无术,相对默默,而睹其愁颜戚容,使人肺腑酸柔。顾生愤然曰:"请携宾娘去,脱有愆尤[25],小生拼身受之!"宾娘乃喜,从生出,生忧其道远无侣。宾娘曰:"妾从君去,不愿归也。"生曰:"卿大痴矣!不归,何以得活也?他日至湖南,勿复走避,为幸多矣。"适有两媪摄牒[26]赴长沙,生属[27]之,宾娘泣别而去。

途中,连城行蹇缓,里余辄一息。凡十余息,始见里门。连城曰:"重生后,惧有反覆,请索妾骸骨来,妾以君家生,当无悔也。"生然之。偕归生家。女惕惕若不能步,生伫待之。女曰:"妾至此,四肢摇摇,似无所主。志恐不遂,尚宜审谋。不然,生后何能自由?"相将入侧厢中。默定少时,连城笑曰:"君憎妾耶?"生惊问其故。赧然曰:"恐事不谐,重负君矣。请先以鬼报也。"生喜,极尽欢恋。因徘徊不敢遽生,寄厢中者三日。连城曰:"谚有之:'丑妇终须见姑嫜。'戚戚于此,终非久计。"乃促生入,才至灵寝,豁然顿苏。家人惊异,进以汤水。生乃使人要[28]史来,请得连城之尸,自言能活之。史喜,从其言。方舁入室,视之已醒。告父曰:"儿已委身乔郎矣,更无归理。如有变动,但仍一死!"史归,遣婢往役给奉。王闻,具词申理,官受赂,判归王。生愤懑欲死,亦无之奈何。连城至王家,忿不饮食,惟乞速死。室无人,则带悬梁上。越日,益惫,殆将奄逝。王惧,送归史。史复舁归生。王知之,亦无如何,遂安焉。

连城起,每念宾娘,欲遣信往侦之,以道远而艰于往。一日,家人进曰:"门有车马。"夫妇出视,则宾娘已至庭中矣。相见悲喜。太守亲诣送女,生延入。太守曰:"小女子赖君复生,誓不他适,今从其志。"生叩谢如礼。孝廉亦至,叙宗好[29]焉。生名年,字大年。

异史氏曰:"一笑之知,许之以身,世人或议其痴。彼田横五百人[30],岂尽愚哉!此知希之贵[31],贤豪所以感结而不能自已也。顾茫茫海内,遂使锦绣才人,仅倾心于峨眉之一笑也,亦可慨矣!"

(朱其铠编《全本新注聊斋志异》卷三)

【注释】

[1]淹蹇:又作"偃蹇"。艰难坎坷。

[2]契重:器重。

[3]淹滞:滞留。

[4]替:衰败。

[5]娇保:一本作"娇爱"。娇养。

[6]回文:回文诗,又称回环诗。相传前秦才女苏蕙,曾将回文诗织于锦上,名曰《璇玑图》,寄给丈夫以表达思念之情。又,唐武则天作《璇玑图诗序》,称其"五彩相宣,莹心晖目"。

[7]灯火:灯烛,借指灯烛之资。

[8]许字:许婚。

[9]醝贾:盐商。醝(cuó),盐。

[10]佩戴:挂念。

[11]瘵(zhài):痨病。

[12]头陀:佛教指修苦行的僧人。

[13]刲(kuī):割取。

[14]落:沉沦。

[15]泉下:黄泉之下。

[16]不谐:不成,指不能结为夫妻。

[17]何害:何妨。

[18]矢诚自剖:发誓自白。

[19]舁(yú):抬、载。

[20]泪睫惨黛:泪眼愁眉。惨,悲伤。黛,眉。

[21]藉坐:席地而坐。

[22]行:将。

[23]平章:商酌。

[24]捧帨:捧巾,形容侍奉。帨,佩巾。

[25]脱有愆尤:若有罪过。脱,倘若。

[26]摄牒:携带公文。

[27]属:同"嘱",嘱托。

[28]要:邀。

[29]叙宗好:叙同宗之谊。

[30]田横五百人:指田横的五百个死士。田横,秦末起义军首领,原为国贵族,因不愿归降刘邦而自杀,手下五百勇士亦随之自杀。事见《史记·田儋列传》。

[31]知希之贵:了解的人很少,形容知音难求。《老子·七十章》:"知我者希,则我者贵。"

【拓展阅读】

　　作者简介:蒲松龄(1640—1715),字留仙,一字剑臣,别号柳泉居士,世称聊斋先生,清初山东淄川(今山东省淄博市)人。他出身没落地主家庭,一生热衷功名,醉心科举,十九岁时,应童子试,连中县、府、道三个第一,补博士弟子员。他此后屡试不中,郁郁不得志,只能一面教书,一面应考,坚持了四十年。他七十一岁时才援例出贡,成为岁贡生,四年后去世。他一生坎坷,对当时的政治黑暗和科举弊端有深刻的认识,今存《聊斋志异》《聊斋文集》《聊斋诗集》等。

【拓展思考】

　　1."报"是这篇小说中的一个关键词,该如何解释?
　　2.乔生与连城的爱情基础是什么?
　　3."膺肉"在小说中有何象征含义?

慧紫鹃情辞试莽玉(节选)
曹雪芹

【阅读提示】

　　该篇选自《红楼梦》第五十七回。《红楼梦》因其诗性的语言、典雅的意境和深邃的内涵而被视为中国古典小说的高峰。本篇为宝、黛爱情书写中的一节,属作品"大旨谈情"主旨的一个分支。该作品以超现实笔法构建叙事,其对情痴主题的刻画,在文学史上达到了前所未有的心理真实性与艺术穿透力。

　　紫鹃听说,忙放下针线,又嘱咐雪雁好生听叫:"若问我,答应我就来。"说着,便出了潇湘馆,一径来寻宝玉,走至宝玉跟前,含笑说道:"我不过说了那两句话,为的是大家好,你就赌气跑了这风地里来哭,作出病来唬我。"宝玉忙笑道:"谁赌气了! 我因为听你说的有理。我想你们既这样说,自然别人也是这样说,将来渐渐的都不理我了,我所以想着自己伤心。"

　　紫鹃也便挨他坐着。宝玉笑道:"方才对面说话你尚走开,这会子如何又来挨我坐着?"紫鹃道:"你都忘了? 几日前你们姊妹两个正说话,赵姨娘一头走了进来,——我才听见他不在家,所以我来问你。正是前日你和他才说了一句'燕窝'就歇住了,总没提起,我正想着问你。"宝玉道:"也没什么要紧。不过我想着宝姐姐也是客中,既吃燕窝,又不可间断,若只管和他要,太也托实。虽不便和太太要,我已经在老太太跟前略露了个风声,只怕老太太和凤姐姐说了。我告诉他的,竟没告诉完了他。如今我听见一日给你们一两燕窝,这也就完了。"紫鹃道:"原来是你说了,这又多谢你费心。我们正疑惑,老太太怎么忽然想起来叫人每一日送一两燕窝来呢？这就是了。"宝玉笑道："这要天天吃惯了，吃上三二年就好了。"紫鹃道："在这里吃惯了，明年家去，那里有这闲钱吃这个。"

宝玉听了，吃了一惊，忙问："谁？往那个家去？"紫鹃道："你妹妹回苏州家去。"宝玉笑道："你又说白话。苏州虽是原籍，因没了姑父姑母，无人照看，才就了来的。明年回去找谁？可见是扯谎。"紫鹃冷笑道："你太看小了人。你们贾家独是大族人口多的，除了你家，别人只得一父一母，房族中真个再无人了不成？我们姑娘来时，原是老太太心疼他年小，虽有叔伯，不如亲父母，故此接来住几年。大了该出阁时，自然要送还林家的。终不成林家的女儿在你贾家一世不成？林家虽贫到没饭吃，也是世代书宦之家，断不肯将他家的人丢在亲戚家，落人的耻笑。所以早则明年春天，迟则秋天。这里纵不送去，林家亦必有人来接的。前日夜里姑娘和我说了，叫我告诉你：将从前小时顽的东西，有他送你的，叫你都打点出来还他。他也将你送他的打叠了在那里呢。"宝玉听了，便如头顶上响了一个焦雷一般。紫鹃看他怎样回答，只不作声。忽见晴雯找来说："老太太叫你呢，谁知道在这里。"紫鹃笑道："他这里问姑娘的病症。我告诉了他半日，他只不信。你倒拉他去罢。"说着，自己便走回房去了。

晴雯见他呆呆的，一头热汗，满脸紫胀，忙拉他的手，一直到怡红院中。袭人见了这般，慌起来，只说时气所感，热汗被风扑了。无奈宝玉发热事犹小可，更觉两个眼珠儿直直地起来，口角边津液流出，皆不知觉。给他个枕头，他便睡下；扶他起来，他便坐着；倒了茶来，他便吃茶。众人见他这般，一时忙起乱来，又不敢造次去回贾母，先便差人出去请李嬷嬷。

一时李嬷嬷来了，看了半日，问他几句话也无回答，用手向他脉门摸了摸，嘴唇人中上边着力掐了两下，掐的指印如许来深，竟也不觉疼。李嬷嬷只说了一声"可了不得了"，"呀"的一声便搂着放声大哭起来。急得袭人忙拉他说："你老人家瞧瞧，可怕不怕？且告诉我们去回老太太，太太去。你老人家怎么先哭起来？"李嬷嬷捶床捣枕说："这可不中用了！我白操了一世心了！"袭人等以他年老多知，所以请他来看，如今见他这般一说，都信以为实，也都哭起来。

晴雯便告诉袭人，方才如此这般。袭人听了，便忙到潇湘馆来，见紫鹃正伏侍黛玉吃药，也顾不得什么，便走上来问紫鹃道："你才和我们宝玉说了些什么？你瞧他去，你回老太太去，我也不管了！"说着，便坐在椅上。

黛玉忽见袭人满面急怒，又有泪痕，举止大变，便不免也慌了，忙问怎么了。袭人定了一回，哭道："不知紫鹃姑奶奶说了些什么话，那个呆子眼也直了，手脚也冷了，话也不说了，李妈妈掐着也不疼了，已死了大半个了！连李妈妈都说不中用了，那里放声大哭。只怕这会子都死了！"黛玉一听此言，李妈妈乃是经过的老妪，说不中用了，可知必不中用。"哇"的一声，将腹中之药一概呛出，抖肠搜肺、炽胃扇肝的痛声大嗽了几阵，一时面红发乱，目肿筋浮，喘得抬不起头来。紫鹃忙上来捶背，黛玉伏枕喘息半晌，推紫鹃道："你不用捶，你竟拿绳子来勒死我是正经！"紫鹃哭道："我并没说什么，不过是说了几句顽话，他就认真了。"袭人道："你还不知道他，那傻子每每顽话认了真。"黛玉道："你说了什么话，趁早儿去解说，他只怕就醒过来了。"紫鹃听说，忙下了床，同袭人到了怡红院。

谁知贾母、王夫人等已都在那里了。贾母一见了紫鹃，眼内出火，骂道："你这小蹄子，和他说了什么？"紫鹃忙道："并没说什么，不过说几句顽话。"谁知宝玉见了紫鹃，方"嗳呀"了一声，哭出来了。众人一见，方都放下心来。贾母便拉住紫鹃，只当他得罪了宝玉，所以拉紫鹃命他打。谁知宝玉一把拉住紫鹃,死也不放,说:"要去连我也带了去。"众人不解,细问起来,方知紫鹃说"要回苏州去"一句顽话引出来的。贾母流泪道:"我当有什么要紧大事,原来是这句顽话。"又向紫鹃道:"你这孩子素日最是个伶俐聪敏的,你又知道他有个呆根子,平白的哄他作什么?"薛姨妈劝道:"宝玉本来心实,可巧林姑娘又是从小儿来的,他姊妹两个一处长了这么大,比别的姊妹更不同。这会子热刺刺的说一个去,别说他是个实心的傻孩子,便是冷心肠的大人也要伤心。这并不是什么大病,老太太和姨太太只管万安,吃一两剂药就好了。"

正说着,人回林之孝家的、单大良家的都来瞧哥儿来了。贾母道:"难为他们想着,叫他们来瞧瞧。"宝玉听了一个"林"字,便满床闹起来说:"了不得了,林家的人接他们来了,快打出去罢!"贾母听了,也忙说:"打出去罢。"又忙安慰说:"那不是林家的人。林家的人都死绝了,没人来接他的,你只放心罢。"宝玉哭道:"凭他是谁,除了林妹妹,都不许姓林的!"贾母道:"没姓林的来,凡姓林的我都打走了。"一面吩咐众人:"以后别叫林之孝家的进园来,你们也别说'林'字。好孩子们,你们听我这句话罢!"众人忙答应,又不敢笑。

一时宝玉又一眼看见了十锦格子上陈设的一只金西洋自行船,便指着乱叫说:"那不是接他们的船来了?湾在那里呢!"贾母忙命拿下来。袭人忙拿下来,宝玉伸手要,袭人递过,宝玉便掖在被中,笑道:"可去不成了!"一面说,一面死拉着紫鹃不放。

(曹雪芹,高鹗《红楼梦》第五十七回)

【拓展阅读】

1. 作者简介

曹雪芹(1715—1763),名霑,字梦阮,号雪芹,又号芹溪、芹圃,清代文学家。祖籍辽宁铁岭,生于江宁(今南京)。曹雪芹出身于清代内务府正白旗包衣世家,是江宁织造曹寅之孙。"生于繁华,终于沦落",是现代学者对曹雪芹生平的概括。

2. 学界评价

周汝昌评价说:"曹雪芹有老、庄的哲思,有屈原的《骚》愤,有司马迁的史才,有顾恺之的画艺和'痴绝',有李义山、杜牧之风流才调,还有李龟年、黄幡绰的音乐、剧曲的天才功力⋯⋯他一身兼有贵贱、荣辱、兴衰、离合、悲欢的人生阅历,又具备满族与汉族、江南与江北各种文化特色的融会综合之奇辉异彩。曹雪芹是中华文化的一个代表形象。"(《曹雪芹:中华文化的集大成者》)蔡义江说:"他在世界文学史上的地位与成就,比之于莎士比亚、歌德、巴尔扎克、普希金、托尔斯泰都毫不逊色。"(引自张庆善《纪念伟大作家曹雪芹逝世250周年大会暨学术研讨会开幕词》)

【拓展思考】

1. 阅读全文,体会正文与回目的关联。
2. 紫鹃是如何"试"宝玉的?

3.作者如何写宝玉的"痴情"？如何写黛玉的反应？

4.体会作品对于人物对话语言(口语)的描写魅力。

黑骏马(节选)

张承志

【阅读提示】

在文学的"黄金八十年代"，《黑骏马》是一篇极有分量的中篇小说。小说以古蒙古民歌《钢嘎·哈拉》的歌词为每一章节的题引，以男主人公重返草原的行踪和对往事的回忆两条线索相互交织穿插，共同完成了对人物精神历程的描述。也许因为古歌的旋律与节奏，也许因为饱满的抒情，使小说有了强烈的诗性特征。但正如徐亮教授评论的那样："《黑骏马》既不是浪漫主义的，也不是表现主义的，乃是真正意义上的现实主义作品。张承志达到了狄更斯、福楼拜某些作品中显露出来的那种未经解释的真实性。"(《惊人的偏执 惊人的真实——张承志小说后论》)

走过了一口——叫作"哈莱"的井呵

那井台上没有——水桶和水槽[1]

钢嘎·哈拉[2]顺着黑黝黝的峡谷奔驰着。我紧闭着双眼，伏在马鬃上。河湾、芦苇，整个伯勒根[3]草原，包括那肃穆的天葬沟，对我都已不堪回首。我知道，此刻也许奶奶正在哪丛茅草旁，责备地、目不转睛地注视着我。奶奶，忘掉我吧……我催马更快地跑着。奶奶，忘掉昔日的白音宝力格[4]吧！是他粉碎了你人生留年的最后一个梦想，因为索米娅[5]最终还是跨过了那道河水，给了陌生的异乡。我纵马跑着。夜，延伸着它黑色的温暖怀抱，默默地、同情地跟随着我，仿佛它洞悉我无法倾诉的委屈。当然，只有它，只有这孕育光辉黎明的夜草原才知晓一切。它知道在自己深邃怀抱里往事的细节，知道我——愚蠢而粗野的白音宝力格也曾有过真正温柔和善良的一瞬……

我和索米娅并没有占用炉灶北侧那块最大的白垫毡。奶奶好心的饶舌，反而使我们真的疏远了。我在一心迷入书本和兽医知识以后，已经开始不善言笑和有点儿不像草地上长大的年轻人。索米娅在给羊群下夜[6]时，常常在门口的棚车里过夜。我们彼此间已经短少话语，但我们又都在相互猜测。好像，我们都愿意长久地、这样日复一日地过下去，并悄悄地保护住一株珍奇的、无形的嫩芽。只有在我们一块商议一些生活琐事时，比如准备给谁缝一件袍子啦，把在公社忙昏了头的父亲接来吃顿羊肉啦——我才发现，索米娅总是非常兴奋。她热心于每一件日常的小小的高兴事，甚至吃一次从公社买来的"酱"，她也那么兴致十足。我清楚地感到：她的身上已经燃起了一股灼人的希望之火。一个像明媚春光一样的幸福未来，已经迫不及待地要闯进我们的破毡包来了。

就在那时，父亲奉命调动工作。在他出发赴邻旗的一个边远公社前，曾来和我们告别。我蹲在外面宰羊时,听见奶奶在和他叽叽咕咕地说些什么。后来听见父亲的声音:"他们还太年轻,刚十七岁多一点……不过,额吉[7],一切就按你的主意吧。白音宝力格首先是你的孩子啊……咦,有酒吗?应该喝点……我真是个有福气的人哪!"

他临走时,猛地把我搂住了。他浑身的骨节嘎巴嘎巴地响。我很不好意思,可是又推不开他。他喉音浓重地嘟囔着说:

"白音宝力格!我真高兴,你母亲若是活着,唉——算了!我说,你真是个好小子!"

过了些日子,公社兽医站发给我一个通知:旗里准备开办一个牧技训练班,为牧业生产队培养畜牧兽医骨干,为期半年。

几年来,我一直对真正的专业学习向往不已。因为我觉得,如果继续跟着老兽医学下去,很可能会堕入旁门左道。想想看,把拖拉机排气管插进乳牛肛门吹气,医治那些不要犊的乳牛啦;用狗奶灌骒马,打下马肚子里的死胎啦,等等。这套办法虽然经常确是卓有成效,可是难道能用理论来阐明吗?也许,这个训练班将带我走进真正的牧业科学,我决定不放过这对一个牧民孩子来说是得之不易的机会。

我当然想到了索米娅。或者说正是因为她的缘故,我才有了这个抉择。等我半年后回来时,钢嘎·哈拉将是五岁马,真正的大马。我呢,也将满了十八岁。十八岁,成人的、使草原刮目相待的年龄,独立的男人和成家立业的年龄。十八岁的我将带着魁梧的身量和铁块一样的肌肉,还有一身本领回到草原。当然,十八岁的索米娅也会更勤劳、更能干、更善良和更美丽。那时我将以坚毅的神情和成熟的大人气,向她建议我们的生活。我和她将有一个使整个草原羡慕不已的家,在幸福中照顾好我们亲爱的奶奶,让她享受一个充满安慰的晚年。呵,我深深地被自己的计划迷醉了。我渴望走向这样的未来,渴望着那跨着黑缎子般漂亮的黑骏马重归草原的日子。生活已经朝我敞开了大门,那全部的劳动、温暖、充实和休憩正强烈地召唤着我的心。

我喊来索米娅,递给她那张通知书:"喂,我准备去旗里参加学习,帮我收拾一下东西。"

她赶快去找马褡子,我也再没有多说什么——一切都留到将来再说吧。第二天,有一辆卡车来我们生产队拉秋毛[8],我同司机说好,搭他的车去旗里报到。那司机是个直爽的汉族小伙子,他说驾驶室里已经有两个人先我一步占了座位,不过,他可以在装羊毛时,用羊毛捆在车顶给我搭一个没有顶的房子。"保险像坐飞机一样舒服,"他说。

我们伯勒根草原离旗所在地很远。为了当天赶到,司机嘱咐我:夜里——也就是凌晨三点钟就要开车。

家里商量,决定由索米娅送我到旗里,帮助我安顿下来,顺便买点儿东西,再乘这辆车返回。

夜里,我俩攀着粗硬的绳索,爬上了装得比一座蒙古包还高的羊毛垛上。顶上,有一个用长方形的毛捆拦成的凹字形,这就是司机讲的房子啦。

汽车轮碾着草地上光滑的海勒格纳草[9],发出了均匀的密密切切的哔剥声。墨黑的天穹上星光稀疏;上半夜悬在中天的弦月潜进了辨不出形状的一抹暗云。夜,深远而浩莽。卡车偶尔驶上一道山梁时,苍茫的视野中一下子闪出一些橘黄色的光点,那是些帐篷里未熄抑或是早燃的灯火。而车子冲下黑暗的山谷时,神秘跳跃的火光熄灭了,只有座座朦胧的山影四下围合,并迎面向我们送来阵阵袭人的秋寒。

"喏,冷么?"我裹紧身上的薄皮袍,问她。

"冷。嗯,风太大……"她牙齿在打战。

我想了想,解开腰带,把宽大的袍子平摊开来,盖住我们两个人的膝盖和前胸。靠着高高的羊毛捆,后背并不冷。只是冰冷的寒风马上从没盖严的肩头钻进来,我扯住袍角。

"不行,还是穿上吧。你会冻病的。"索米娅转过身来对我说。

"不。"

"你冻病了,奶奶会骂我。她会——"

"住嘴。"我顺嘴训她一句。

"喂!白音宝力格,挤过来些,你太冷啦!"

"我才不怕!"我故意坐得更高些,眺望着黯淡星光下起伏不定的原野。我们的卡车隆隆地吼着前进,路旁惊醒的黄羊从梦里跳了起来,痴呆地盯着我们这庞然大物。当车厢掠过它们伫立不动的侧影时,我觉得这些黄羊简直就像草坡上嶙峋的黑色岩石。伯勒根河上游的很多溪水在这儿汩汩地、昼夜不息地汇集着,流淌着,好像在引导着我们的车子奔向天明。我遐想着,心里突然涌起一阵激情。不是吗?像这些不辞劳苦的溪流一样,我也正在穿过荒僻空旷的漠野,把过去了的幼稚生活长留身后。就在这个宁静的草原之夜,故乡的姑娘正送我走上旅程。我当然不会感到什么冷的,傻丫头。脱下皮袍子又算什么?你知道我将来会怎样保护你和关怀你么……索米娅正在我身旁可怜巴巴地缩成一团,像只小羊一样躲在我搭在她身上的皮袍下面。在星光下,我看见她的大眼睛在一眨一眨地注视着黑暗,注视着这博大的夜草原。我的心里一下子涨起了一股强烈的、怜爱的潮水,一股要保卫这纯洁姑娘不受欺负和痛苦的决心。我猛然翻身掀起皮袍,把整个袍子都裹到她的身上,我不理睬她吃惊的叫唤和阻挠,起劲地把袍子塞紧在她的肩下、腰下和腿下。虽然寒风立即吹透了我里面穿的绒衣,呛得我喘不过气来,但我却感到那么痛快,不,是满足或者自豪。我从未有过这样的英勇的自豪感。

"不——"索米娅挣扎着跳了起来。"巴帕[10]——白音宝力格……你疯啦?你会冻死的!"她吃惊地喊着,双手举着皮袍扑向我。

这时,汽车忽地一斜,冲进了一条浅浅的小溪,满载的羊毛捆沉重地晃了一下。我坐不稳,一下子倒在"房子"的侧墙上。索米娅叫了一声,重重地栽在我的怀里,她冰凉的脸颊一下碰到了我的脖颈。我胸中轰然掀起了雄壮的波涛,心儿像一面骤然响起的战鼓,我不顾一切地、疯狂地把她搂在自己的怀里,胡乱地抚摸着、亲吻着她,我把她搂得那么紧,以至她低低地呻吟起来。我激动得语无伦次,只顾一个劲儿地嘟囔着:"索米娅,沙娜[11],沙娜……"

索米娅使劲贴紧我,把头死死地扎在我的怀里,不肯抬起来。等到我贴身的衣服热乎乎地湿了一小片时,我才发现,她哭了。

这时汽车正在一条开阔的、流水纵横的戈壁里行驶。马达轰鸣着,高高的羊毛捆一摇一晃,我摇晃着索米娅的身子,伸手捧起她的腮,我着急地朝她喊着:"索米娅!你这傻瓜别哭!听我说,我早想好啦,等我明年回来,就——结婚!听见吗?半年,结婚!"

索米娅啜泣着,用力地点了点头。

就这样,我们紧紧抱着,用青春的热和更暖人心怀的美好憧憬,驱走了拂晓前秋夜的寒冷。

卡车愈开愈快,宛如一匹高大的、黝黑的巨马。茫茫的草地,条条的山梁,都呼啸着从两侧疾疾退去。哦,世界多辽阔!未来多美好!我禁不住小声地哼起歌来。但是索米娅止住了我。她伸出手捂住我的嘴,然后轻柔地摸着我的脸。最后,她把手指插进我的头发,把它弄乱,又抚平。她久久地、一言不发地亲吻着我,吻得那么潮湿、温暖,又使人心酸。黑暗中,她那双大眼睛一眨一眨地凝望着我。眸子深处那么晶莹。我胸中的涛声和鼓点又激越起来,带着幸福的晕眩,莫名的烦乱,和守护神般的、男人式的责任感,我又把皮袍子给索米娅裹紧,然后紧握住她的小手。车轮溅起溪流的水花,飞扬的水珠高高四散,像是碰上了我们灼热的脸。头顶上方可能浮盖着一层厚厚的云,我们看不见它,但可以相信:是它遮住了天上的乔里玛星[12]和那片残月。我们拥抱着,默默地把手握在一起,让手心热得冒汗,东方的天空已经褪去那种夜的清冷。它虽然仍是一片墨蓝,轻缀其中的几簇残星虽然也依旧熠熠闪亮,但是那缀着星星的黑幕后面,已经苏醒般地升起、并悄然朝这儿飘来了一支壮美音乐的最初和声。它听不见,也许根本没有音响,但它确实已经出现并愈来愈近。它使莽莽的长夜失去了均匀的平静。也许它就是爱情吧,它汹涌而来,把不安宁的、富有活力的情绪注入这已经黑暗了太久的夜草原。

索米娅用鬓发触着我的面颊。她用几乎听不见的声音轻轻说道:"你真好!巴帕……"

就在这一瞬间,我们大卡车轰鸣着冲上了青格尔敖包[13]一线最高的山口。朝向我的索米娅的脸庞在那一瞬突然变成通红通红的、妩媚的颜色。我吃惊地转向东方一看——

啊,日出……极远极远的、大概在几万里以外的、草原以东的大海那儿吧,耀眼的地平线上,有半轮鲜红欲滴的、不安地颤动的太阳露了出来。从我们头顶上方一直伸延东去的那块遮满长空的蓝黑色云层,在那儿被火红的朝阳烧熔了边缘。熊熊燃烧的、那红艳醉人的一道霞火,正在坦荡无垠的大地尽头蔓延和跳跃,势不可挡地在那遥远的东方截断了草原漫长的夜。

呵,话语已不能形容。这是我一生中见到的最美好、最壮丽的一次黎明。

我们已经不觉站立起来,在那强劲而热情地喷薄而来的束束霞光中望着东方。索米娅惊讶万分地睁大眼睛,注视着那天际烧沸的红云,她的脸上久久凝着感动的神情。金红的朝霞辉映着她黑亮的眸子,在那儿变成了一星喜悦的火花。我忍着心跳,屏住了呼吸,牢牢地抓着她的手。那半轮红日转动着,轻跳着,终于整个挣出了大地,跃进了人间。索米娅忽然抱住了我,我也把她紧贴在胸前。我们目不转睛地望着这千载难逢的美景,心里由衷地感激着太阳和大地,感激着我们的草原母亲,感激着她们对我们的祝福。

……哦,黎明,朝霞染红的黎明!你带给我们多么醉人的开始啊!

直至如今,我仍然认为,即使我失去了这美好的一切;即使我只能在忐忑不安中跋涉草原,去找寻我往昔的姑娘,而且明知她已不复属我;即使我知道自己无非是在倔强地决心找到她,而找到她也只能重温那可怕的痛苦——我仍然认为,我是个幸福的人。因为我毕竟那样地生活过。因为生活毕竟给过我一个那样难忘的开始。我将永远回忆那绚美难再的朝霞和那颤动着从大地尽头一跃而出的太阳。我觉得那天的太阳也曾显示过最纯洁、最优美的人间的感情。哪怕我现在正踏在古歌《黑骏马》周而复始、低徊无尽的悲怆节拍上,细细咀嚼并吞咽着我该受的和强加于我的罪过与痛苦,我还是觉得:能做个内心丰富的人,明晓爱憎因由的人,毕竟还是人生之幸。

(张承志《黑骏马》)

【注释】

[1]走过了一口至水槽二句：古蒙古民歌《钢嘎·哈拉》中的一段歌词。

[2]钢嘎·哈拉：男主人公所骑马的名字，意为"黑骏马"。

[3]伯勒根：主人公家乡一条小河的名字，意为"嫂子"。在小说开头，作者解释为：出嫁姑娘与父母分手的一条小河。

[4]白音宝力格：男主人公名，意为"富裕的泉水"。

[5]索米娅：女主人公名，意为"春天的嫩芽"。

[6]下夜：巡夜。

[7]额吉：蒙古语称谓，意为"母亲"。

[8]秋毛：根据剪羊毛的季节可把羊毛可分为春毛、伏毛和秋毛。

[9]海勒格纳草：一种在旱地生长、秋季开花的草。

[10]巴帕：索米娅儿时对男主人公的昵称。

[11]沙娜：男主人公儿时对索米娅的昵称。

[12]乔里玛星：启明星。

[13]青格尔敖包：敖包名。青格尔，在蒙古语中有"蔚蓝"之义；敖包，蒙古族作为祭祀载体兼有分界功能的"堆子"。

【拓展阅读】

作者简介：

张承志(1948—)，回族，祖籍山东，生于北京。1968 年张承志到内蒙古东乌珠穆沁旗插队，在草原当了四年牧民，1972 年进入北京大学历史系考古专业学习，1975 年毕业到中国历史博物馆工作，1978 年发表处女作《旗手为什么歌唱母亲》，获 1978 年全国优秀短篇小说奖。他之后发表中篇小说《北方的河》《黑骏马》《黄泥小屋》，长篇小说《金牧场》等。其中《黑骏马》《北方的河》分别获得 1981—1982 年和 1983—1984 年全国优秀中篇小说奖。1984 年，他用文学的形式写了一部宗教史《心灵史》。其另有随笔集《荒芜英雄路》《绿风土》《清洁的精神》等。

【拓展思考】

1.体会小说将古蒙古民歌歌词分段作为章节题引的作用。

2.熟悉作品将重返草原的行迹与回忆往事相交织的写作体例，并思考首尾两段与往事回忆段落的关系。

3.体会人物情感与环境描写之间的关系。

4."日出"书写是本章的高潮，体会其所具备的象征意义。

透明的红萝卜(节选)

莫言

【阅读提示】

　　"黑孩"是莫言对当代文学的贡献。莫言说过:"一个作家一辈子可能写出几十本书,可能塑造出几百个人物……这几十本书合成的一本书就是作家的自传,这几百个人物合成的一个人物就是作家的自我。如果硬要我从自己的书里抽出一个这样的人物,那么,这个人物就是我在《透明的红萝卜》里写的那个没有姓名的黑孩子。"(莫言《黑色的精灵》)黑孩是饱受苦难的孩子,可他有"双手托捧太阳而不怕灼伤的"本领,能看见那个"金色的红萝卜"。他是苦难的象征,又是光明与梦想的象征,这二者被莫言奇异地融合为一体。

　　夜里,莫名其妙地下了一场雷阵雨。清晨上工时,人们看到工地上的石头子儿被洗得干干净净,沙地被拍打得平平整整。闸下水槽里的水增了两拃,水面蓝汪汪地映出天上残余的乌云。天气仿佛一下子冷了,秋风从桥洞里穿过来,和着海洋一样的黄麻地里的綷縩[1]之声,使人感到从心里往外冷。老铁匠穿上了他那件亮甲似的棉袄,棉袄的扣子全掉光了,只好把两扇襟儿交错着掩起来,拦腰捆上一根红色胶皮电线。黑孩还是只穿一条大裤头子,光背赤足,但也看不出他有半点瑟缩。他原来扎腰的那根布条儿不知是扔了还是藏了,他腰里现在也扎着一节红胶皮电线。他的头发这几天像发疯一样地长,已经有二寸长,头发根根竖起,像刺猬的硬毛。民工们看着他赤脚踩着石头上积存的雨水走过工地,脸上都表现出怜悯和敬佩的表情来。

　　"冷不冷?"老铁匠低声问。

　　黑孩惶惑地望着老铁匠,好像根本不理解他问话的意思。"问你哩! 冷吗?"老铁匠提高了声音。惶惑的神色从他眼里消失了,他垂下头,开始生火。他左手轻拉风箱,右手持煤铲,眼睛望着燃烧的麦秸草。老铁匠从草铺上拿起一件油腻腻的褂子给黑孩披上。黑孩扭动着身体,显出非常难受的样子。老铁匠一离开,他就把褂子脱下来,放回到铺上去。老铁匠摇摇头,蹲下去抽烟。

　　"黑孩,怪不得你死活不离开铁匠炉,原来是图着烤火暖和哩,妈的,人小心眼儿不少。"小铁匠打了一个百无聊赖的呵欠,说。

　　工地上响起哨子声,刘副主任说,全体集合。民工们集合到闸前向阳的地方,男人抱着膀子、女人纳着鞋底子。黑孩偷觑着第七个桥墩上的石缝,心里忐忑不安。刘副主任说,天就要冷,因此必须加班赶,争取结冰前浇完混凝土底槽。从今天起每晚七点到十点为加班时间,每人发给半斤粮,两毛钱。谁也没提什么意见。二百多张脸上各有表情。黑孩看到小石匠的白脸发红发紫,姑娘的红脸发灰发白。

　　当天晚上,滞洪闸工地上点亮了三盏气灯。气灯发着白炽刺眼的光,一盏照耀石匠们的工场,一盏照着妇女们砸石子儿的地方。妇女们多数有孩子和家务,半斤粮食两毛钱只好不挣。灯下只围着十几个姑娘。她们都离村较远,大着胆子挤在一个桥洞里睡觉,桥洞两头都堵上了闸板,只在正面留了个洞,钻进钻出。菊儿姑娘有时钻桥洞,有时去村里睡(村里有她一个姨表姐,丈夫在县城当临时工,有时晚上不回家睡,表姐就约她去作伴)。第三盏气灯放在铁匠炉的桥洞里,照着老年、青年和少年。石匠工场上锤声叮当,钢钻子啃着石头,不时迸出红色的火星。石匠们干得还算卖劲,小石匠脱掉夹克衫,大红运动衣像火炬一样燃烧着。姑娘们围灯坐着,产生许多美妙联想。有时嘎嘎大笑,有时窃窃私语,砸石子的声音零零落落。在她们发出的各种声音的间隙里,充填着河上的流水声。菊儿放下锤子,悄悄站起来,向河边走去。灯光把她的影子长长地投在沙地上。"当心被光棍子把你捉去。"一个姑娘在菊儿身后说。菊儿很快走出灯光的圈子。这时她看到的灯光像几个白亮亮的小刺球,球刺儿伸到她面前停住了,刺尖儿是红的、软的。后来她又迎着灯光走上去。她忽然想去看看黑孩儿在干什么,便躲避着灯光,闪到第一个桥墩的暗影里。

她看到黑孩儿像个小精灵一样活动着,雪亮的灯光照着他赤裸的身体,像涂了一层釉彩。仿佛这皮肤是刷着铜色的陶瓷橡皮,既有弹性又有韧性,撕不烂也扎不透。黑孩似乎胖了一点点,肋条和皮肤之间疏远了一些。也难怪么,每天中午她都从伙房里给他捎来好吃的。黑孩很少回家吃饭,只是晚上回家睡觉,有时候可能连家也不回——姑娘有天早晨发现他从桥洞里钻出来,头发上顶着麦秸草。黑孩双手拉着风箱,动作轻柔舒展,好像不是他拉着风箱而是风箱拉着他。他的身体前倾后仰,脑袋像在舒缓的河水中漂动着的西瓜,两只黑眼睛里有两个亮点上下起伏着,如萤火虫优雅地飞动。

小铁匠在铁钻子旁边以他一贯的姿势立着,双手拄着锤柄,头歪着,眼睛瞪着,像一只深思熟虑的小公鸡。

老铁匠从炉子里把一支烧熟的大钢钻夹了出来,黑孩把另一支坏钻子捅到大钢钻腾出的位置上。烧透的钢钻白里透着绿。老铁匠把大钢钻放到铁砧上,用小叫锤敲敲砧子边,小铁匠懒洋洋地抄起大锤,像抢麻杆一样抢起来,大锤轻飘飘地落在钢钻子上,钢花立刻光彩夺目地向四面八方飞溅。钢花碰到石壁上,破碎成更多的小钢花落地;钢花碰到黑孩微微凸起的肚皮,软绵绵地弹回去,在空中画出一个个漂亮的半圆弧,坠落下去。钢花与黑孩肚皮相撞以及反弹后在空中飞行时,空气摩擦发热发声。打过第一锤,小铁匠如同梦中猛醒一般绷紧肌肉,他的动作越来越快,姑娘看到石壁上一个怪影在跳跃,耳边响彻"咣咣咣咣"的钢铁声。小铁匠塑铁成形的技术已经十分高超,老铁匠右手的小叫锤只剩下干敲砧子边的份儿。至于该打钢钻的什么地方,小铁匠是一目了然。老铁匠翻动钢钻,眼睛和意念刚刚到了钢钻的某个需要锻打的部位,小铁匠的重锤就敲上去了,甚至比他想的还要快。

姑娘目瞪口呆地欣赏着小铁匠的好手段,同时也忘不了看着黑孩和老铁匠。打得最精彩的时候,是黑孩最麻木的时候(他连眼睛都闭上了,呼吸和风箱同步),也是老铁匠最悲哀的时候,仿佛小铁匠不是打钢钻而是打他的尊严。

钢钻锻打成形,老铁匠背过身去淬火,他意味深长地看了小铁匠一眼,两个嘴角轻蔑地往下撇了撇。小铁匠直勾勾地看着师傅的动作。姑娘看到老铁匠伸出手试试桶里的水,把钻子举起来看了看,然后身体弯着像对虾,眼瞅着桶里的水,把钻子尖儿轻轻地、试试探探地触及水面,桶里水"咝咝"地响着,一股很细的蒸气窜上来,笼罩住老铁匠的红鼻子。一会儿,老铁匠把钢钻提起来举到眼前,像穿针引线一样瞄着钻子尖[2],好像那上边有美妙的画图,老头脸上神采飞扬,每条皱纹里都溢出欣悦。他好像得出一个满意答案似地点点头,把钻子全淹到水里,蒸气轰然上升,桥洞里形成一个小小的蘑菇烟云。气灯光变得红殷殷的,一切全都朦胧晃动。雾气散尽,桥洞里恢复平静,依然是黑孩梦幻般拉风箱,依然是小铁匠公鸡般冥思苦想,依然是老铁匠如枣者脸、如漆者眼、如屎壳螂者臂上疤痕。

老铁匠又提出一支烧熟的钢钻,下面是重复刚才的一切,一直到老铁匠要淬火时,情况才发生了一些变化。老铁匠伸手试水温。加凉水。满意神色。正当老铁匠要为手中的钻子淬火时,小铁匠耸身一跳到了桶边,非常迅速地把右手伸进了水桶。老铁匠连想都没想,就把钢钻戳到小伙子的右小臂上。一股烧焦皮肉的腥臭味儿从桥洞里飞出来,钻进姑娘的鼻孔。

小铁匠"嗷"地号叫一声,他直起腰,对着老铁匠恶狠狠地笑着,大声喊:"师傅,三年啦!"

老铁匠把钢钻扔在桶里,桶里翻滚着热浪头,蒸气又一次弥漫桥洞。姑娘看不清他们的脸子,只听到老铁匠在雾中说:"记住吧!"

没等烟雾散尽她就跑了,她使劲捂住嘴,有一股苦涩的味儿在她胃里翻腾着。坐在石堆前,旁边一个姑娘调皮地问她:"菊儿,这一大会儿才回来,是跟着大青年钻黄麻地了吗?"她没有回腔,听凭着那个姑娘奚落。她用两个手指捏着喉咙,极力不让自己发出声音。

收工的哨声响了。三个钟头里姑娘恍惚在梦幻中。"想汉子了吗? 菊儿?""走吧,菊儿。"她们招呼着她。她坐着不动,看着灯光下憧憧的人影。

"菊子,"小石匠板板整整地站在她身后说,"你表姐让我捎信给你,让你今夜去作伴,咱们一道走吗?"

"走吗? 你问谁呢?"

"你怎么啦? 是不是冻病啦?"

"你说谁冻病啦?"

"说你哩!"

"别说我。"

"走吗?"

"走。"

石桥下水声响亮,她站住了。小石匠离她只有一步远。她回过头去,看到滞洪闸西边第一个桥洞还是灯火通明,其他两盏气灯已经熄灭。她朝滞洪闸工地走去。

"找黑孩吗?"

"看看他。"

"我们一块去吧,这小混蛋,别迷迷糊糊掉下桥。"

菊子感觉到小石匠离自己很近了,似乎能听到他"砰砰"的心跳声。走着,走着。她的头一倾斜,立刻就碰到小石匠结实的肩膀,她又把身子往后一仰,一只粗壮的胳膊便把她揽住了。小石匠把自己一只大手捂在姑娘窝窝头一样的乳房上,轻轻地按摩着,她的心在乳房下像鸽子一样乱扑棱。脚不停地朝着闸下走,走进亮圈前,她把他的手从自己胸前移开。他通情达理地松开了她。

"黑孩!"她叫。

"黑孩!"他也叫。

小铁匠用只眼看着她和他,腮帮子抽动一下。老铁匠坐在自己的草铺上,双手端着烟袋,像端着一杆盒子炮。他打量了一下深红色的菊子和淡黄色的小石匠,疲惫而宽厚地说:"坐下等吧,他一会儿就来。"

……黑孩提着一只空水桶,沿着河堤往上爬。收工后,小铁匠伸着懒腰说:"饿死啦。黑孩,提上桶,去北边扒点地瓜,拔几个萝卜来,我们开夜餐。"黑孩睡眼迷蒙地看看老铁匠。老铁匠坐在草铺上,像只羽毛凌乱的败阵公鸡。

"瞅什么?狗小子,老子让你去你尽管去。"小铁匠腰挺得笔直,脖子一抻一抻地说。他用眼扫了一下瘫坐在铺上的师傅。胳膊上的烫伤很痛,但手上愉快的感觉完全压倒了臂上的伤痛,那个温度可是绝对的舒适、绝对的妙。

黑孩拎起一只空水桶,踢踢踏踏往外走。走出桥洞,仿佛"忽通"一声掉下了井,四周黑得使他的眼睛里不时迸出闪电一样的虚光,他胆怯地蹲下去,闭了一会眼睛,当他睁开眼睛时,天色变淡了,天空中的星光暖暖地照着他,也照着瓦灰色的大地……

河堤上的紫穗槐枝条交叉伸展着,他用一只手分拨着枝条,仄着肩膀往上走。他的手将着湿漉漉的枝条和枝条顶端一串串结实饱满的树籽,微带苦涩的槐枝味儿直往他面上扑。他的脚忽然碰到一个软绵绵热乎乎的东西,脚下响起一声"唧喳",没及他想起这是只花脸鹌鹑,这只花脸鹌鹑就懵头转向地飞起来,像一块黑石头一样落到堤外的黄麻地里。他惋惜地用脚去摸花脸鹌鹑适才趴窝的地方,那儿很干燥,有一簇干草,草上还留着鸟儿的体温。站在河堤上,他听到姑娘和小石匠喊他。他拍了一下铁桶,姑娘和小石匠不叫了。这时他听到了前边的河水明亮地向前流动着,村子里不知哪棵树上有只猫头鹰凄厉地叫了一声。后娘一怕天打雷,二怕猫头鹰叫。他希望天天打雷,夜夜有猫头鹰在后娘窗前啼叫。槐枝上的露水把他的胳膊濡湿了,他在裤头上擦擦胳膊。穿过河堤上的路走下堤去。这时他的眼睛适应了黑暗,看东西非常清楚,连咖啡色的泥土和紫色的地瓜叶儿的细微色调差异也能分辨。他在地里蹲下,用手扒开瓜垄儿,把地瓜撕下来,"叮叮当当"地扔到桶里。扒了一会儿,他的手指上有什么东西掉下,打得地瓜叶儿哆嗦着响了一声。他用右手摸摸左手,才知道那个被打碎的指甲盖儿整个儿脱落了。水桶已经很重,他拐着水桶往北走。在萝卜地里,他一个挨一个地拔了六个萝卜,把缨儿拧掉扔在地上,萝卜装进水桶……

"你把黑孩弄到哪儿去了?"小石匠焦急地问小铁匠。

"你急什么?又不是你儿子!"小铁匠说。

"黑孩呢?"姑娘两只眼盯着小铁匠一只眼问。

"等等,他扒地瓜去了。你别走,等着吃烤地瓜。"小铁匠温和地说。

"你让他去偷?"

"什么叫偷?只要不拿回家去就不算偷!"小铁匠理直气壮地说。

"你怎么不去扒?"

"我是他师傅。"

"狗屁!"

"狗屁就狗屁吧!"小铁匠眼睛一亮,对着桥洞外骂道:"黑孩,你他妈的去哪里扒地瓜? 是不是到了阿尔巴尼亚?"

黑孩歪着肩膀,双手提着桶鼻子,趔趔趄趄地走进桥洞,他浑身沾满了泥土,像在地里打过滚一样。

"哟,我的儿,真够下狠的了,让你去扒几个,你扒来一桶!"小铁匠高声地埋怨着黑孩,说,"去,把萝卜拿到池子里洗洗泥。"

"算了,你别指使他了。"姑娘说,"你拉火烤地瓜,我去洗萝卜。"

小铁匠把地瓜转着圈子垒在炉火旁,轻松地拉着火。菊子把萝卜提回来,放在一块干净石头上。一个小萝卜滚下来,沾了一身铁屑停在小石匠脚前,他弯腰把它捡起来。

"拿来,我再去洗洗。"

"算了,光那五个大萝卜就尽够吃了。"小石匠说着,顺手把那个小萝卜放在铁砧子上。

黑孩走到风箱前,从小铁匠手里把风箱拉杆接过来。小铁匠看了姑娘一眼,对黑孩说:"让你歇歇哩,狗日的。闲着手痒痒? 好吧,给你,这可不怨我,慢着点拉,越慢越好,要不就烤糊了。"

小石匠和菊子并肩坐在桥洞的西边石壁前。小铁匠坐在黑孩后边。老铁匠面南坐在北边铺上,烟锅里的烟早烧透了,但他还是双手捧烟袋,双肘支在膝盖上。

夜已经很深了,黑孩温柔地拉着风箱,风箱吹出的风犹如婴孩的鼾声。河上传来的水声越加明亮起来,似乎它既有形状又有颜色,不但可闻,而且可见。河滩上影影绰绰,如有小兽在追逐,尖细的趾爪踩在细沙上,声音细微如同毫毛纤毫毕现,有一根根又细又长的银丝儿,刺透河的明亮音乐穿过来。闸北边的黄麻地里,"泼剌剌"一声响,麻杆儿碰撞着,摇晃着,好久才平静。全工地上只剩下这盏气灯了,开初在那两盏气灯周围寻找过光明的飞虫们,经过短暂的迷惘之后,一齐麇集到铁匠炉边来,为了追求光明,把气灯的玻璃罩子撞得"哔哔啪啪"响。小石匠走到气灯前,捏着气杆,"噗唧噗唧"打气。气灯玻璃罩破了一个洞,一只蝼蛄猛地撞进去,炽亮的石棉纱罩撞掉了,桥洞里一团黑暗。待了一会儿,才能彼此看清嘴脸。黑孩的风箱把炉火吹得如几片柔软的红绸布在抖动,桥洞里充溢着地瓜熟了的香味。小铁匠用铁钳把地瓜挨个翻动一遍。香味越来越浓,终于,他们手持地瓜、红萝卜吃起来。扒掉皮的地瓜白气袅袅,他们一口凉,一口热,急一口,慢一口,咯咯吱吱,唏唏溜溜,鼻尖上吃出汗珠。小铁匠比别人多吃了一个萝卜、两个地瓜。老铁匠一点也没吃,坐在那儿如同石雕。

"黑孩,回家吗?"姑娘问。

黑孩伸出舌头,舔掉唇上残留的地瓜渣儿,他的小肚子鼓鼓的。

"你后娘能给你留门吗?"小石匠说,"钻麦秸窝儿吗?"

黑孩咳嗽了一声。把一块地瓜皮扔到炉火里,拉了几下风箱,地瓜皮卷曲,燃烧,桥洞里一股焦糊味。

"烧什么你? 小杂种,"小铁匠说,"别回家,我收你当个干儿吧,又是干儿又是徒弟,跟着我闯荡江湖,保你吃香的喝辣的。"

小铁匠一语未了,桥洞里响起凄凉亢奋的歌唱声。小石匠浑身立时爆起一层幸福的鸡皮疙瘩,这歌词或是戏文他那天听过一个开头。

恋着你刀马娴熟,通晓诗书,少年英武,跟着你闯荡江湖,风餐露宿,受尽了世上千般苦——

老头子把脊梁靠在闸板上,从板缝里吹进来的黄麻地里的风掠过他的头顶,他头顶上几根花白的毛发随着炉里跳动不止的煤火轻轻颤动。他的脸无限感慨,腮上很细的两根咬肌像两条蚯蚓一样蠕动着,双眼恰似两粒燃烧的炭火。

……你全不念三载共枕,如云如雨,一片恩情,当作粪土。奴为你夏夜打扇,冬夜暖足,怀中的香瓜,腹中的火炉……你骏马高官,良田千亩,丢弃奴家招赘相府,我我我是苦命的奴呀……

姑娘的心高高悬着,嘴巴半张开,睫毛也不眨动一下地瞅着老铁匠微微仰起的表情无限丰富的脸和他细长的脖颈上那个像水银珠一样灵活地上下移动着的喉结。凄婉哀怨的旋律如同秋雨抽打着她心中的田地,她正要哭出来时,那旋律又变得昂扬壮丽浩渺无边,她的心像风中的柳条一样飘荡着,同时,有一种麻酥酥的感觉从脊椎里直冲到头顶,于是她的身体非常自然地歪在小石匠肩上,双手把玩着小石匠那只厚茧重重的大手,眼里泪光点点,身心沉浸在老铁匠的歌里,意里。老铁匠的瘦脸上焕发出夺目的光彩,她仿佛从那儿发现了自己像歌声一样的未来……

小石匠怜爱地用胳膊揽住姑娘,那只大手又轻轻地按在姑娘硬邦邦的乳房上。小铁匠坐在黑孩背后,但很快他就坐不住了,他听到老铁匠像头老驴一样叫着,声音刺耳,难听。一会儿,他连驴叫声也听不到了。他半蹲起来,歪着头,左眼几乎竖了起来,目光像一只爪子,在姑娘的脸上撕着,抓着。小石匠温存地把手按到姑娘胸脯上时,小铁匠的肚子里燃起了火,火苗子直冲到喉咙,又从鼻孔里、嘴巴里喷出来。他感到自己蹲在一根压缩的弹簧上,稍一松神就会被弹射到空中,与滞洪闸半米厚的钢筋混凝土桥面相撞,他忍着,咬着牙。

黑孩双手扶着风箱杆儿,炉中的火已经很弱了,一绺蓝色火苗和一绺黄色火苗在煤结上跳跃着,有时,火苗儿被气流托起来,离开炉面很高,在空中浮动着,人影一晃动,两个火苗又落下去。孩子目中无人,他试图用一只眼睛盯住一个火苗,让一只眼黄一只眼蓝,可总也办不到,他没法把双眼视线分开。于是他懊丧地从火上把目光移开,左右巡睃着,忽然定在了炉前的铁砧上。铁砧踞伏着,像只巨兽。他的嘴第一次大张着,发出一声感叹(感叹声淹没在老铁匠高亢的歌声里)。黑孩的眼睛原本大而亮,这时更变得如同电光源。他看到了一幅奇特美丽的图画:光滑的铁砧子。泛着青幽幽蓝幽幽的光。泛着青蓝幽幽光的铁砧子上,有一个金色的红萝卜。红萝卜的形状和大小都像一个大个阳梨,还拖着一条长尾巴,尾巴上的根根须须像金色的羊毛。红萝卜晶莹透明,玲珑剔透。透明的、金色的外壳里苞孕着活泼的银色液体。红萝卜的线条流畅优美,从美丽的弧线上泛出一圈金色的光芒。光芒有长有短,长的如麦芒,短的如睫毛,全是金色,……老铁匠的歌唱被推出去很远很远,像一个小蝇子的嗡嗡声。他像个影子一样飘过风箱,站在铁砧前,伸出了沾满泥土煤屑、挨过砸伤烫伤的小手,小手抖抖索索……当黑孩的手就要捉住小萝卜时,小铁匠猛地蹿起来,他踢翻了一个水桶,水汩汩地流着,渍湿了老铁匠的草铺。他一把将那个萝卜抢过来,那只独眼充着血:"狗日的! 公狗! 母狗! 你也配吃萝卜? 老子肚里着火,嗓里冒烟,正要它解渴!"小铁匠张开牙齿焦黑的大嘴就要啃那个萝卜。黑孩以少有的敏捷跳起来,两只细胳膊插进小铁匠的臂弯里,身体悬空一挂,又嘟噜滑下来,萝卜落到了地上。小铁匠对准黑孩的屁股踢了一脚,黑孩一头扎到姑娘怀里,小石匠大手一翻,稳稳地托住了他。

老铁匠停下了嘶哑的歌喉,慢慢地站起来。姑娘和小石匠也站起来。六只眼睛一起瞪着小铁匠。黑孩头很晕,眼前的一切都在转动。使劲晃晃头,他看到小铁匠又拿着萝卜往嘴里塞。他抓起一块煤渣投过去,煤渣擦着小铁匠腮边飞过,碰到闸板上,落在老铁匠铺上。

"日你娘,看我打死你!"小铁匠咆哮着。

小石匠跨前一步,说:"你要欺负孩子?"

"把萝卜还给他!"姑娘说。

"还给他? 老子偏不。"小铁匠冲出桥洞,扬起胳膊猛力一甩,萝卜带着飕飕的风声向前飞去,很久,河里传来了水面的破裂声。

黑孩的眼前出现了一道金色的长虹,他的身体软软地倒在小石匠和姑娘中间。

（莫言《透明的红萝卜》）

【注释】

[1]缞缌(cuī cài)：象声词,衣服的摩擦声。

[2]钻子尖：原作"钻了尖",据《莫言文集》本改。

【拓展阅读】

1. 作者简介

莫言(1955—),本名管谟业,生于山东高密,中国当代著名作家,中国作家协会副主席。20 世纪 80 年代中期,他以乡土作品受到广泛关注。因作品充满着"怀乡"以及"怨乡"的复杂情感,他被归类为"寻根文学"作家。2011 年,莫言凭借作品《蛙》获得茅盾文学奖。2012 年,莫言凭借《蛙》获得诺贝尔文学奖。评委会给的获奖理由是：通过幻觉现实主义将民间故事、历史与当代社会融合在一起。

2. 作品特点

莫言以《透明的红萝卜》成名,此后创作了《酒国》《红高粱家族》《丰乳肥臀》《檀香刑》《生死疲劳》《蛙》《晚熟的人》《鳄鱼》等作品。他的作品以"自由"和"自在"叙事为核心,深受魔幻现实主义影响,同时融入了中国民间文化的元素,始终贯穿着对人性"善"的追求,将历史与现实紧密结合,通过宏大的叙事框架展现个人与时代的命运,语言极具表现力,善于运用夸张、比喻和象征等修辞手法,营造出独特的文学氛围。总之,莫言的作品以叙事自由、魔幻现实主义、悲悯主题、历史与现实的交织以及丰富的语言表达等为特色,形成了独特而颇具魅力的文学世界。

【拓展思考】

1.请体会小说快慢节奏的变换,以及由一个主题向另一个主题迈进时的"慢调叙述"。

2.试体会作品对语词的大胆运用。

3.想象是文学写作的翅膀,请阅读篇章,完整领略作品奇幻又独特的感官想象世界。

4.试探讨"透明的红萝卜(或者金色的)"具有怎样的象征内涵?

务虚笔记(节选)

史铁生

【阅读提示】

无论是通过构筑故事情节、塑造人物形象来传递人的生存经验,还是直接介入对生存本身的探讨,其核心都指向人,指向人的去往之地——善。这构成文学的伦理基石。之所以要写这句话,是因为作家史铁生的《务虚笔记》不同寻常。

童年之门

22

我想,作为画家,Z的生命应该开始于他九岁时的一天下午,近似于我所经历过的那样一个冬天的下午。开始于一根插在瓷瓶中的羽毛。一根大鸟的羽毛,白色的,素雅,蓬勃,仪态潇洒。开始于融雪的时节,一个寒冷的周末。开始于对一座美丽的楼房的神往,和走入其中时的惊讶。开始于那美丽楼房中一间宽绰得甚至有些空旷的屋子。午后的太阳透过落地窗一方一方平整地斜铺在地板上,碰到墙根弯上去竖起来,墙壁是冬日天空一般的浅蓝,阳光在那儿变成空濛的绿色,然后在即将消失的刹那变成淡淡的紫红。一切都开始于他此生此世头一回独自去找一个朋友,一个同他一般年龄的女孩儿——一个也是九岁的女人。

那是一座我们不曾进过的楼房。我们,我和Z或许还包括其他一些孩子,我们看着它建立起来,非常美丽,我们都曾想象它的内部。但在几十年前,那还是一种平民家的孩子所无从想象的内部。

在大片大片灰暗陈旧的房群中,小巷如网。积雪在路边收缩融化得丑陋不堪,在上百年的老房的房檐上滴淌得悠闲自得。空气新鲜,冬天的太阳非常远,空气清冽刺骨。独自一人穿过短短长长的窄巷,独自一人,走过高高矮矮的老房,两手插进袖筒里,不时焐一焐冻疼的耳朵再把手插进袖筒里。东拐西弯绕来绕去,仍是绵延不断的窄巷和老房,怀疑到底是走到了哪儿,正要怀疑正在怀疑,豁然入目一座橘黄色楼房那就是它,不高,但很大,灿烂如同一缕晚晴的夕阳。一座美丽而出乎意料的房子,九岁那年我几乎迷失其中。我以为进了楼门就会找到一条笔直的甬道,就能看见排列两侧的所有房间。但是不,那儿甬道出没曲回,厅室琳琅迷布,空间傲慢而奇异地分割。处处都是那么幽雅、凝重,静谧中透着高贵的神秘,使人不由得放慢脚步屏住呼吸。

我从未见过那么多的门,所到之处都是关闭着的门,有时候四周都是门,有七八个门,有数不清的门,门上也没有窗,我好像走进那个残酷的游戏中去了(来呀试一试,看看哪个门里是美女,哪个门里是猛虎。)拉开一个门,里面全是衣服,一排排一层层全是男人的领带和大衣,全是女人的长裙和皮鞋,淡淡的樟脑味。推开一个门,四壁贴满了淡绿色的瓷砖,透明的帷幔后面有一张床,以为是床但不是,幽暗中旋起一股微香,是一只也是淡绿色的浴盆。推开另一个门,里面靠墙站了一圈矮柜,玻璃的柜门里全是艺术品:麦秸做的小房子呀,石头刻的不穿衣服的女人呀,铜的或者玻璃的瓶子呀,木头雕的人头像呀……更多的东西叫不出名字。退出来,再推开一个门,里面有一只猫有一万本书,一只酣睡的猫,和一排排书架上排列井然的一万本书。另一个门里又有两个门,有一道淡薄而明亮的光线,有一盆又安静又热烈的花。花旁的门里传出缓缓的钢琴声,敲了敲,没人应,推一推,开了,好大的地方!在一座座沙发的那面,在平坦宽阔的地毯尽端,远远地看见一个女人端坐的背影,问她,她什么也不回答,她什么也没听见,她只侧了一下头,散开的长发和散开的琴声遮住了她的脸。不敢再问,退步出来,站在那儿不敢动,站在门旁不知所措,惊诧惊奇惊恐或许还有自惭形秽,便永远都记住了那个地方。但那个地方,在长久的记忆里变幻不住甚至似有若无,惟那惊诧惊奇惊恐和自惭形秽真真确确长久地留在印象里。画家Z必定也是这样,他必定也记住了那样的情景,并在未来把那些门那些窗那些刻花的墙壁那只悠闲的猫和那盆热烈的花,随意颠倒扭曲交错地展示在他的画布上,就像那琴声的自在与陌生。(那是他画了上百幅之后仍然不能满意的一幅。几十年后我将看到它,并将因此回想起他和我都可能有的一种经历……)如果连出去的门也找不到了,如果又已经九岁又已经不能轻易啼哭,我只好沿着曲折的甬道走,推开一座座关闭的门我要回家。总能听见隐约的钢琴曲,走出一道又一道门,我要回家。走出一道又一道门忘记了要找的女孩,一心只要回家。最后走进了那间屋子——写作之夜,仿佛我也跟随着Z走进过那间屋子。

Z九岁时走进了那间屋子,看见了那根大鸟的羽毛。逆光的窗棂呈浅灰色,每一块玻璃上都是耀眼而柔和的水雾和冰凌的光芒。没有人,其他什么都没有,惟那只插了一根羽毛的瓷瓶,以及安放了那瓷瓶的原木色的方台。这可能仅仅是Z多年之后的印象。经历了岁月的剥蚀,那印象已不断地有所改变。在画家Z不知所终的一生中,将无数次试图把那早年的印象画下来,那时他才会发现要把握住那一瞬间的感觉是多么渺茫。没有人,惟独这一个房门敞开着,隐隐的琴声不住地传来,他走进去,以一支梦幻曲般的节奏。除了那个方台那个瓷瓶那根白色的大鸟的羽毛,什么也没有,屋里宽阔甚至空旷,他走过去,以一个孩子天赋的敏觉像是辨认出了什么。或许这就是命运的指引,所有的房门都关着惟此一扇悠悠地敞开着,Z以一个画家命定的敏觉,发现了满屋冬日光芒中那根美丽孤傲的羽毛。它在窗旁的暗影里,洁白无比,又大又长,上端坚挺峭耸,末端柔软飘逸,安闲却又动荡。迟早都要到来的艺术家的激动引领着Z,慢慢走近或是瞬间就站在了它的近旁,如同久别,如同团聚,如同前世之缘,与它默然相对,忘记了是在哪儿,忘记了回家,忘记了胆怯,呆呆地望着那羽毛,望着它,呆愣着,一时间孤独得到了赞美,忧郁得到了尊崇,一个蕴藏久远的旋律终于有了节拍。很可能,就在这时画家的前程已定。Z的小小身影在那一刻夕阳的光照之中一动不动,仿佛聆听神谕的信徒。仿佛一切都被那羽毛的存在湮灭了,一切都黯然失色无足轻重,惟那羽毛的丝丝缕缕在优美而高贵地轻舒漫卷挥洒飘扬,并将永远在他的生命中喧嚣骚动。

23

倘若到此为止,O说过,结果可能会大不一样。

O 在最后的两年里偶尔抽一支烟。烟雾在她面前飘摇,使我看不清她的脸。

就像那个绝妙的游戏,O 说,你推开了这个门而没有推开那个门,要是你推开的不是这个门而是那个门,走进去,结果就会大不一样。

怎么不一样?

O 说:不,没人能知道不曾推开的门里会是什么,但从两个门会走到两个不同的世界中去,甚至这两个世界永远不会相交。

她指的什么事? 或者,指的是谁?

O 故作超然地吹开眼前的烟缕,借机回避了我的目光。

我承认在那一刻我心里有种近乎幸灾乐祸的快意:这是 O 第一次在谈到 Z——那个迷人的 Z——时采取了回避的态度。

24

有一次我问 O:Z 最近在画什么?

O 说:事实上,他一直都在画那个下午。

那根羽毛? 不。是那个下午。Z 一生一世真正想画的,只是那个寒冷的下午。

这有什么不同吗?

完全有可能,那个下午并不是到那根羽毛为止。

25

女教师 O,她相信以后的事更要紧,画家 Z 一定还在那儿遇到过什么。

遇到过什么?

想必和那羽毛一样,让他终生都无法摆脱的事。

什么事? 嗯? 哪一类的事?

除了 Z,没人知道。

可你注意到了没有? Z 到那儿去是为了找一个女孩儿。

是呀是呀,可他此后再没提起过这件事。

26

可能是一个漂亮的女孩儿。她以她的漂亮常常进入一个男孩儿的梦中。如果有一天男孩儿画了一幅画,大人们都夸奖他画得好,如果有一天他画了一匹奔跑的马他相信那是一匹真正的马,他就忽然有了一个激动不已的愿望:让那梦中的女孩儿为之惊讶,先是惊讶地看着那匹马,然后那惊讶的目光慢慢抬起来,对着他。那便是男孩儿最初的激情。不再总是他惊讶地看着那女孩儿——这件事说不定也可以颠倒过来,那便是男孩儿最初去追寻了梦想的时刻。他把那梦想藏在他自己也不曾发现的地方,在一个冬天的下午启程……

也可能那女孩儿并不漂亮。并不是因为漂亮。仅仅是因为她的声音,她唱的一支歌,她唱那支歌时流了泪,和她唱那歌时没能控制的感情。那声音从一个夏夜空静的舞台灯光中一直流进了男孩儿不分昼夜的梦里去。如果是这样。如果他就总在想象那清朗的声音居住的地方,如果对那个地方的想象伴着默默寡欢而迭出不穷,如果那个地方竟逐日变得神奇变得高深莫测,如果连那儿的邻居也成为世上最值得羡慕的人,那便是男孩儿心里的第一场骚动。他懵懂不知那骚动的由来,但每一个清晨到每一个黄昏,日子都变得不再像以往,便是那个男孩儿梦途攸关的起点。总归是要有这一个起点,也可能碰巧就在融雪的季节……

但也许是其他原因。可以是任何原因。倘那季节来临,男孩儿幻想联翩会经任何途径入梦。比如那女孩儿的快乐和开朗,或者是她母亲的温文尔雅。比如那女孩儿举止谈吐的脱俗,或者仅仅是她所居住的那个地方意味着神秘或高贵。比如说那女孩儿的勇敢和正义,她曾在男孩儿受人辱骂和嘲笑的时候护卫过他的尊严,或者仅仅以目光表明她与他站在一起。比如说,那女孩儿细腻而固执的同情心,她曾在男孩儿因为什么事而不敢回家的时候陪他一路回家。比如,那女孩儿天赋的异性魅力,她以简单而坚决的命令便使蛮傲的男孩儿不敢妄为。所有这些,还不止这些,都可能掀起男孩儿势必要到来的骚动,使那个男孩儿在一个寒冷的下午出发,去证实他的梦想。

画家 Z 梦想着的那个女孩儿是谁呢?

画家 Z 动身去找那个女孩儿的情景,很像是我曾有过的一次经历。他曾经去找的那个女孩儿,和我曾经去找过的一个女孩儿,在写作之夜混淆不清。

Z 抑或我,那样的时节是不是来得太早了?九岁,似乎是太早了。

(史铁生《务虚笔记》)

【拓展阅读】

1. 关于作者史铁生

史铁生(1951—2010),中国当代作家、散文家,生于北京。他 1969 年去延安一带插队,因双腿瘫痪回到北京。后来,他又患肾病并发展到尿毒症,靠着每周 3 次透析维持生命,后历任中国作家协会全国委员会委员、北京作家协会副主席、中国残疾人联合会副主席,自称职业是生病,业余在写作,代表作有《遥远的清平湾》《老屋小记》《病隙碎笔》《务虚笔记》《我与地坛》等。

2. 关于《务虚笔记》

舍弃一切背景,家族、社会和时代,单单思考一个个体人的命运,这是史铁生先生极其重要的思想凝视。这样的凝视结果极其丰富而又深邃优美地显现在了这本被称为小说的《务虚笔记》里。舍弃背景和联系的个体,就是一个个可以随意被标识的符号,如作品中的 Z、W、L 等。探讨与揭示偶然存在的轨迹,并把它们全部置于存在的河流中,相遇、分流,混迹、抛撒,夜空中每一颗星星都是不可或缺的注脚,而每一颗星星都发光才能形成整个夜空的璀璨光芒。

【拓展思考】

1. 请阅读《务虚笔记》,体会小说散文式、哲理性的叙述风格。
2. 请认真体会并学习小说将"对话"特殊处理的文学技巧。
3. 阅读全文,谈谈"童年之门"之一章节在全文中的作用。
4. 试回答作品有关房间内部景物的描述语言有何特色?
5. 试回答"大鸟的羽毛"有怎样的意义内涵?

第四单元　戏曲

张君瑞闹道场

王实甫

【阅读提示】

本篇为《西厢记》第一本。《西厢记》是中国戏曲史上的典范,自其问世以来一直备受推崇。元末贾仲明称誉"新杂剧,旧传奇,《西厢记》天下夺魁";(王钢校订《校订录鬼簿三种》增补本卷上)明代著名思想家李卓吾赞其为"化工"之作;清初文学家金圣叹将之列为"古往今来六大才子书"之一,并评之为"天地妙文";今人赵景深在其《明刊本西厢记研究·序》中,又将《西厢记》与《红楼梦》一起誉为"中国古典文艺中的双璧"。

楔子[1]

(外[2]扮老夫人上开)老身姓郑,夫主姓崔,官拜前朝相国,不幸因病告殂[3]。只生得个小姐,小字莺莺,年一十九岁,针黹[4]女工,诗词书算,无不能者。老相公在日,曾许下老身之侄,乃郑尚书之长子郑恒为妻。因俺孩儿父丧未满,未得成合。又有个小妮子,是自幼伏侍孩儿的,唤做红娘。一个小厮儿,唤做欢郎。先夫弃世之后,老身与女孩儿扶柩至博陵安葬,因路途有阻,不能得去。来到河中府,将这灵柩寄在普救寺内。这寺是先夫相国修造的,是则天娘娘香火院,况兼法本长老,又是俺相公剃度的和尚;因此俺就这西厢下一座宅子安下。一壁[5]写书附京师去,唤郑恒来,相扶回博陵去。我想先夫在日,食前方丈[6],从者数百,今日至亲则这三四口儿,好生伤感人也呵!

[仙吕][7][赏花时][8]夫主京师禄命终,子母孤孀途路穷,因此上旅榇[9]在梵王宫[10]。盼不到博陵旧冢,血泪洒杜鹃红。

今日暮春天气,好生困人,不免唤红娘出来分付他。红娘何在?(旦俫[11]扮红见科[12])(夫人云)你看佛殿上没人烧香呵,和小姐闲散心耍一回去来。(红云)谨依严命。(夫人下)(红云)小姐有请。(正旦扮莺莺上)(红云)夫人着俺和姐姐佛殿上闲耍一回去来。(旦唱)

[幺篇][13]可正是人值残春蒲郡东,门掩重关萧寺[14]中。花落水流红,闲愁万种,无语怨东风。(并下)

第一折

（正末扮骑马引俟人上开）小生姓张名珙，字君瑞，本贯西洛人也。先人拜礼部尚书，不幸五旬之上因病身亡。后一年丧母。小生书剑飘零，功名未遂，游于四方。即今贞元十七年二月上旬，唐德宗[15]即位，欲往上朝[16]取应[17]，路经河中府，过蒲关上，有一人姓杜名确，字君实，与小生同郡同学，当初为八拜之交，后弃文就武，遂得武举状元，官拜征西大元帅，统领十万大军，镇守着蒲关。小生就望哥哥一遭，却往京师求进。暗想小生萤窗雪案[18]，刮垢磨光[19]，学成满腹文章，尚在湖海飘零，何日得遂大志也呵！万金宝剑藏秋水[20]，满马春愁压绣鞍。

［仙吕］［点绛唇］游艺中原，脚跟无线，如蓬转。望眼连天，日近长安远[21]。

［混江龙］向诗书经传，蠹鱼[22]似不出费钻研。将棘围[23]守暖，把铁砚磨穿。投至得[24]云路鹏程九万里，先受了雪窗萤火二十年。才高难入俗人机，时乖不遂男儿愿。空雕虫篆刻[25]，缀断简残编。

行路之间，早到蒲津。这黄河有九曲，此正古河内之地，你看好形势也呵！

［油葫芦］九曲[26]风涛何处显，则除是[27]此地偏。这河带齐梁[28]分秦晋隔幽燕。雪浪拍长空，天际秋云卷；竹索缆浮桥，水上苍龙偃[29]；东西溃九州，南北串百川。归舟紧不紧如何见？却便似弩箭乍离弦。

［天下乐］只疑是银河落九天。渊泉、云外悬，入东洋不离此径穿。滋洛阳千种花，润梁园万顷田，也曾泛浮槎[30]到日月边。

话说间早到城中。这里一座店儿，琴童，接下马者。店小二哥那里？（小二上云）自家是这状元店里小二哥。官人要下呵，俺这里有干净店房。（末云）头房里下，先撒和[31]那马者！小二哥你来，我问你：这里有甚么闲散心处？名山胜境，福地宝坊皆可。（小二云）俺这里有一座寺，名曰普救寺，是则天皇后香火院，盖造非俗：琉璃殿相近青霄，舍利塔直侵云汉。南来北往，三教九流，过者无不瞻仰；则除那里可以君子游玩。（末云）琴童，料持下晌午饭，那里走一遭，便回来也。（童云）安排下饭，撒和了马，等哥哥回家。（下）（法聪上）小僧法聪，是这普救寺法本长老座下弟子。今日师父赴斋去了，着我在寺中，但有探长老的，便记着，待师父回来报知。山门下立地，看有甚么人来。（末上云）却早来到也。（见聪了，聪问云）客官从何来？（末云）小生西洛至此，闻上刹幽雅清爽，一来瞻仰佛像，二来拜谒长老。敢问长老在么？（聪云）俺师父不在寺中，贫僧弟子法聪的便是。请先生方丈拜茶。（末云）即然长老不在呵，不必吃茶。敢烦和尚相引，瞻仰一遭，幸甚！（聪云）小僧取钥匙，开了佛殿、钟楼、塔院、罗汉堂、香积厨，盘桓一会，师父敢待[32]回来。（末云）是盖造得好也呵！

［村里迓鼓］随喜了上方佛殿，早来到下方僧院。行过厨房近西，法堂北，钟楼前面。游了洞房[33]，登了宝塔，将回廊绕遍。数了罗汉[34]，参了菩萨，拜了圣贤。（莺莺引红娘拈花枝上云）红娘，俺去佛殿上耍去来。（末做见科）呀！正撞着五百年前风流业冤。

［元和令］颠不剌[35]的见了万千，似这般可喜娘的庞儿罕曾见。则着人眼花撩乱口难言，魂灵儿飞在半天。他那里尽人调戏掸[36]着香肩，只将花笑捻。

［上马娇］这的是兜率宫[37]，休猜做了离恨天。呀，谁想着寺里遇神仙！我见他宜嗔宜喜春风面，

偏[38]、宜[39]贴翠花钿。

[胜葫芦]则见他宫样眉儿新月偃，斜侵入鬓云边。(旦云)红娘，你觑：寂寂僧房人不到，满阶苔衬落花红。(末云)我死也！未语人前先腼腆，樱桃红绽，玉粳白露，半晌恰方言。

[么篇]恰便似呖呖莺声花外啭，行一步可人怜。解舞腰肢娇又软，千般袅娜，万般旖旎，似垂柳晚风前。

(红云)那壁有人，咱家去来。(旦回顾觑末下)(末云)和尚，恰怎么观音现来？(聪云)休胡说！这是河中开府崔相国的小姐。(末云)世间有这等女子，岂非天姿国色乎？休说那模样儿，则那一对小脚儿，价值百镒之金。(聪云)偌远地，他在那壁，你在这壁，系着长裙儿，你便怎知他脚儿小？(末云)法聪，来来来，你问我怎便知，你觑：

[后庭花]若不是衬残红芳径软，怎显得步香尘底样儿浅。且休题眼角儿留情处，则这脚踪儿将心事传。慢俄延，投至到栊门儿前面，刚那了一步远。刚刚的打个照面，风魔[40]了张解元[41]。似神仙归洞天，空余下杨柳烟，只闻得鸟雀喧。

[柳叶儿]呀，门掩着梨花深院，粉墙儿高似青天。恨天，天不与人行方便，好着我难消遣，端的是怎留连。小姐呵，则被你兀的[42]不引了人意马心猿？

(聪云)休惹事，河中开府的小姐去远了也。(末唱)

[寄生草]兰麝香仍在，佩环声渐远。东风摇曳垂杨线，游丝牵惹桃花片，珠帘掩映芙蓉面。你道是河中开府相公家，我道是南海水月观音现。

"十年不识君王面，始信婵娟解误人。"小生便不往京师去应举也罢。(觑聪云)敢烦和尚对长老说知，有僧房借半间，早晚温习经史，胜如旅邸内冗杂，房金依例拜纳，小生明日自来也。

[赚煞]饿眼望将穿，馋口涎空咽，空着我透骨髓相思病染，怎当他临去秋波那一转！休道是小生，便是铁石人也意惹情牵。近庭轩，花柳争妍，日午当庭塔影圆。春光在眼前，争奈玉人不见，将一座梵王宫疑是武陵源。(下)

(王实甫《西厢记》第一本)

【注释】

[1]楔子：戏曲的首曲。王骥德《曲律》："登场首曲，北曰楔子，南曰引子。"

[2]外：正旦、正末等正角之外的角色，此处指外旦。

[3]告殂：告亡。

[4]针黹(zhǐ)：妇女从事的针线、纺织、刺绣等活计。

[5]一壁：一边。

[6]食前方丈：吃饭时面前一丈见方皆摆满食物，形容排场大。《孟子·尽心下》："食前方丈，侍妾数百人，我得志，弗为也。"

[7]仙吕：宫调名。

[8]赏花时：曲调名。

[9]旅榇(chèn)：临时寄放的灵柩。榇，泛指棺材。

［10］梵王宫：本指大梵天王所居之宫殿,后泛指佛寺。

［11］旦俫：小旦。俫,即俫儿,戏中扮演小孩的角色。

［12］扮红见科：扮演红娘来见。科,剧本中指示角色表演动作的术语。

［13］么篇：后篇。元杂剧中重出的曲牌,不再标曲牌名,而称"么篇"。

［14］萧寺：佛寺。南朝梁武帝萧衍大造佛寺,命人书"萧"字于其上,故称。

［15］唐德宗：唐代第十位皇帝李适,建中元年(780 年)即位。

［16］上朝：犹上都、上京。

［17］取应：朝廷开科取士,士子应选。

［18］萤窗雪案：形容贫穷书生勤奋苦读。见成语"车胤囊萤""孙康映雪"。

［19］刮垢磨光：形容仔细琢磨。韩愈《劝学解》："爬罗别抉,刮垢磨光。"

［20］秋水：比喻宝剑明净清亮。《越绝书》："太阿剑,其色如秋水。"

［21］日近长安远：形容帝都遥远难及,比喻功名难遂。

［22］蠹鱼：本指蛀蚀书籍等的小虫,此处比喻像蠹鱼一样埋头钻研。

［23］棘围：考场、试院。古代科举考试时,试院围墙上遍插荆棘,故称。

［24］投至得：直等到。

［25］空雕虫篆刻：自嘲写诗作文,一事无成。扬雄《法言·吾子》："或问:'吾子少而好赋?'曰:'然。童子雕虫篆刻。'"

［26］九曲：指黄河。

［27］则除是：除非是。

［28］带齐梁：黄河穿齐梁而过,似齐梁之地的衣带。带,名词动用。

［29］偃：仰卧。

［30］浮槎(chá)：相传来往于海天之间的木筏。见成语"八月浮槎"。

［31］撒和：又作"撒货""撒花"。蒙古语,饲喂牲口。

［32］敢待：就要。

［33］洞房：深邃之室。

［34］数了罗汉：旧时人们通过"数罗汉"预测命运或自娱。数罗汉时,可任从一个罗汉起,数至自己的年龄数而止,观对应罗汉的功德、偈语等。

［35］颠不剌：最、上等。

［36］軃(duǒ)：垂下貌。

［37］兜率宫：天宫。兜率,即兜率天,乃欲界第四天,弥勒所居。

［38］偏：侧转身。

［39］宜：恰好。

［40］风魔：着魔入迷;使动用法。

［41］解元：科举考试中指乡试第一名,后为读书人的尊称。

［42］兀的：怎么,表示感叹。

【拓展阅读】

1. 作者简介

王实甫，名德信（一说名信德），字实甫。大都（今北京）人，一说河北定兴人。《录鬼簿》曾将王实甫与关汉卿、白朴、马致远等同列为"前辈已死名公才人"。一般认为，王实甫为元代前期作家，创作活动大约在元成宗元贞至大德年间（1295—1307 年）。元明之际的贾仲明在《录鬼簿续编》中曾评价王实甫曰："风月营，密匝匝列旌旗；莺花寨，明飚飚排剑戟；翠红乡，雄赳赳施谋智。作词章，风韵美，士林中等辈伏低。新杂剧，旧传奇，《西厢记》天下夺魁。"（王钢校订《校订录鬼簿三种》增补本卷上）据此，王实甫与当时处于社会底层的官妓、杂剧演员往来密切，他本人或为身份不高的下层文人。王实甫的文采风流广受赞誉，其创作的《西厢记》杂剧更被公认为是元代戏剧的冠首之作。

2. 关于《西厢记》

《西厢记》是《崔莺莺待月西厢记》的简称，又被称为《王西厢》《北西厢》，取材于唐代元稹的传奇《会真记》、金代董谢元的《西厢记诸宫调》，塑造了书生张生、相国小姐崔莺莺、侍女红娘、孙飞虎、崔母、郑恒等众多人物形象，内容具有较浓的反封建礼教色彩，描写了情与欲的不可遏制与正当合理，表达了"愿普天下有情的都成了眷属"的爱情观。《西厢记》突破了元杂剧每剧四折的体例，共五本二十一折，在明代曾风靡一时，仅刊本就有六十几种。

【拓展思考】

1. 体会张生邂逅莺莺过程中情感的变化。
2. 阅读并思考，该如何定义张生与莺莺之情爱的类型特征呢？
3. 从语言角度体会并赏析下面曲词的诗化特征。

［二黄慢板］

别院中起笙歌因风送听，递一阵笑语声到耳分明。我只索坐幽亭梅花伴影，忒炎凉又何苦故意相形！嚼寒香早拼着肝肠凄冷，看林烟和初月又作黄昏。惨凄凄闻坠叶空廊自警，他那厢还只管弄笛吹笙。泪珠儿滴不尽宫壶漏水，算多情只有那长夜霜衾。初不信水东流君王薄幸，到今朝才知道别处恩新。

（《程砚秋演出剧本选集》中《梅妃》第十一场）

惊梦

汤显祖

【阅读提示】

　　本篇为《牡丹亭》第十出，是其中最脍炙人口的一出戏。昆剧演出本将此出分为二折，自[绕池游]至[隔尾]称为《游园》，自[山坡羊]以下称为《惊梦》。在《诗经·关雎》的启迪下，杜丽娘和春香瞒着父母到后花园游玩。花园内生机勃勃的自然美景，同她枯寂的闺房生活形成鲜明的对照。杜丽娘遂生伤逝之感，不禁慨叹"年已及笄，不得早成佳配，诚为虚度青春"。

　　[绕池游]（旦上）梦回莺啭，乱煞年光[1]遍。人立小庭深院。（贴）炷尽沉烟[2]，抛残绣线，恁今春关情似去年？
　　　　[乌夜啼]（旦）晓来望断梅关[3]，宿妆残。（贴）你侧着宜春髻子[4]恰凭阑。（旦）剪不断，理还乱，闷无端。（贴）已分付催花莺燕借春看。（旦）春香，可曾叫人扫除花径？（贴）分付了。（旦）取镜台衣服来。（贴取镜台衣服上）"云髻罢梳还对镜，罗衣欲换更添香。"[5]镜台衣服在此。
　　[步步娇]（旦）袅晴丝[6]吹来闲庭院，摇漾春如线。停半晌、整花钿。没揣[7]菱花[8]，偷人半面，迤逗[9]的彩云[10]偏。（行介）步香闺怎便把全身现！（贴）今日穿插的好。
　　[醉扶归]（旦）你道翠生生出落的裙衫儿茜[11]，艳晶晶花簪八宝填，可知我常一生儿爱好是天然。恰三春好处无人见。不堤防沉鱼落雁鸟惊喧，则怕的羞花闭月花愁颤。
　　　　（贴）早茶时了，请行。（行介）你看：画廊金粉半零星，池馆苍苔一片青。踏草怕泥新绣袜，惜花疼煞小金铃[12]。（旦）不到园林，怎知春色如许！
　　[皂罗袍]原来姹紫嫣红开遍，似这般都付与断井颓垣。良辰美景奈何天，赏心乐事谁家院？恁般景致，我老爷和奶奶再不提起。（合）朝飞暮卷，云霞翠轩。雨丝风片，烟波画船。锦屏[13]人忒看的这韶光贱。（贴）是花都放了，那牡丹还早。
　　[好姐姐]（旦）遍青山啼红了杜鹃，荼蘼[14]外烟丝醉软。春香呵，牡丹虽好，他春归怎占的先！（贴）成对儿莺燕呵。（合）闲凝眄，生生燕语明如翦，呖呖莺歌溜的圆。（旦）去罢。（贴）这园子委是观之不足也。（旦）提他怎的？（行介）
　　[隔尾]观之不足由他缱[15]，便赏遍了十二亭台是枉然，到不如兴尽回家闲过遣。
　　　　（作到介）（贴）开我西阁门，展我东阁床。瓶插映山紫，炉添沉水香。小姐，你歇息片时，俺瞧老夫人去也。（下）（旦叹介）默地游春转，小试宜春面[16]。春呵，得和你两留连，春去如何遣？咳，恁般天气，好困人也。春香那里？（作左右瞧介）（又低首沉吟介）天呵，春色恼人，信有之乎！常观诗词乐府，古之女子，因春感情，遇秋成恨，诚不谬矣！吾今年已二八，未逢折桂之夫；忽慕春情，怎得蟾宫之客？昔日韩夫人得遇于郎[17]，张生偶逢崔氏，曾有《题红记》《崔徽传》二书。此佳人才子，前以密约偷期，后皆得成秦晋。（长叹介）吾生于宦族，长在名门。年已及笄[18]，不得早成佳配，诚为虚度青春，光阴如过隙耳！（泪介）可惜妾身颜色如花，岂料命如一叶乎！

[山坡羊]没乱里春情难遣，蓦地里怀人幽怨。则为俺生小婵娟，拣名门一例、一例里神仙眷。甚良缘，把青春抛的远。俺的睡情谁见？则索因循腼腆。想幽梦谁边，和春光暗流转？迁延，这衷怀那处言？淹煎[19]，泼残生[20]，除问天！

　　　身子困乏了，且自隐几而眠。（睡介）（梦生介）（生持柳枝上）莺逢日暖歌声滑，人过风情笑口开。一径落花随水入，今朝阮肇[21]到天台。小生顺路儿跟着杜小姐回来，怎生不见？（回看介）呀，小姐，小姐。（旦作惊起介）（相见介）（生）小生那一处不寻访小姐来，却在这里。（旦作斜视不语介）（生）恰好花园内，折取垂柳半枝。姐姐，你既淹通书史，可作诗以赏此柳枝乎？（旦作惊喜，欲言又止介）（背想）这生素昧平生，何因到此？（生笑介）小姐，咱爱杀你哩！

[山桃红]则为你如花美眷，似水流年，是答儿闲寻遍。在幽闺自怜。小姐，和你那答儿讲话去。（旦作含笑不行）（生作牵衣介）（旦低问）那边去？（生）转过这芍药栏前，紧靠着湖山石边。（旦低问）秀才，去怎的？（生低答）和你把领扣松，衣带宽，袖梢儿搵着牙儿苫也，则待你忍耐温存一晌眠。（旦作羞）（生前抱）（旦推介）（合）是那处曾相见，相看俨然，早难道这好处相逢无一言？（生强抱旦下）

　　　（末扮花神，束发冠，红衣插花上）催花御史[22]惜花天，检点春工又一年。蘸客伤心红雨下，勾人悬梦彩云边。吾乃掌管南安府后花园花神是也。因杜知府小姐丽娘，与柳梦梅秀才，后日有姻缘之分。杜小姐游春感伤，致使柳秀才入梦。咱花神专掌惜玉怜香，竟来保护他，要他云雨十分欢幸也。

[鲍老催]（末）单则是混阳蒸变，看他似虫儿般蠢动把风情扇。一般儿娇凝翠绽魂儿颤。这是景[23]上缘，想内成，因中见[24]。呀，淫邪展污了花台殿。咱待拈片落花儿惊醒他。（向鬼门丢花介）他梦酣春透了怎留连？拈花闪碎的红如片。秀才才到的半梦儿，梦毕之时，好送杜小姐仍归香阁。吾神去也。（下）

[山桃红]（生、旦携手上）（生）这一霎天留人便，草藉花眠。小姐可好？（旦低头介）（生）则把云鬟点，红松翠偏。小姐休忘了呵，见了你紧相偎，慢厮连，恨不得肉儿般团成片也，逗的个日下胭脂雨上鲜。（旦）秀才，你可去呵？（合）是那处曾相见，相看俨然，早难道这好处相逢无一言？（生）姐姐，你身子乏了，将息，将息。（送旦依前作睡介）（轻拍旦介）姐姐，俺去了。（作回顾介）姐姐，你可十分将息，我再来瞧你那。行来春色三分雨，睡去巫山一片云。（下）

　　　（旦作惊醒低叫介）秀才，秀才，你去了也？（又作痴睡介）（老旦上）夫婿坐黄堂，娇娃立绣窗。怪他裙衩上，花鸟绣双双。孩儿，孩儿，你为甚瞌睡在此？（旦作醒，叫秀才介）咳也！（老旦）孩儿怎的来？（旦作惊起介）奶奶到此！（老旦）我儿，何不做些针指，或观玩书史，舒展情怀？因何昼寝于此？（旦）孩儿适花园中闲玩，忽值春暄恼人，故此回房。无可消遣，不觉困倦少息。有失迎接，望母亲恕儿之罪。（老旦）孩儿，这后花园中冷静，少去闲行。（旦）领母亲严命。（老旦）孩儿，学堂看书去。（旦）先生不在，且自消停。（老旦叹介）女孩儿长成，自有许多情态，且自由他。正是：宛转随儿女，辛勤做老娘。（下）

　　　（旦长叹介）（看老旦下介）哎也，天那，今日杜丽娘有些侥幸也！偶到后花园中，百花开遍,睹景伤情。没兴而回,昼眠香阁。忽见一生,年可弱冠[25],丰姿俊妍。于园中折得柳丝一枝,笑对奴家说:"姐姐既淹通书史,何不将柳枝题赏一篇?"那时待要应他一声,心中自忖,素昧平生,不知名姓,何得轻与交言。正如此想间,只见那生向前说了几句伤心话儿,将奴搂抱去牡丹亭畔、芍药栏边,共成云雨之欢。两情和合,真个是千般爱惜,万种温存。欢毕之时,又送我睡眠,几声"将息"。正待自送那生出门,忽值母亲来到,唤醒将来。我一身冷汗,乃是南柯一梦。忙身参礼母亲,又被母亲絮了许多闲话。奴家口虽无言答应,心内思想梦中之事,何曾放怀?行坐不宁,自觉如有所失。娘呵,你教我学堂看书去,知他看那一种书消闷也。(作掩泪介)

[绵搭絮]雨香云片,才到梦儿边。无奈高堂,唤醒纱窗睡不便。泼新鲜冷汗粘煎,闪的俺心悠步嚲,意软鬟偏。不争多费尽神情,坐起谁忺[26]?则待去眠。(贴上)晚妆销粉印,春润费香篝[27]。小姐,熏了被窝睡罢。

[尾声](旦)困春心游赏倦,也不索香熏绣被眠。天呵,有心情那梦儿还去不远。

　　春望逍遥出画堂, 张说 间梅遮柳不胜芳。 罗隐

　　可知刘阮逢人处? 许浑 回首东风一断肠。 韦庄

(汤显祖《牡丹亭》第十出)

【注释】

[1]年光:春光。

[2]沉烟:点燃的沉香。

[3]梅关:关隘名,在江西省南安府大庾岭上。

[4]宜春髻子:旧时立春日,妇女剪彩绸作燕子状,戴在发髻上,上写"宜春"二字。

[5]"云髻罢梳还对镜,罗衣欲换更添香"二句:语见薛逢《宫词》。

[6]晴丝:昆虫吐出的游丝。

[7]没揣:没料到。

[8]菱花:菱花镜,即镜子。古时铜镜背铸菱花,故称。

[9]迤逗:引惹,挑逗。

[10]彩云:比喻美丽的发卷。

[11]茜:大红色。

[12]小金铃:又称"护花铃"。相传天宝年间,宁王用红绳坠铃,系于花梢之上,以驱鸟鹊。

[13]锦屏:锦绣屏风,借指闺阁。

[14]荼蘼:花名,晚春时开放。

[15]缱:缱绻,缠绵。

[16]宜春面:梳有宜春发髻的面容,指少女的青春面容。

[17]韩夫人得遇于郎:相传唐时有韩氏宫女题诗于红叶上,投之宫苑沟水中,为于佑所得,后二人结为夫妻。见典故"御沟诗叶"。

[18]及笄(jī):古时女子十五岁行笄礼,束发戴簪,以示成年。笄,簪子。

[19]淹煎:受熬煎,遭磨折。

[20]泼残生:苦命。

[21]阮肇:相传东汉时阮肇与刘晨共至天台山采药,遇二仙女,招为女婿。

[22]催花御史:"惜春御史"。唐时官名,掌护宫中花木。

[23]景:通"影"。

[24]想内成,因中见:比喻梦境。晋时卫玠问梦于乐令,乐令以"想""因"解释。见《世说新语·文学》。

[25]弱冠:古时男子二十岁行冠礼,头上戴冠,以示成年。

[26]忺(xiān):适意、惬意。

[27]香篝:熏笼。

【拓展阅读】

1. 作者简介

汤显祖(1550—1616),明代戏曲家、文学家,字义仍,号海若、若士、清远道人,江西临川(今江西省抚州市临川区)人,后迁居汤家山(今抚州市),出身书香门第,早有才名,颇精于古文诗词,兼通天文地理、医药卜筮诸书,三十四岁中进士,经历宦海沉浮后潜心于戏剧及诗词创作。在汤显祖多方面的成就中,尤以戏曲为最,作品《牡丹亭》(又称《还魂记》)与《紫钗记》《南柯记》《邯郸记》合称"临川四梦"。其中,《牡丹亭》是其代表作。

2. 关于《牡丹亭》

《牡丹亭》是中国戏曲史上浪漫主义的杰作,与《西厢记》《长生殿》《桃花扇》并称为四大古典戏剧。作品讲述了官家千金杜丽娘与书生柳梦梅的生死爱情故事,通过梦中相遇、人鬼相恋、起死回生等情节描写,让有情人终成眷属。《牡丹亭》通过杜丽娘与柳梦梅的爱情故事,表达了对自由爱情和个性解放的追求,对封建礼教的反抗。汤显祖提出"情不知所起,一往而深""生者可以死,死可以生"的"至情说",强调情感的力量超越生死。作品文辞典雅,语言秀丽,充满浪漫主义色彩,成功地塑造了杜丽娘、柳梦梅等人物形象。杜丽娘因其反抗精神而成为中国文学史上的经典形象。

【拓展思考】

1.《牡丹亭》是体现汤显祖"至情观"文学思想的重要作品,请你阅读全文,结合作品阐释汤氏的这一文学思想。

2.《游园》一折蕴含有怎样的文学主题?这一文学主题在后来有怎样的发展和表现?

罗密欧与朱丽叶(节选)

莎士比亚

【阅读提示】

　　《罗密欧与朱丽叶》是莎士比亚戏剧作品中几乎家喻户晓的一部,其主人公已然成为世界文学史上最出名、最受读者宠爱的一对情侣。剧中超越时空的浪漫诗意,迄今仍然令人动心:一对天生的冤家一见钟情,在由于宿怨而敌视这桩爱情的环境氛围中,将一切世俗顾虑置若罔闻,听从"不可遏止"的"献身冲动"而秘密结合。他们对爱情英勇而坚定,即便被迫分离,也要重逢于九泉下。

第五幕

第一场曼多亚[1]街道

　　罗密欧上。

罗密欧　要是梦寐中的幻景果然可以代表真实,那么我的梦预兆着将有好消息到来;我觉得心君宁恬[2],整日里有一种向所没有的精神,用快乐的思想把我从地面上飘扬起来。我梦见我的爱人来看见我死了——奇怪的梦,一个死人也会思想!——她吻着我,把生命吐进了我的嘴唇里,于是我复活了,并且成为一个君王。唉!仅仅是爱的影子,已经给人这样丰富的欢乐,要是能占有爱的本身,那该有多么甜蜜!

　　鲍尔萨泽上。

罗密欧　从维洛那[3]来的消息!啊,鲍尔萨泽[4]!不是神父叫你带信来给我吗?我的爱人怎样?我父亲好吗?我再问你一遍,我的朱丽叶安好吗?因为只要她安好,一定什么都是好好的。

鲍尔萨泽　那么她是安好的,什么都是好好的;她的身体长眠在凯普莱特家的坟茔里,她的不死的灵魂和天使们在一起。我看见她下葬在她亲族的墓穴里,所以立刻飞马前来告诉您。啊,少爷!恕我带了这恶消息来,因为这是您吩咐我做的事。

罗密欧　有这样的事!命运,我诅咒你!——你知道我的住处;给我买些纸笔,雇下两匹快马,我今天晚上就要动身。

鲍尔萨泽　少爷,请您宽心一下;您的脸色惨白而仓皇,恐怕是不吉之兆。

罗密欧　胡说,你看错了。快去,把我叫你做的事赶快办好。神父没有叫你带信给我吗?

鲍尔萨泽　没有,我的好少爷。

罗密欧　算了,你去吧,把马匹雇好了;我就来找你。(鲍尔萨泽下)好,朱丽叶,今晚我要睡在你的身旁。让我想个办法。啊,罪恶的念头!你会多么快钻进一个绝望者的心里!我想起了一个卖药的人,他的铺子就开设在附近,我曾经看见他穿着一身破烂的衣服,皱着眉头在那儿拣药草;他的形状十分消瘦,贫苦把他熬煎得只剩一把骨头;他的寒伧的铺子里挂着一只乌龟，一头剥制的鳄鱼，还有几张形状丑陋的鱼皮；他的架子上稀疏地散放着几只空匣子、绿色的瓦罐、一些胞囊和发霉的种子、几段包扎的麻绳，还有几块陈年的干玫瑰花，作为聊胜于无的点缀。看到这一种寒酸的样子，我就对自己说，在曼多亚城里，谁出卖了毒药是会立刻处死的，可是倘有谁现在需要毒药，这儿有一个可怜的奴才会卖给他。啊！不料我这一个思想，竟会预兆着我自己的需要，这个穷汉的毒药却要卖给我。我记得这里就是他的铺子；今天是假日，所以这叫化子没有开门。喂！卖药的！

       卖药人上。

卖药人 谁在高声叫喊？

罗密欧 过来，朋友。我瞧你很穷，这儿是四十块钱，请你给我一点能够迅速致命的毒药，厌倦于生命的人一服下去便会散入全身的血管，立刻停止呼吸而死去，就像火药从炮膛里放射出去一样快。

卖药人 这种致命的毒药我是有的；可是曼多亚的法律严禁发卖，出卖的人是要处死刑的。

罗密欧 难道你这样穷苦，还怕死吗？饥寒的痕迹刻在你的面颊上，贫乏和迫害在你的眼睛里射出了饿火，轻蔑和卑贱重压在你的背上；这世间不是你的朋友，这世间的法律也保护不到你，没有人为你定下一条法律使你富有；那么你何必苦耐着贫穷呢？违犯了法律，把这些钱收下吧。

卖药人 我的贫穷答应了你，可是那是违反我的良心的。

罗密欧 我的钱是给你的贫穷，不是给你的良心的。

卖药人 把这一服药放在无论什么饮料里喝下去，即使你有二十个人的气力，也会立刻送命。

罗密欧 这儿是你的钱，那才是害人灵魂的更坏的毒药，在这万恶的世界上，它比你那些不准贩卖的微贱的药品更会杀人；你没有把毒药卖给我，是我把毒药卖给你。再见！买些吃的东西，把你自己喂得胖一点。——来，你不是毒药，你是替我解除痛苦的仙丹，我要带着你到朱丽叶的坟上去，少不得要借重你一下哩。（各下）

      第二场　维洛那 劳伦斯神父[5]的寺院

       约翰神父[6]上。

约翰 喂！师兄在哪里？

       劳伦斯神父上。

劳伦斯 这是约翰师弟的声音。欢迎你从曼多亚回来！罗密欧怎么说？要是他的意思在信里写明，那么把他的信给我吧。

约翰 我临走的时候，因为要找一个同门的师弟做我的同伴，他正在这城里访问病人，不料给本地巡逻的人看见了，疑心我们走进了一家染着瘟疫的人家，把门封锁住了，不让我们出来，所以耽误了我的曼多亚之行。

劳伦斯 那么谁把我的信送去给罗密欧了？

约翰 我没有法子把它送出去，现在我又把它带回来了；因为他们害怕瘟疫传染，也没有人愿意把它送还给你。

劳伦斯 糟了！这封信不是等闲，性质十分重要，把它耽误下来，也许会引起极大的灾祸。约翰师弟，你快去给我找一柄铁锄，立刻带到这儿来。

约翰　好师兄,我去给你拿来。(下)

劳伦斯　现在我必须独自到墓地里去;在这三小时之内,朱丽叶就会醒来,她因为罗密欧不曾知道这些事情,一定会责怪我。我现在要再写一封信到曼多亚去,让她留在我的寺院里,直等罗密欧到来。可怜的没有死的尸体,幽闭在一座死人的坟墓里!(下)

第三场　同前。凯普莱特[7]家坟茔所在的墓地

帕里斯[8]及侍童携鲜花火炬上。

帕里斯　孩子,把你的火把给我;走开,站在远远的地方;还是灭了吧,我不愿给人看见。你到那边的紫杉树底下直躺下来,把你的耳朵贴着中空的地面,地下挖了许多墓穴,土是松的,要是有跟跄的脚步走到坟地上来,你准听得见;要是听见有什么声息,便吹一个嘂哨通知我。把那些花给我。照我的话做去,走吧。

侍童　(旁白)我简直不敢独自一个人站在这墓地上,可是我要硬着头皮试一下。(退后)

帕里斯　这些鲜花替你铺盖新床;

惨啊,一朵娇红永委沙尘!

我要用沉痛的热泪淋浪,

和着香水浇溅你的芳坟;

夜夜到你墓前散花哀泣,

这一段相思啊永无消歇!(侍童吹口哨)

这孩子在警告我有人来了。哪一个该死的家伙在这晚上到这儿来打扰我在爱人墓前的凭吊?什么!还拿着火把来吗?——让我躲在一旁看看他的动静。(退后)

罗密欧及鲍尔萨泽持火炬锹锄等上。

罗密欧　把那锄头跟铁钳给我。且慢,拿着这封信;等天一亮,你就把它送给我的父亲。把火把给我。听好我的吩咐,无论你听见什么瞧见什么,都只好远远地站着不许动,免得妨碍我的事情;要是动一动,我就要你的命。我所以要跑下这个坟墓里去,一部分的原因是要探望探望我的爱人,可是主要的理由却是要从她的手指上取下一个宝贵的指环,因为我有一个很重要的用途。所以你赶快给我走开吧;要是你不相信我的话,胆敢回来窥伺我的行动,那么,我可以对天发誓,我要把你的骨骼一节一节扯下来,让这饥饿的墓地上散满了你的肢体。我现在的心境非常狂野,比饿虎或是咆哮的怒海都要凶猛无情,你可不要惹我性起。

鲍尔萨泽　少爷,我走就是了,决不来打扰您。

罗密欧　这才像个朋友。这些钱你拿去,愿你一生幸福。再会,好朋友。

鲍尔萨泽　(旁白)虽然这么说,我还是要躲在附近的地方看着他;他的脸色使我害怕,我不知道他究竟打算做出什么事来。(退后)

罗密欧　你无情的泥土,吞噬了世上最可爱的人儿,我要擘开[9]你的馋吻,(将墓门掘开)索性让你再吃一个饱!

帕里斯　这就是那个已经放逐出去的骄横的蒙太古[10],他杀死了我爱人的表兄,据说她就是因为伤心他的惨死而夭亡的。现在这家伙又来盗尸发墓了,待我去抓住他。(上前)万恶的蒙太古!停止你的罪恶的工作,难道你杀了他们还不够,还要在死人身上发泄你的仇

恨吗？该死的凶徒，赶快束手就捕，跟我见官去！

罗密欧　我果然该死，所以才到这儿来。年轻人，不要激怒一个不顾死活的人，快快离开我走吧；想想这些死了的人，你也该胆寒了。年轻人，请你不要激动我的怒气，使我再犯一次罪；啊，走吧！我可以对天发誓，我爱你远过于爱我自己，因为我来此的目的，就是要跟自己作对。别留在这儿，走吧；好好留着你的活命，以后也可以对人家说，是一个疯子发了慈悲，叫你逃走的。

帕里斯　我不听你这种鬼话；你是一个罪犯，我要逮捕你。

罗密欧　你一定要激怒我吗？那么好，来，朋友！（二人格斗）

侍童　哎哟，主啊！他们打起来了，我去叫巡逻的人来！（下）

帕里斯　（倒下）啊，我死了！——你倘有几分仁慈，打开墓门来，把我放在朱丽叶的身旁吧！（死）

罗密欧　好，我愿意成全你的志愿。让我瞧瞧他的脸；啊，茂丘西奥[11]的亲戚，尊贵的帕里斯伯爵！当我们一路上骑马而来的时候，我的仆人曾经对我说过几句话，那时我因为心绪烦乱，没有听得进去；他说些什么？好像他告诉我说帕里斯本来预备娶朱丽叶为妻；他不是这样说吗？还是我做过这样的梦？或者还是我神经错乱，听见他说起朱丽叶的名字，所以发生了这一种幻想？啊！把你的手给我，你我都是登录在厄运的黑册上的人，我要把你葬在一个胜利的坟墓里；一个坟墓吗？啊，不！被杀害的少年，这是一个灯塔，因为朱丽叶睡在这里，她的美貌使这一个墓窟变成一座充满着光明的欢宴的华堂。死了的人，躺在那儿吧，一个死了的人把你安葬了。（将帕里斯放下墓中）人们临死的时候，往往反会觉得心中愉快，旁观的人便说这是死前的一阵回光返照；啊！这也就是我的回光返照吗？啊，我的爱人！我的妻子！死虽然已经吸去了你呼吸中的芳蜜，却还没有力量摧残你的美貌；你还没有被他征服，你的嘴唇上、面庞上，依然显着红润的美艳，不曾让灰白的死亡进占。提伯尔特，你也裹着你的血淋淋的殓衾躺在那儿吗？啊！你的青春葬送在你仇人的手里，现在我来替你报仇来了，我要亲手杀死那杀害你的人。原谅我吧，兄弟！啊！亲爱的朱丽叶，你为什么仍然这样美丽？难道那虚无的死亡，那枯瘦可憎的妖魔，也是个多情种子，所以把你藏匿在这幽暗的洞府里做他的情妇吗？为了防止这样的事情，我要永远陪伴着你，再不离开这漫漫长夜的幽宫；我要留在这儿，跟你的侍婢，那些蛆虫们在一起；啊！我要在这儿永久安息下来，从我这厌倦人世的凡躯上挣脱恶运的束缚。眼睛，瞧你的最后一眼吧！手臂，作你最后一次的拥抱吧！嘴唇，啊！你呼吸的门户，用一个合法的吻，跟网罗一切的死亡订立一个永久的契约吧！来，苦味的向导，绝望的领港人，现在赶快把你的厌倦于风涛的船舶向那巉岩上冲撞过去吧！为了我的爱人，我干了这一杯！（饮药）啊！卖药的人果然没有骗我，药性很快地发作了。我就这样在这一吻中死去。（死）

　　　劳伦斯神父持灯笼、锄、锹自墓地另一端上。

劳伦斯　圣芳济[12]保佑我！我这双老脚今天晚上怎么老是在坟堆里绊来跌去的！那边是谁？

鲍尔萨泽　是一个朋友，也是一个跟您熟识的人。

劳伦斯　祝福你！告诉我，我的好朋友，那边是什么火把，向蛆虫和没有眼睛的骷髅浪费着它的光明？照我辨认起来，那火把亮着的地方，似乎是凯普莱特家里的坟茔。

鲍尔萨泽　正是,神父;我的主人,您的好朋友,就在那儿。

劳伦斯　他是谁?

鲍尔萨泽　罗密欧。

劳伦斯　他来多久了?

鲍尔萨泽　足足半点钟。

劳伦斯　陪我到墓穴里去。

鲍尔萨泽　我不敢,神父。我的主人不知道我还没有走;他曾经对我言辞恐吓,说要是我留在这儿窥伺他的动静,就要把我杀死。

劳伦斯　那么你留在这儿,让我一个人去吧。恐惧临到我的身上;啊! 我怕会有什么不幸的祸事发生。

鲍尔萨泽　当我在这株紫杉树底下睡了过去的时候,我梦见我的主人跟另外一个人打架,那个人被我的主人杀了。

劳伦斯　(趋前)罗密欧! 嗳哟! 嗳哟,这坟墓的石门上染着些什么血迹? 在这安静的地方,怎么横放着这两柄无主的血污的刀剑? (进墓)罗密欧! 啊,他的脸色这么惨白! 还有谁? 什么! 帕里斯也躺在这儿,浑身浸在血泊里? 啊! 多么残酷的时辰,造成了这场凄惨的意外! 那小姐醒了。(朱丽叶醒)

朱丽叶　啊,善心的神父! 我的夫君呢? 我记得很清楚我应当在什么地方,现在我正在这地方。我的罗密欧呢? (内喧声)

劳伦斯　我听见有什么声音。小姐,赶快离开这个密布着毒氛腐臭的死亡的巢穴吧;一种我们所不能反抗的力量已经阻挠了我们的计划。来,出去吧。你的丈夫已经在你的怀中死去;帕里斯也死了。来,我可以替你找一处地方出家做尼姑。不要耽误时间盘问我,巡夜的人就要来了。来,好朱丽叶,去吧。(内喧声又起)我不敢再等下去了。

朱丽叶　去,你去吧! 我不愿意走。(劳伦斯下)这是什么? 一只杯子,紧紧地握住在我的忠心的爱人的手里? 我知道了,一定是毒药结果了他的生命。唉,冤家! 你一起喝干了,不留下一滴给我吗? 我要吻着你的嘴唇,也许这上面还留着一些毒液,可以让我当作兴奋剂服下而死去。(吻罗密欧)你的嘴唇还是温暖的!

巡丁甲　(在内)孩子,带路;在哪一个方向?

朱丽叶　啊,人声吗? 那么我必须快一点了结。啊,好刀子! (攫住罗密欧的匕首)这就是你的鞘子;(以匕首自刺)你插了进去,让我死了吧。(扑在罗密欧身上死去)

　　　　　巡丁及帕里斯侍童上。

侍童　就是这儿,那火把亮着的地方。

巡丁甲　地上都是血;你们几个人去把墓地四周搜查一下,看见什么人就抓起来。(若干巡丁下)好惨! 伯爵被人杀了躺在这儿,朱丽叶胸口流着血,身上还是热热的好像死得不久,虽然她已经葬在这里两天了。去,报告亲王[13],通知凯普莱特家里,再去把蒙太古家里的人也叫醒了,剩下的人到各处搜搜。(若干巡丁续下)我们看见这些惨事发生在这个地方,可是在没有得到人证以前,却无法明了这些惨事的真相。

　　　　　若干巡丁率鲍尔萨泽上。

巡丁乙　这是罗密欧的仆人;我们看见他躲在墓地里。

巡丁甲　把他好生看押起来,等亲王来审问。

　　　　若干巡丁率劳伦斯神父上。

巡丁丙　我们看见这个教士从墓地旁边跑出来,神色慌张,一边叹气一边流泪,他手里还拿着
　　　　锄头铁锹,都给我们拿下来了。

巡丁甲　他有很重大的嫌疑;把这教士也看押起来。

　　　　亲王及侍从上。

亲王　什么祸事在这样早的时候发生,打断了我的清晨的安睡?

　　　　凯普莱特、凯普莱特夫人及余人等上。

凯普莱特　外边这样乱叫乱喊,是怎么一回事?

凯普莱特夫人　街上的人们有的喊着罗密欧,有的喊着朱丽叶,有的喊着帕里斯;大家沸沸扬
　　　　扬地向我们家里的坟上奔去。

亲王　这么许多人为什么发出这样惊人的叫喊?

巡丁甲　王爷,帕里斯伯爵被人杀死了躺在这儿;罗密欧也死了;已经死了两天的朱丽叶,身上
　　　　还热着,又被人重新杀死了。

亲王　用心搜寻,把这场万恶的杀人命案的真相调查出来。

巡丁甲　这儿有一个教士,还有一个被杀的罗密欧的仆人,他们都拿着掘墓的器具。

凯普莱特　天啊!——啊,妻子!瞧我们的女儿流着这么多的血!这把刀弄错了地位了!瞧,
　　　　它的空鞘子还在蒙太古家小子的背上,它却插进了我的女儿的胸前!

凯普莱特夫人　嗳哟!这些死的惨象就像惊心动魄的钟声,警告我这风烛残年,快要不久于人
　　　　世了。

　　　　蒙太古及余人等上。

亲王　来,蒙太古,你起来虽然很早,可是你的儿子倒下得更早。

蒙太古　唉!殿下,我的妻子因为悲伤小儿的远逐,已经在昨天晚上去世了;还有什么祸事要
　　　　来跟我这老头子作对呢?

亲王　瞧吧,你就可以看见。

蒙太古　啊,你这不孝的东西!你怎么可以抢在你父亲的前面,自己先钻到坟墓里去呢?

亲王　暂时停止你们的悲恸,让我把这些可疑的事实审问明白,知道了详细的原委以后,再来
　　　　领导你们放声一哭吧;也许我的悲哀还要远远胜过你们呢!——把嫌疑犯带上来。

劳伦斯　时间和地点都可以作不利于我的证人;在这场悲惨的血案中,我虽然是一个能力最薄
　　　　弱的人,但却是嫌疑最重的人。我现在站在殿下的面前,一方面要供认我自己的罪过,一
　　　　方面也要为我自己辩解。

亲王　那么快把你所知道的一切说出来。

劳伦斯　我要把经过的情形尽量简单地叙述出来,因为我的短促的残生还不及一段冗繁的故
　　　　事那么长。死了的罗密欧是死了的朱丽叶的丈夫,她是罗密欧的忠心的妻子,他们的婚礼
　　　　是由我主持的。就在他们秘密结婚的那天,提伯尔特死于非命,这位才做新郎的人也从这
　　　　城里被放逐出去;朱丽叶是为了他,不是为了提伯尔特,才那样伤心憔悴。你们因为要替

她解除烦恼，把她许婚给帕里斯伯爵，还要强迫她嫁给他，她就跑来见我，神色慌张地要我替她想个办法避免这第二次的结婚，否则她要在我的寺院里自杀。所以我就根据我的医药方面的学识，给她一服安眠的药水；它果然发生了我所预期的效力，她一服下去就像死了一样昏沉过去。同时我写信给罗密欧，叫他就在这一个悲惨的晚上到这儿来，帮助把她搬出她寄寓的坟墓，因为药性一到时候便会过去。可是替我带信的约翰神父却因遭到意外，不能脱身，昨天晚上才把我的信依然带了回来。那时我只好按照着预先算定她醒来的时间，一个人前去把她从她家族的墓茔里带出来，预备把她藏匿在我的寺院里，等有方便再去叫罗密欧来；不料我在她醒来以前几分钟到这儿来的时候，尊贵的帕里斯和忠诚的罗密欧已经双双惨死了。她一醒过来，我就请她出去，劝她安心忍受这一种出自天意的变故；可是那时我听见了纷纷的人声，吓得逃出了墓穴，她在万分绝望之中不肯跟我去，看样子她是自杀了。这是我所知道的一切，至于他们两个人的结婚，那么她的乳母也是与闻的。要是这一场不幸的惨祸，是由我的疏忽所造成的，那么我这条老命愿受最严厉的法律的制裁，请您让它提早几点钟牺牲了吧。

亲王　我一向知道你是一个道行高尚的人。罗密欧的仆人呢？他有什么话说？

鲍尔萨泽　我把朱丽叶的死讯通知了我的主人，因此他从曼多亚急急地赶到这里，到了这座坟堂的前面。这封信他叫我一早送去给我家老爷；当他走进墓穴里的时候，他还恐吓我，说要是我不离开他赶快走开，他就要杀死我。

亲王　把那封信给我，我要看看。叫巡丁来的那个伯爵的侍童呢？喂，你的主人到这地方来做什么？

侍童　他带了花来散在他夫人的坟上，他叫我站得远远的，我就听他的话；不一会儿工夫，来了一个拿着火把的人把坟墓打开了。后来我的主人就拔剑跟他打了起来，我就奔去叫巡丁。

亲王　这封信证实了这个神父的话，讲起他们恋爱的经过和她的去世的消息；他还说他从一个穷苦的卖药人手里买到一种毒药，要把它带到墓穴里来准备和朱丽叶长眠在一起。这两家仇人在哪里？——凯普莱特！蒙太古！瞧你们的仇恨已经受到了多大的惩罚，上天借手于爱情，夺去了你们心爱的人；我为了忽视你们的争执，也已经丧失了一双亲戚，大家都受到惩罚了。

凯普莱特　啊，蒙太古大哥！把你的手给我；这就是你给我女儿的一份聘礼，我不能再作更大的要求了。

蒙太古　但是我可以给你更多的；我要用纯金替她铸一座像，只要维洛那一天不改变它的名称，任何塑像都不会比忠贞的朱丽叶那一座更为卓越。

凯普莱特　罗密欧也要有一座同样富丽的金像卧在他情人的身旁，这两个在我们的仇恨下惨遭牺牲的可怜的人儿！

亲王　清晨带来了凄凉的和解，
　　　太阳也惨得在云中躲闪。
　　　大家先回去发几声感慨，
　　　该恕的、该罚的再听宣判。
　　　古往今来多少离合悲欢，

谁曾见这样的哀怨辛酸！（同下）

（［英］莎士比亚著，朱生豪译《罗密欧与朱丽叶》）

【注释】

[1]曼多亚：意大利北部城市，罗密欧流放之地。

[2]心君宁恬：内心平静、安宁。

[3]维洛那：意大利北部城市，罗密欧与朱丽叶的家族世居之地。

[4]鲍尔萨泽：罗密欧的仆人。

[5]劳伦斯神父：弗朗西斯派传教士，罗密欧与朱丽叶的证婚人。

[6]约翰神父：劳伦斯神父的师弟。

[7]凯普莱特：朱丽叶的父亲。

[8]帕里斯：维洛那亲王的亲戚，曾向朱丽叶求婚。

[9]擘：同"掰"。

[10]蒙太古：罗密欧的父亲。

[11]茂丘西奥：罗密欧的好友，亦属蒙太古家族。

[12]圣芳济：又译"圣弗朗西斯"，中世纪意大利著名的传教士。

[13]亲王：即维洛那亲王——爱斯卡勒斯。

【拓展阅读】

1. 作者简介

威廉·莎士比亚(1564—1616)是文艺复兴时期英国戏剧家、诗人，与荷马、但丁、歌德并称为西方"四大诗人"。他的剧作结构完整，情节生动，语言丰富、精炼，人物个性突出，代表了欧洲文艺复兴文学的最高成就，对欧洲现实主义文学的发展有深远影响。在1590年至1612年，莎士比亚共写了三十七部戏剧、两首叙事长诗和一百五十四首十四行诗。他在世的时候，只有极少数剧作出版了，有些还是出版商未经本人同意私自印行的。他死后七年，戏剧界的朋友搜集其遗作，出版了第一个莎士比亚戏剧集，即后人所谓"第一对折本"。莎士比亚的朋友、著名戏剧家本·琼斯为这部戏剧集题词，称莎士比亚为"时代的灵魂"。

2.《罗密欧与朱丽叶》

《罗密欧与朱丽叶》约作于1595年，讲述了意大利贵族凯普莱特之女朱丽叶与蒙太古之子罗密欧的爱情故事。他们真挚相爱，誓言相依，却因两家世代为仇而受到阻挠。两个青年男、女主人公为了爱情，敢于面对家族的仇恨，敢于克服生活障碍，甚至不惜以命相搏。他们虽以生命的终结为代价，却在道德上取得了胜利，终使两个敌对的家族言归于好。因此，该剧被称为乐观主义的悲剧，也就是人们所谓的悲喜剧。《罗密欧与朱丽叶》的中译本主要有朱生豪译本、方平译本和傅光明译本等。

【拓展思考】

　　1. 阅读全文,体会并欣赏莎翁戏剧语言的抒情性。

　　2. "偶然性情节"是莎翁使用较多的戏剧结构"工具",它往往起到对戏剧情节的转化作用。阅读《罗密欧与朱丽叶》,试找出本剧中的"偶然性情节",并分析它的作用,写成论文。

　　3. 莎翁善于在对话中使用"独白式的抒情",并从中表现"时代的哲学"。请体会和赏析剧本,写成千字短文。

玩偶之家(节选)
易卜生

【阅读提示】

　　1879 年,易卜生在罗马与阿马尔菲(意大利名镇)写成《玩偶之家》,剧作出版两周后即在哥本哈根演出。在世界戏剧史上,《玩偶之家》的演出经久不衰,备受各国观众的好评,较早的中译本有陈嘏的《傀儡家庭》,胡适与罗家伦的《娜拉》(1918 年)。

人物表

托伐·海尔茂

娜拉——他的妻

阮克医生

林丹太太

尼尔·柯洛克斯泰

海尔茂夫妇的三个孩子

安娜——孩子们的保姆

爱伦——女用人

脚夫

事情发生在克里斯替阿尼遏[1]海尔茂家里。

第一幕

　　一间屋子,布置得很舒服雅致,可是并不奢华。后面右边,一扇门通到门厅。左边一扇门通到海尔茂书房。两扇门中间有一架钢琴。左墙中央有一扇门,靠前一点,有一扇窗。靠窗有一张圆桌,几把扶手椅和一只小沙发。右墙里,靠后,又有一扇门,靠墙往前一点,一只瓷火炉,火炉前面有一对扶手椅和一张摇椅。侧门和火炉中间有一张小桌子。墙上挂着许多版画。一只什锦架上摆着瓷器和小古玩。一个小书橱里放满了精装书籍。地上铺着地毯。炉子里生着火。正是冬天。

　　门厅里有铃声。紧接着就听见外面的门打开了。娜拉高高兴兴地哼着从外面走进来，身上穿着出门衣服，手里拿着几包东西。她把东西搁在右边桌子上，让门厅的门敞着。我们看见外头站着个脚夫，正在把手里一棵圣诞树和一只篮子递给开门的女用人。

娜拉　爱伦，把那棵圣诞树好好儿藏起来。白天别让孩子们看见，晚上才点呢。（取出钱包，问脚夫）多少钱？

脚夫　五十个欧尔[2]。

娜拉　这是一克朗[3]。不用找钱了。

　　脚夫道了谢出去。娜拉随手关上门。她一边脱外衣，一边还是在快活地笑。她从衣袋里掏出一袋杏仁甜饼干，吃了一两块。吃完之后，她踮着脚尖，走到海尔茂书房门口听动静。

娜拉　嗯，他在家。（嘴里又哼起来，走到右边桌子前）

海尔茂　（在书房里）我的小鸟儿又唱起来了？

娜拉　（忙着解包）嗯。

海尔茂　小松鼠儿又在淘气了？

娜拉　嗯！

海尔茂　小松鼠儿什么时候回来的？

娜拉　刚回来。（把那袋杏仁饼干披在衣袋里，急忙擦擦嘴）托伐[4]，快出来瞧我买的东西。

海尔茂　我还有事呢。（过了会儿，手里拿着笔，开门朝外望一望）你又买东西了？什么！那一大堆都是刚买的？我的乱花钱的孩子又糟蹋钱了？

娜拉　嗯，托伐，现在咱们花钱可以松点儿了。今年是咱们头一回过圣诞节不用打饥荒。

海尔茂　不对，不对，咱们还不能乱花钱。

娜拉　喔，托伐，现在咱们可以多花点儿了——只多花那么一丁点儿！你知道，不久你就要挣大堆的钱了。

海尔茂　不错，从一月一号起。可是还有整整三个月才到我领薪水的日子。

娜拉　那没关系，咱们可以先借点钱花花。

海尔茂　娜拉！（走到她面前，开玩笑地捏着她耳朵说道）你还是个不懂事的小孩子！要是今天我借了一千克朗，圣诞节一个礼拜你随随便便把钱都花完了，万一除夕[5]那天房上掉下一块瓦片把我砸死了——

娜拉　（用手捂住他的嘴）嘘！别这么胡说！

海尔茂　要是真有这么回事怎么办？

娜拉　要是真有这种倒霉事，我欠债不欠债还不是一样。

海尔茂　那些债主怎么办？

娜拉　债主！谁管他们的事？他们都是跟我不相干的外头人。

海尔茂　娜拉！娜拉！你真不懂事！正经跟你说，你知道在钱财上头，我有我的主张：不欠债！不借钱！一借钱，一欠债，家庭生活马上就会不自由，不美满。咱们俩硬着脖子挺到了现在,难道说到末了反倒软下来不成。

娜拉　（走到火炉边）好吧,随你的便,托伐。

海尔茂　（跟过去）喂,喂,我的小鸟儿别这么耷拉着翅膀儿。什么?小松鼠儿生气了?（掏出钱包来）娜拉,你猜这里头是什么?

娜拉　（急忙转过身来）是钱!

海尔茂　给你!（给她几张钞票）我当然知道过圣诞节什么东西都得花钱。

娜拉　（数着）一十,二十,三十,四十。啊,托伐,谢谢你!这很够花些日子了。

海尔茂　但愿如此。

娜拉　真是够花些日子了。你快过来,瞧瞧我买的这些东西。多便宜!你瞧,这是给伊娃[6]买的一套新衣服,一把小剑。这是巴布[7]的一只小马,一个喇叭。这个小洋娃娃和摇篮是给爱密[8]的。这两件东西不算太好,可是让爱密拆着玩儿也就够好的了。另外还有几块衣料、几块手绢是给用人的。其实我应该买几件好点儿的东西送给老安娜。

海尔茂　那包是什么?

娜拉　（大声喊叫）托伐,不许动,晚上才让你瞧!

海尔茂　喔!乱花钱的孩子,你给自己买点儿什么没有?

娜拉　给我自己?我自己什么都不要。

海尔茂　胡说!告诉我你正经要点儿什么。

娜拉　我真不知道我要什么!喔,有啦,托伐,我告诉你——

海尔茂　什么?

娜拉　（玩弄海尔茂的衣钮,眼睛不看他）要是你真想给我买东西的话——你可以——

海尔茂　可以什么?快说!

娜拉　（急忙）托伐,你可以给我点儿现钱。用不着太多,只要是你手里富余的数目就够了。我留着以后买东西。

海尔茂　可是,娜拉——

娜拉　好托伐,别多说了,快把钱给我吧。我要用漂亮的金纸把钱包起来挂在圣诞树上。你说好玩儿不好玩儿?

海尔茂　那些会花钱的小鸟儿叫什么名字?

娜拉　喔,不用说,我知道,它们叫败家精。托伐,你先把钱给我。以后我再仔细想我最需要什么东西。

海尔茂　（一边笑）话是不错,那就是说,要是你真把我给你的钱花在自己身上的话。可是你老把钱都花在家用上头,买好些没用的东西,到后来我还得再拿出钱来。

娜拉　可是,托伐——

海尔茂　娜拉,你能赖得了吗?（一只手搂着她）这是一只可爱的小鸟儿,就是很能花钱。谁也不会相信一个男人养活你这么一只小鸟儿要花那么些钱。

娜拉　不害臊!你怎么说这话!我花钱一向是能节省多少就节省多少。

海尔茂　（大笑）一点儿都不错,能节省多少就节省多少,可是实际上一点儿都节省不下来。

娜拉　（一边哼一边笑,心里暗暗高兴）哼!你哪儿知道我们小鸟儿、松鼠儿的花费。

海尔茂　你真是个小怪东西！活像你父亲——一天到晚睁大了眼睛到处找钱。可是钱一到手，不知怎么又从手指头缝儿里漏出去了。你自己都不知道钱到哪儿去了。你天生就这副性格，我也没办法。这是骨子里的脾气。真的，娜拉，这种事情都是会遗传的。

娜拉　我但愿能像爸爸，有他那样的好性格，好脾气。

海尔茂　我不要你别的，只要你像现在这样——做我会唱歌的可爱的小鸟儿。可是我觉得——今天你的神气有点儿——有点儿——叫我说什么好呢？有点儿跟平常不一样——

娜拉　真的吗？

海尔茂　真的。抬起头来。

娜拉　（抬头瞧他）怎么啦？

海尔茂　（伸出一个手指头吓唬她）爱吃甜的孩子又偷嘴了吧？

娜拉　没有。别胡说！

海尔茂　刚才又溜到糖果店里去了吧？

娜拉　没有，托伐，真的没有。

海尔茂　没去喝杯果子露吗？

娜拉　没有，真的没有。

海尔茂　也没吃杏仁甜饼干吗？

娜拉　没有，托伐，真没有，真没有！

海尔茂　好，好，我跟你说着玩儿呢。

娜拉　（朝右边桌子走去）你不赞成的事情我决不做。

海尔茂　这话我信，并且你还答应过我——（走近娜拉）娜拉宝贝，现在你尽管把圣诞节的秘密瞒着我们吧。到了晚上圣诞树上的灯火一点起来，那就什么都瞒不住了。

娜拉　你记着约阮克大夫没有？

海尔茂　我忘了。其实也用不着约。他反正会来。回头他来的时候我再约他。我买了点上等好酒。娜拉，你不知道我想起了今天晚上过节心里多高兴。

娜拉　我也一样。孩子们更不知怎么高兴呢，托伐！

海尔茂　唉，一个人有了稳固的地位和丰富的收入真快活！想想都叫人高兴，对不对？

娜拉　对，真是太好了！

海尔茂　你还记不记得去年圣诞节的事情？事先足足有三个礼拜，每天晚上你把自己关在屋子里熬到大后半夜，忙着做圣诞树的彩花和别的各种各样不让我们知道的新鲜玩意儿。我觉得没有比那个再讨厌的事情了。

娜拉　我自己一点儿都不觉得讨厌。

海尔茂　（微笑）娜拉，可是后来我们什么玩意儿都没看见。

娜拉　喔，你又提那个取笑我呀？小猫儿要钻进去把我做的东西抓得稀烂，叫我有什么办法？

海尔茂　是啊，可怜的娜拉，你确实没办法。你想尽了方法使我们快活，这是主要的一点。可是不管怎么样，苦日子过完了总是桩痛快事。

娜拉　喔，真痛快！

海尔茂　现在我不用一个人闷坐了，你的一双可爱的眼睛和两只嫩手也不用吃苦了——

娜拉　（拍手）喔，托伐，真是不用吃苦了！喔，想起来真快活！（挽着海尔茂的胳臂）托伐，让我告诉你往后咱们应该怎么过日子。圣诞节一过去——（门厅的门铃响起来）喔，有人按铃！（把屋子整理整理）一定是有客来了。真讨厌！

海尔茂　我不见客。记着。

爱伦　（在门洞里）太太，有位女客要见您。

娜拉　请她进来。

爱伦　（向海尔茂）先生，阮克大夫刚来。

海尔茂　他到我书房去了吗？

爱伦　是的。

海尔茂走进书房。爱伦把林丹太太请进来之后自己出去，随手关上门。林丹太太穿着旅行服装。

林丹太太　（局促犹豫）娜拉，你好？

娜拉　（捉摸不定）你好？

林丹太太　你不认识我了吧？

娜拉　我不——哦，是了！——不错——（忽然高兴起来）什么，克里斯蒂纳[9]！真的是你吗？

林丹太太　不错，是我！

娜拉　克里斯蒂纳！你看，刚才我简直不认识你了。可是也难怪我——（声音放低）你很改了些样子，克里斯蒂纳！

林丹太太　不错，我是改了样子。这八九年工夫——

娜拉　咱们真有那么些年没见面吗？不错，不错。喔，我告诉你，这八年工夫可真快活！现在你进城来了。腊月里大冷天，那么老远的路！真佩服你！

林丹太太　我是搭今天早班轮船来的。

娜拉　不用说，一定是来过个快活的圣诞节。喔，真有意思！咱们要痛痛快快过个圣诞节。请把外头衣服脱下来。你冻坏了吧？（帮她脱衣服）好。现在咱们坐下舒舒服服烤烤火。你坐那把扶手椅，我坐这把摇椅。（抓住林丹太太两只手）现在看着你又像从前的样子了。在乍一见的时候真不像——不过，克里斯蒂纳，你的气色显得没有从前那么好——好像也瘦了点儿似的。

林丹太太　还比从前老多了，娜拉。

娜拉　嗯，也许是老了点儿——可是有限——只是一丁点儿。（忽然把话咽住，改说正经话）喔，我这人真粗心！只顾乱说——亲爱的克里斯蒂纳，你会原谅我吧？

林丹太太　你说什么，娜拉？

娜拉　（声音低柔）可怜的克里斯蒂纳！我忘了你是个单身人。

林丹太太　不错，我丈夫三年前就死了。

娜拉　我知道，我知道，我在报上看见的。喔，老实告诉你，那时候我真想给你写封信，可是总没工夫，一直就拖下来了。

林丹太太　我很明白你的困难，娜拉。

娜拉　克里斯蒂纳，我真不应该。喔，你真可怜！你一定吃了好些苦！他没给你留下点儿什么吗？

林丹太太　没有。

娜拉　也没孩子？

林丹太太　没有。

娜拉　什么都没有？

林丹太太　连个可以纪念的东西都没有。

娜拉　（瞧着她不敢相信）我的好克里斯蒂纳，真有这种事吗？

林丹太太　（一边伤心地笑着，一边抚摩她的头发）娜拉，有时候真有这种事。

娜拉　一个人孤孤单单的！这种日子怎么受得了！我有三个顶可爱的孩子！现在他们都跟保
　　姆出去了，不能叫来给你瞧瞧。可是现在你得把你的事全都告诉我。

林丹太太　不，不，我要先听听你的话——

娜拉　不，你先说。今天我不愿意净说自己的事。今天我只想听你的。喔！可是有件事我得
　　告诉你——也许你已经听说我们交了好运？

林丹太太　没听说。什么好运？

娜拉　你想想！我丈夫当了合资股份银行经理了。

林丹太太　你丈夫！哦，运气真好！

娜拉　可不是吗！做律师生活不稳定，尤其像托伐这样的，来历不明的钱他一个都不肯要。这
　　一点我跟他意见完全一样。喔，你想我们现在多快活！一过新年他就要接事了，以后他就
　　可以拿大薪水，分红利。往后我们的日子可就大不相同了——老实说，爱怎么过就可以怎
　　么过了。喔，克里斯蒂纳，我心里真高兴，真快活！手里有钱，不用为什么事操心，你说痛
　　快不痛快？

林丹太太　不错。不缺少日用必需品至少是桩痛快事！

娜拉　不单是不缺少日用必需品，还有大堆的钱——整堆整堆的钱！

林丹太太　（微笑）娜拉，娜拉，你的老脾气还没改？从前咱们一块儿念书时候你就是个顶会花
　　钱的孩子。

娜拉　（笑）不错，托伐说我现在还是。（伸出食指指着她）可是"娜拉，娜拉"并不像你们说的那
　　么不懂事。喔，我从来没机会可以乱花钱。我们俩都得辛辛苦苦地工作。

林丹太太　你也得工作吗？

娜拉　是的，做点轻巧活计，像编织、绣花一类的事情。（说到这儿，口气变得随随便便的）还得
　　做点别的事。你是知道的，我们结婚的时候，托伐辞掉了政府机关的工作。那时候他的位
　　置并不高，升不上去，薪水又不多，当然只好想办法额外多挣几个钱。我们结婚以后头一
　　年，他拼命地工作，忙得要死。你知道，为了要多点收入，各种各样的额外工作他都得做，
　　起早熬夜地不休息。日子长了他支持不住，害起重病来了。医生说他得到南边去疗养，病
　　才好得了。

林丹太太　你们在意大利住了整整一年，是不是？

娜拉　住了一整年。我告诉你，那段日子可真难对付。那时候伊娃刚生下来。可是，当然，我
　　们不能不出门。喔，说起来那次旅行真是妙，救了托伐的命。可是钱也花得真不少，克里

斯蒂纳！

林丹太太　我想大概少不了。

娜拉　花了一千二百块[10]！四千八百克朗！你看数目大不大？

林丹太太　幸亏你们花得起。

娜拉　你要知道，那笔钱是从我爸爸那儿弄来的。

林丹太太　喔，原来是这样。他正是那时候死的，是不是？

娜拉　不错，正是那时候死的。你想！我不能回家服侍他！那时候我正等着伊娃生出来，并且还得照顾害病的托伐！嗳，我那亲爱慈祥的爸爸！我没能再见他一面，克里斯蒂纳。喔，这是我结婚以后最难受的一件事。

林丹太太　我知道你最爱你父亲。后来你们就到意大利去了，是不是？

娜拉　是。我们钱也有了，医生叫我们别再耽误时候。过了一个月我们就动身了。

林丹太太　回来时候你丈夫完全复原了吗？

娜拉　完全复原了。

林丹太太　可是——刚才那位医生？

娜拉　你说什么？

林丹太太　我记得刚才进门时候，你们的女用人说什么大夫来了。

娜拉　哦，那是阮克大夫。他不是来看病的。他是我们顶要好的朋友，没有一天不来看我们。从那以后托伐连个小病都没有害过。几个孩子身体全都那么好，我自己也很好。（跳起来拍手）喔，克里斯蒂纳，克里斯蒂纳，活着过快活日子多有意思！咳，我真岂有此理！我又净说自己的事了。（在靠近林丹太太的一张矮凳上坐下，两只胳臂搁在林丹太太的腿上）喔，别生气！告诉我，你是不是真不爱你丈夫？既然不爱他，当初你为什么跟他结婚？

林丹太太　那时候我母亲还在，病在床上不能动。我还有两个弟弟要照顾。所以那时候我觉得不应该拒绝他。

娜拉　也许不应该。大概那时候他有钱吧？

林丹太太　他日子很过得去。不过他的事业靠不住，他死后事情就一败涂地了，一个钱都没留下。

娜拉　后来呢？

林丹太太　后来我对付着开了个小铺子，办了个小学校，反正有什么做什么，想尽办法凑合过日子。这三年工夫在我是一个长期奋斗的过程。现在总算过完了，娜拉。苦命的母亲用不着我了，她已经去世了。两个弟弟也有事，可以照顾自己了。

娜拉　现在你一定觉得很自由了！

林丹太太　不，不见得，娜拉。我心里只觉得说不出的空虚。活在世上谁也不用我操心！（心神不定，站起身来）所以在那偏僻冷静的地方我再也住不下去了。在这大地方，找点消磨时间——排遣烦闷的事情一定容易些。我只想找点安定的工作——像机关办公室一类的事情。

娜拉　克里斯蒂纳，那种工作很辛苦，你的身体看上去已经很疲乏了。你最好到海边去休养一阵子。

林丹太太　（走到窗口）娜拉，我没有父亲供给我钱呀。

娜拉　（站起来）喔，别生气。

林丹太太　（走近她）好娜拉，别见怪。像我这种境遇的人最容易发牢骚。像我这样的人活在世上并不为着谁，可是精神老是得那么紧张。人总得活下去，因此我就变得这么自私，只会想自己的事。我听见你们交了好运——说起来也许你不信——我替你们高兴，尤其替自己高兴。

娜拉　这话怎么讲？喔，我明白了！你想托伐也许可以帮你一点忙。

林丹太太　不错，我正是那么想的。

娜拉　他一定肯帮忙，克里斯蒂纳。你把这事交给我。我会拐弯抹角想办法。我想个好办法先把他哄高兴了，他就不会不答应。喔，我真愿意帮你一把忙！

林丹太太　娜拉，你心肠真好，这么热心帮忙！像你这么个没经历过什么艰苦的人真是尤其难得。

娜拉　我？我没经历过——？

林丹太太　（微笑）喔，你只懂得做点轻巧活计一类的事情。你还是个小孩子，娜拉。

娜拉　（把头一扬，在屋子里走来走去）喔，你别摆出老前辈的架子来！

林丹太太　是吗？

娜拉　你跟他们都一样。你们都觉得我这人不会做正经事——

林丹太太　嗯，嗯——

娜拉　你们都以为在这烦恼世界里我没经过什么烦恼事。

林丹太太　我的好娜拉，刚才你不是已经把你的烦恼事都告诉我了吗？

娜拉　哼，那点小事情算得了什么！（低声）大事情我还没告诉你呢。

林丹太太　大事情？这话怎么讲？

娜拉　克里斯蒂纳，我知道你瞧不起我，可是你不应该小看我。你辛辛苦苦供养你母亲那些年，你觉得很得意。

林丹太太　我实在谁也没看不起。不过想起了母亲临死那几年我能让她宽心过日子，我心里确是又得意又高兴。

娜拉　想起了给两个弟弟出了那些力，你也觉得很得意。

林丹太太　难道我不应该得意吗？

娜拉　当然应该。可是，克里斯蒂纳，现在让我告诉你，我也做过一件又得意又高兴的事情。

林丹太太　这话我倒信。你说的是什么事？

娜拉　嘘！声音小一点！要是让托伐听见，那可不得了！别让他听见——千万使不得！克里斯蒂纳，这件事，除了你，我谁都不告诉。

林丹太太　究竟是什么事？

娜拉　你过来。（把林丹太太拉到沙发上，叫她坐在自己旁边）克里斯蒂纳，我也做过一桩又得意又高兴的事情。我救过托伐的命。

林丹太太　救过他的命？怎么救的？

娜拉　我们到意大利去的事情我刚才已经说过了。要不亏那一次旅行，托伐的命一定保不住。

林丹太太　那我知道。你们花的钱是你父亲供给的。

娜拉　（含笑）不错，托伐和别人全都那么想。可是——

林丹太太　可是怎么样？

娜拉　可是爸爸一个钱都没给我们。筹划那笔款子的人是我。

林丹太太　是你？那么大一笔款子？

娜拉　一千二百块。四千八百克朗。你觉得怎么样？

林丹太太　我的好娜拉，那笔钱你怎么弄来的？是不是买彩票中了奖？

娜拉　（鄙视的表情）买彩票？哼！那谁都会！

林丹太太　那么，那笔钱你从什么地方弄来的？

娜拉　（嘴里哼着，脸上露出一副叫人捉摸不透的笑容）哼！特拉——拉——拉——拉！

林丹太太　当然不会是你借来的。

娜拉　不会？为什么不会？

林丹太太　做老婆的不得她丈夫的同意没法子借钱。

娜拉　（把头一扬）喔！要是做老婆的有点办事能力，会想办法——

林丹太太　娜拉，我实在不明白——

娜拉　你用不着明白。我没说钱是借来的。除了借，我还有好些别的办法。（往后一仰，靠在沙发上）也许是从一个爱我的男人手里弄来的。要是一个女人长得像我这么漂亮——

林丹太太　你太无聊了，娜拉。

娜拉　克里斯蒂纳，我知道你急于要打听这件事。

林丹太太　娜拉，你听我说，这件事你是不是做得太鲁莽了点儿？

娜拉　（重新坐直身子）搭救丈夫的性命能说是鲁莽吗？

林丹太太　我觉得你瞒着他就是太鲁莽。

娜拉　可是一让他知道这件事，他的命就保不住。你明白不明白？不用说把这件事告诉他，连他自己病到什么地步都不能让他知道。那些大夫偷偷地跟我说，他的病很危险，除了到南边去过个冬，没有别的办法能救他的命。你以为一开头我没使过手段吗？我假意告诉他，像别人的年轻老婆一样，我很想出门玩一趟。他不答应，我就一边哭一边央告他为我的身体想一想，不要拒绝我。并且我的话里还暗示着要是没有钱，可以跟人借。克里斯蒂纳，谁知道他听了我的话非常不高兴，几乎发脾气。他埋怨我不懂事，还说他做丈夫的不应该由着我这么任性胡闹。他尽管那么说，我自己心里想，"好吧，反正我一定得想法子救你的命。"后来我就想出办法来了。

林丹太太　难道你父亲从来没告诉你丈夫，钱不是从他那儿借的吗？

娜拉　没有，从来没有。爸爸就是那时候死的。我本打算把这事告诉我爸爸，叫他不要跟人说。可是他病得很厉害，所以就用不着告诉他了。

林丹太太　你也没在你丈夫面前说实话？

娜拉　嗳呀！这话亏你怎么问得出！他最恨的是跟人家借钱，你难道要我把借钱的事告诉他？再说，像托伐那么个好胜、要面子的男子汉，要是知道受了我的恩惠，那得多惭愧，多难受呀！我们俩的感情就会冷淡，我们的美满快乐家庭就会改样子。

林丹太太　你是不是永远不打算告诉他？

娜拉　（若有所思，半笑半不笑地）唔，也许有一天会告诉他，到好多好多年之后，到我不像现在这么——这么漂亮的时候。你别笑！我的意思是说等托伐不像现在这么爱我，不像现在这么喜欢看我跳舞、化装演戏的时候。到那时候我手里留着点东西也许稳当些。（把话打住）喔，没有的事，没有的事！那种日子永远不会来。克里斯蒂纳，你听了我的秘密事觉得怎么样？现在你还能说我什么事都不会办吗？你要知道我的心血费得很不少。按时准期付款不是开玩笑。克里斯蒂纳，你要知道商业场中有什么分期交款、按季付息一大些名目都是不容易对付的。因此我就只能东拼西凑，到处想办法。家用里头省不出多少钱，因为我当然不能让托伐过日子受委屈。我也不能让孩子们穿得太不像样，凡是孩子们的钱我都花在孩子们身上，这些小宝贝！

林丹太太　可怜的娜拉，你只好拿自己的生活费贴补家用。

娜拉　那还用说。反正这件事是我一个人在筹划。每逢托伐给我钱叫我买衣服什么的时候，我老是顶多花一半，买东西老是挑最简单最便宜的。幸亏我穿戴什么都好看，托伐从来没疑惑过。可是，克里斯蒂纳，我心里时常很难过，因为衣服穿得好是桩痛快事，你说对不对？

林丹太太　一点儿都不错。

娜拉　除了那个，我还用别的法子去弄钱。去年冬天运气好，弄到了好些抄写的工作。我每天晚上躲在屋子里一直抄到后半夜。喔，有时候我实在累得不得了。可是能这么做事挣钱，心里很痛快。我几乎觉得自己像一个男人。

林丹太太　你的债究竟还清了多少？

娜拉　这很难说。那种事不大容易弄清楚。我只知道凡是能拼拼凑凑弄到手的钱全都还了债。有时候我真不知道应该怎么办。（微笑）我时常坐着心里瞎想，好像有个阔人把我爱上了。

林丹太太　什么！那阔人是谁？

娜拉　并不是真有那么个人！是我心里瞎想的，只当他已经死了，人家拆开他的遗嘱的时候，看见里面用大字写着："把我死后所有的财产立刻全部交给那位可爱的娜拉·海尔茂太太。"

林丹太太　喔，我的好娜拉，你说的那人究竟是谁？

娜拉　唉，你还不明白吗？并不是真有那么个人。那不过是我需要款子走投无路时候的穷思极想。可是现在没关系了。那个讨厌的老东西现在有没有都没关系了。连人带遗嘱都不在我心上了，我的艰难日子已经过完了。（跳起来）喔，克里斯蒂纳，想起来心里真痛快！我完全不用再操心了！真自由！每天跟孩子们玩玩闹闹，把家里一切事情完全按照托伐的意思安排得妥妥当当的。大好的春光快来了，一片长空，万里碧云，那该多美呀！到时候我们也许有一次短期旅行。也许我又可以看见海了。喔，活在世上过快活日子多有意思！

　　　　门厅铃响。

林丹太太　（站起来）外头有人按铃。我还是走吧。

娜拉　不，别走。没人会上这儿来。那一定是找托伐的。

爱伦　（在门洞里）太太，外头有位男客要见海尔茂先生。

娜拉　是谁？

柯洛克斯泰　（在门洞里）海尔茂太太，是我。

林丹太太吃了一惊，急忙躲到窗口去。

娜拉　（走近柯洛克斯泰一步，有点着急，低声说道）原来是你？什么事？你要见我丈夫干
　　什么？

柯洛克斯泰　可以说是——银行的事吧。我在合资股份银行里是个小职员，听说你丈夫就要
　　做我们的新经理了。

娜拉　因此你——

柯洛克斯泰　不是别的，是件讨厌的公事，海尔茂太太。

娜拉　那么请你到书房去找他吧。

　　　　　　柯洛克斯泰转身走出去。娜拉一边冷淡地打招呼，一边把通门厅的门关上。她
　　　　回到火炉边，对着火出神。

林丹太太　娜拉——刚才来的那人是谁？

娜拉　他叫柯洛克斯泰——是个律师。

林丹太太　这么说起来真是他？

娜拉　你认识他吗？

林丹太太　从前认识——那是好多年前的事了。那时候他在我们那儿一个律师事务所里
　　做事。

娜拉　不错，他在那儿做过事。

林丹太太　他样子可改多了！

娜拉　听说从前他们夫妻很别扭。

林丹太太　现在他是不是单身汉？

娜拉　是，他带着几个孩子过日子。好！火旺起来了！

　　　　娜拉关上炉门，把摇椅往旁边推一推。

林丹太太　人家说，他做的事不怎么太体面。

娜拉　真的吗？不见得吧。我不知道。咱们不谈那些事——讨厌得很。

　　　　阮克医生从海尔茂书房里走出来。

阮克　（还在门洞里）不，不，我要走了。我在这儿会打搅你。我去找你太太说说话。（把书房
　　门关好，一眼看见林丹太太）哦，对不起。我到这儿也碍事。

娜拉　没关系，没关系。（给他们介绍）这是阮克大夫——这是林丹太太。

阮克　喔，不错，我常听说林丹太太的名字。好像刚才我上楼时咱们碰见的。

林丹太太　是的，我走得很慢。我最怕上楼梯。

阮克　哦——你身体不大好？

林丹太太　没什么。就是工作太累了。

阮克　没别的病？那么，不用说，你是进城休养散闷来了。

林丹太太　　不,我是进城找工作来的。

阮克　　找工作?那是休养的好办法吗?

林丹太太　　人总得活下去,阮克大夫。

阮克　　不错,人人都说这句话。

娜拉　　喔,阮克大夫,你自己也想活下去。

阮克　　那还用说。尽管我活着是受罪,能多拖一天,我总想拖一天。到我这儿看病的人都有这
　　　　么个傻想头。道德有毛病的人也是那么想。这时候在里头跟海尔茂说话的人就是害了道
　　　　德上治不好的毛病。

林丹太太　　(低声)唉!

娜拉　　你说的是谁?

阮克　　喔,这人你不认识,他叫柯洛克斯泰,是个坏透了的人。可是他一张嘴,就说要活命,好
　　　　像活命是件了不起的事情似的。

娜拉　　真的吗?他找托伐干什么?

阮克　　我不清楚,好像是为银行的事情。

娜拉　　我从前不知道柯洛克——这位柯洛克斯泰先生跟银行有关系。

阮克　　有关系。他是银行里的什么职员。(向林丹太太)我不知道你们那儿有没有一批人,东
　　　　抓抓,西闻闻,到处搜索别人道德上的毛病,要是让他们发现了一个有毛病的人,他们就摆
　　　　开阵势包围他,盯着他不放松。身上没毛病的人,他们连理都不爱理。

林丹太太　　我想有毛病的人确是需要多照顾。

阮克　　(耸耸肩膀)对了!大家都这么想,所以咱们的社会变成了一所大医院。

娜拉正在想心事,忽然低声笑起来,拍拍手。

阮克　　你笑什么?你懂得什么叫"社会"?

娜拉　　谁高兴管你们那讨厌的社会?我刚才笑的是别的事——一桩非常好玩的事。阮克大
　　　　夫,我问你,是不是银行里的职员现在都归托伐管了?

阮克　　你觉得非常好玩的事就是这个?

娜拉　　(一边笑一边哼)没什么,没什么!(在屋里走来走去)想起来真有趣,我们——托伐可以
　　　　管这么些人。(从衣袋里掏出纸袋来)阮克大夫,你要不要吃块杏仁甜饼干?

阮克　　什么!杏仁甜饼干!我记得你们家不准吃这个。

娜拉　　不错。这是克里斯蒂纳送给我的。

林丹太太　　什么!我——?

娜拉　　喔,没什么!别害怕。你当然不知道托伐不准吃。他怕我把牙齿吃坏了。喔,别管它,
　　　　吃一回没关系!这块给你,阮克大夫!(把一块饼干送到他嘴里)你也吃一块,克里斯蒂
　　　　纳。你们吃,我也吃一块——只吃一小块,顶多吃两块。(又来回地走)喔,我真快活!我
　　　　只想做一件事。

阮克　　什么事?

娜拉　　一件要跟托伐当面说的事。

阮克　　既然想说,为什么不说?

娜拉　我不敢说，说出来很难听。

林丹太太　难听？

阮克　要是难听，还是不说好。可是在我们面前你不妨说一说。你想跟海尔茂当面说什么？

娜拉　我恨不得说"我该死"！

阮克　你疯了？

林丹太太　嗳呀，娜拉——

阮克　好——他来了。

娜拉　（把饼干袋藏起来）嘘！嘘！嘘！

　　　　海尔茂从自己屋里走出来，帽子拿在手里，外套搭在胳臂上。

娜拉　（迎上去）托伐，你把他打发走了吗？

海尔茂　他刚走。

娜拉　让我给你介绍，这是克里斯蒂纳，刚进城。

海尔茂　克里斯蒂纳？对不起，我不认识——

娜拉　托伐，她就是林丹太太——克里斯蒂纳·林丹。

海尔茂　（向林丹太太）不错，不错！大概是我太太的老同学吧？

林丹太太　一点不错，我们从小就认识。

娜拉　你想想！她这么大老远地专程来找你。

海尔茂　找我！

林丹太太　也不一定是——

娜拉　克里斯蒂纳擅长簿记，她一心想在一个能干人手下找点事情做，为的是自己可以进修学习。

海尔茂　（向林丹太太）这意思很好。

娜拉　她听说你当了经理——这消息她是在报上看见的——马上就赶来了，托伐，看在我面上，给克里斯蒂纳想想办法，行不行？

海尔茂　这倒不是做不到的事。林丹太太，现在你是单身人吧？

林丹太太　可不是吗！

海尔茂　有簿记的经验？

林丹太太　不算很少。

海尔茂　好吧，既然这样，我也许可以给你找个事情做。

娜拉　（拍手）你看！你看！

海尔茂　林丹太太，你这回来得真凑巧。

林丹太太　喔，我不知该怎么谢你才好。

海尔茂　用不着谢。（穿上外套）对不起，我要失陪会儿。

阮克　等一等，我跟你一块儿走。（走到外厅把自己的皮外套拿进来，在火上烤烤）

娜拉　别多耽搁，托伐。

海尔茂　一个钟头，不会再多。

娜拉　你也要走，克里斯蒂纳？

林丹太太　　（穿外套）是，我得找个住的地方。

海尔茂　　那么咱们一块儿走好不好？

娜拉　　（帮她穿外套）可惜我们没有空屋子，没法子留你住——

林丹太太　　我不想打搅你们。再见，娜拉，谢谢你。

娜拉　　回头见。今儿晚上你一定得来。阮克大夫，你也得来。你说什么？身体好就来？今儿晚上你不会害病。只要穿暖和点儿。（他们一边说话一边走到门厅里。外头楼梯上有好几个小孩子说话的声音）他们回来了！他们回来了！（她跑过去开门。保姆安娜带着孩子们走进门厅）进来！进来！（弯腰吻孩子们）喔，我的小宝贝！你看见没有，克里斯蒂纳？他们可爱不可爱？

阮克　　咱们别站在风口里说话。

海尔茂　　走吧，林丹太太。这股冷风只有做妈妈的受得了。

　　　　　阮克医生、海尔茂、林丹太太一块儿下楼梯。安娜带着孩子进屋来，娜拉也走进屋来，把门关好。

娜拉　　你们真精神，真活泼！小脸儿多红！红得像苹果，也像玫瑰花。（娜拉说下面一段话的时候，三个孩子也跟母亲叽里呱啦说不完）你们玩儿得好不好？太好了！喔，真的吗！你推着爱密跟巴布坐雪车！——一个人推两个，真能干！伊娃，你简直像个大人了。安娜，让我抱她一会儿。我的小宝贝！（从保姆手里把顶小的孩子接过来，抱着她在手里跳）好，好，妈妈也跟巴布跳。什么？刚才你们玩雪球了？喔，可惜我没跟你们在一块儿。安娜，你撒手，我给他们脱。喔，让我来，真好玩儿。你冻坏了，快上自己屋里去暖和暖和吧。炉子上有热咖啡。（保姆走进左边屋子。娜拉给孩子们脱衣服，把脱下来的东西随手乱扔，孩子们一齐乱说话）真的吗！一只大狗追你们？没咬着你们吧？别害怕，狗不咬乖宝贝。伊娃，别偷看那些纸包。这是什么？你猜猜。留神，它会咬人！什么？咱们玩儿点什么？玩儿什么呢？捉迷藏？好，好，咱们就玩捉迷藏。巴布先藏。你们要我先藏？

　　　　　　　　　　　　　　　　　　　　　　（[挪威]易卜生著，潘家洵译《易卜生文集》第五卷）

【注释】

[1]克里斯替阿尼遏：挪威首都旧名，现名奥斯陆。

[2]欧尔：挪威货币单位。

[3]克朗：挪威货币单位。一克朗等于一百欧尔。

[4]托伐：娜拉丈夫之名，海尔茂是其姓。

[5]除夕：此处指阳历的新年之夜。

[6]伊娃：娜拉之女。

[7]巴布：又译作"鲍勃"，娜拉之子。

[8]爱密：又译作"艾米"，娜拉小女。

[9]克里斯蒂纳：林丹太太之名。

[10]块：挪威旧币单位，1873年改为新币制。

【拓展阅读】

1.作者简介

亨里克·易卜生(1828—1906),挪威戏剧家,现代戏剧大师,对中国戏剧影响深远。其卓越的戏剧艺术,重大的主题思想,如人的醒觉、独立和尊严,以及妇女的解放等,当年曾直接对我国的新文化运动产生了影响。易卜生一反当时欧洲流行的情节结构巧合而内容空洞贫乏乃至矫揉造作的伪浪漫诗剧,积极发扬并拓展了现实主义传统,借此与多种文艺表现手法交流会通。他通过大众喜闻乐见的鲜活感人的形式,将社会问题和舞台艺术相结合,以提出尖锐的社会问题为戏剧的冲突中心,抓住典型人物和典型事件解剖社会。剧作结尾虽不直接作出结论,却能激发观众对社会问题的思考。这些戏剧布局越平凡越能引起观众的兴趣,戏剧与讨论合而为一,观众与剧中人物合而为一,观众自己的事与剧中情节合而为一,达到了思想内容和戏剧性的有机统一。萧伯纳指出,戏剧性、抒情性和那渗透了动作的"讨论方式"相结合是易卜生戏剧"新技巧"的精华。

2.主要梗概

这出戏开场时,主要是女主人公娜拉与男主人公海尔茂的戏。剧中写道:圣诞节快到了,一个"幸福的家庭"充满节日的氛围。海尔茂有望晋升银行经理职位,娜拉采购了许多东西,表现得快活极了。不过,就在这场戏里预示出,"生活风暴"即将来临。娜拉与海尔茂结婚八年,已是三个孩子的母亲,可在家中仍处于"玩偶"的地位。也许,她对此有所觉察,却又往往被海尔茂的"温柔体贴"所迷惑,乃至于感觉不到受了委屈。通过他们婚后八年的一个生活片段,剧作家隐约地向读者与观众展示了男权社会的一个侧面。

【拓展思考】

1.阅读全文,思考易卜生所提出的"社会问题"。

2.分析《玩偶之家》中戏剧矛盾的设置与表现。

3.有人认为,娜拉的困惑不仅是西方的,而且是时代的。你如何评价?

第五单元　辞赋

九歌·湘夫人
屈原

【阅读提示】

屈原的作品有《离骚》《九歌》《九章》《天问》等。《九歌》共十一篇,包括《东皇太一》《云中君》《湘君》《湘夫人》《大司命》《少司命》《东君》《河伯》《山鬼》《国殇》《礼魂》。王逸《楚辞章句》称:"昔楚国南郢之邑,沅、湘之间,其俗信鬼而好祀。其祠,必作乐鼓舞以乐诸神。屈原放逐,窜伏其域,怀忧苦毒,愁思沸郁。出见俗人祭祀之礼,歌舞之乐,其词鄙陋。因为作《九歌》之曲,上陈事神之敬,下见己之冤结,托之以讽谏。"(《楚辞章句》卷二)

　　帝子[1]降兮北渚,目眇眇[2]兮愁予。嫋嫋兮秋风,洞庭波兮木叶下。登白薠兮骋望,与佳期兮夕张。鸟何萃兮苹[3]中,罾[4]何为兮木上?沅有芷兮澧有兰,思公子兮未敢言。荒忽兮远望,观流水兮潺湲。麋[5]何为兮庭中,蛟[6]何为兮水裔?朝驰余马兮江皋,夕济兮西澨。闻佳人兮召予,将腾驾兮偕逝。筑室兮水中,葺之兮荷盖。荪壁兮紫坛,播芳椒兮成堂。桂栋[7]兮兰橑[8],辛夷楣兮药房[9]。罔薜荔兮为帷,擗蕙櫋兮既张。白玉兮为镇,疏[10]石兰兮为芳。芷葺兮荷屋,缭之兮杜衡。合百草兮实庭,建芳馨兮庑门。九嶷[11]缤兮并迎,灵之来兮如云。捐余袂兮江中,遗余褋兮澧浦。搴汀洲兮杜若,将以遗兮远者。时不可兮骤得,聊逍遥兮容与[12]。

(朱熹《楚辞集注》卷二)

【注释】

[1]帝子:尧女娥皇、女英,没于湘水之渚,因称湘夫人。
[2]眇眇:美好貌,指娥皇、女英懿德美好,眇然绝异。
[3]苹:浮萍。
[4]罾:鱼网。
[5]麋:比喻小人。
[6]蛟:比喻贤臣。
[7]桂栋:用桂木为栋梁。

[8]兰橑:用木兰为橑。

[9]药房:用白芷装饰的房子。药,白芷。

[10]疏:布置、陈列。

[11]九嶷:山名,舜帝所葬之地。言舜帝派遣九嶷山的山神迎接娥皇、女英,故而神灵如云而至。

[12]容与:闲暇自得的样子。生命有限,富贵有命,天时难得,姑且游戏以尽天年。形容不遇其时,聊托逍遥。

【拓展阅读】

1. 写作背景

屈原因遭谗见疏而被流放江南,徘徊湘水之边。因此,《九歌》当作于屈原晚年被流放之时。就文化背景来看,湘夫人是湘水女神,与湘水男神湘君是配偶神。湘君、湘夫人这对神祇,反映了楚人崇拜自然神灵的意识和"神人恋爱"的构想。在祭祀活动中,祭坛就是"剧坛"或"文坛"。在祭湘君时,以女性歌者或祭者扮演湘夫人角色迎接湘君;在祭湘夫人时,以男性歌者或祭者扮演湘君角色迎接湘夫人,各致以爱慕之深情。当然,《九歌》也表达了屈原的失落与郁闷。《湘夫人》中的桂栋、兰橑、荷盖、杜衡,也是明君、贤臣等美政理想的象征。

2. 作者简介

屈原(约前340—前278),战国时楚国诗人、政治家。芈姓,屈氏,名平,字原。屈原是伟大的爱国诗人,浪漫主义文学的奠基人,被誉为"辞赋之祖",开辟了"香草美人"传统。他的出现,标志着中国诗歌进入了个人独创的新时代。屈原早年受楚怀王信任,任左徒、三闾大夫,兼管内政外交,提倡"美政",主张对内举贤任能,修明法度,对外联齐抗秦。因遭贵族排挤毁谤,他先后被流放至汉北、沅湘流域。公元前278年,秦将白起攻破楚都郢(今湖北江陵),他悲愤交加,怀石自沉于汨罗江,以身殉国。此后,《诗经》与《楚辞》并称"风骚",成为古典文学的代称。

3. 标点翻译

屈原列传(节选)
司马迁

屈平疾王听之不聪也谗谄之蔽明也邪曲之害公也方正之不容也故忧愁幽思而作离骚离骚者犹离忧也夫天者人之始也父母者人之本也人穷则反本故劳苦倦极未尝不呼天也疾痛惨怛未尝不呼父母也屈平正道直行竭忠尽智以事其君谗人间之可谓穷矣信而见疑忠而被谤能无怨乎屈平之作离骚盖自怨生也国风好色而不淫小雅怨诽而不乱若离骚者可谓兼之矣上称帝喾下道齐桓中述汤武以刺世事明道德之广崇治乱之条贯靡不毕见其文约其辞微其志洁其行廉其称文小而其指极大举类迩而见义远其志洁故其称物芳其行廉故死而不容自疏濯淖污泥之中蝉蜕于浊秽以浮游尘埃之外不获世之滋垢皭然泥而不滓者也推此志也虽与日月争光可也

(司马迁《史记》卷八十四)

4.经典背诵

九歌·湘君

屈原

君不行兮夷犹,蹇谁留兮中洲。美要眇兮宜修,沛吾乘兮桂舟。令沅湘兮无波,使江水兮安流。望夫君兮未来,吹参差兮谁思。驾飞龙兮北征,邅吾道兮洞庭。薜荔柏兮蕙绸,荪桡兮兰旌。望涔阳兮极浦,横大江兮扬灵。扬灵兮未极,女婵媛兮为余太息。横流涕兮潺湲,隐思君兮陫侧。桂棹兮兰枻,斫冰兮积雪。采薜荔兮水中,搴芙蓉兮木末。心不同兮媒劳,恩不甚兮轻绝。石濑兮浅浅,飞龙兮翩翩。交不忠兮怨长,期不信兮告余以不闲。朝骋骛兮江皋,夕弭节兮北渚。鸟次兮屋上,水周兮堂下。捐余玦兮江中,遗余佩兮澧浦。采芳洲兮杜若,将以遗兮下女。时不可兮再得,聊逍遥兮容与。

(朱熹《楚辞集注》卷二)

【拓展思考】

1.有人说屈原生在战国时代,却不明时势,不会委曲求全,缺少"择木而栖""择主而事"的变通意识,过于固执迂腐,应该走"人挪活"之路。你怎么看?

2.有人认为,屈原被崇高化、《离骚》被经典化是汉代统治者渴望忠臣、期待榜样而塑造的结果。请结合屈原作品及相关传记,谈谈你的理解与看法。

九辩(节选)

宋玉

【阅读提示】

《九辩》是《楚辞》中的一篇抒情之辞,揭露了楚王昏聩、奸佞误国的社会现实,表现了作者坚贞的品格和对国家命运的忧虑,抒发了作者怀才不遇的愤慨情绪。《九辩》艺术技巧精湛,章法回环错综,句式灵活多变,辞采绚烂,音韵谐美,情味悠长。尤其宋玉将悲凉萧瑟的秋景和惆怅自怜的心境交织、融合,开创了文学史上的"悲秋"主题,对后世文学影响深远。鲁迅赞其"凄怨之情,实为独绝"。(《鲁迅全集》第九卷)

悲哉秋之为气也!萧瑟兮草木摇落而变衰。憭慄[1]兮若在远行,登山临水兮送将归。泬寥[2]兮天高而气清,寂寥[3]兮收潦而水清。憯悽[4]增欷[5]兮薄寒之中人[6],怆怳懭悢[7]兮去故而就新。坎廪[8]兮贫士失职[9]而志不平,廓落[10]兮羁旅而无友生,惆怅兮而私自怜。燕翩翩其辞归兮,蝉寂漠[11]而无声。雁廱廱[12]而南游兮,鹍鸡[13]啁哳[14]而悲鸣。独申[15]旦而不寐兮,哀蟋蟀之宵征[16]。时亹亹[17]而过中[18]兮,蹇[19]淹留[20]而无成。

(朱熹《楚辞集注》卷六)

【注释】

[1]憀慄:凄怆的样子。

[2]汃寥:高远清朗的样子。

[3]寂蓼:同"寂寥",清冷虚静的样子。蓼:一说通"潎",水清澈。

[4]憯悽:同"惨凄"。

[5]欷:悲叹声。

[6]中人:伤人。

[7]怆怳、懭悢:均指失意不得志的样子。

[8]坎廪:挫折多、坎坷不平。

[9]失职:失去官职。

[10]廓落:孤独。

[11]寂漠:同"寂寞"。

[12]廱廱:大雁的叫声。

[13]鹍鸡:一种形状似鹤的鸟。

[14]喌唽:细碎杂乱的叫声。

[15]申:到。

[16]征:行动。

[17]靁靁:行进不停的样子。

[18]过中:过了中年。

[19]蹇:楚地方言,发语词。

[20]淹留:滞留。

【拓展阅读】

1. 写作背景

王逸、洪兴祖、朱熹均认为该篇是宋玉有感于恩师屈原忠而见逐的遭遇而抒发哀悼之意。不过,现代学者普遍对此有不同看法,更认可游国恩所说:"至楚幽王时,年逾六十;因秋感触,追忆往事,作《九辩》以寄意。"(游国恩《楚辞概论》)宋玉生活的时代,楚国政治愈发黑暗,他也因群小排挤而流离在外,过着贫苦的生活,故而感叹际遇,抒发愁思。

2. 作者简介

宋玉(生卒年不详),战国后期楚国人,是楚辞的代表作家之一。他继承了屈原的诗歌艺术形式,与屈原合称"屈宋",是承接楚辞与汉赋的一位重要作家。关于他的生平事迹,史料记载较少。根据《史记·屈原贾生列传》和《新序·杂事》的零星记载,可知宋玉虽曾做过官但仕途不顺,颇为失意。《汉书·艺文志》载其作品16篇,今存《九辩》《高唐赋》《神女赋》《风赋》等皆署名宋玉。但因时代久远,真伪难辨,仅有《九辩》被确信为宋玉之作。

3.经典诵读

燕歌行(其一)
曹丕

秋风萧瑟天气凉,草木摇落露为霜。群燕辞归雁南翔,念君客游思断肠。慊慊思归恋故乡,何为淹留寄他方?贱妾茕茕守空房,忧来思君不敢忘,不觉泪下沾衣裳。援琴鸣弦发清商,短歌微吟不能长。明月皎皎照我床,星汉西流夜未央。牵牛织女遥相望,尔独何辜限河梁。

(萧统《文选》卷二十七)

【拓展思考】

1.发端于宋玉《九辩》的"悲秋"主题绵亘不绝,寄寓了历代文人无尽的情感与哲思。请尝试整理唐前辞赋中"悲秋"主题的作品,并撰文分析文士悲秋的原因。

2.刘禹锡《秋词》、杜牧《山行》、毛泽东《采桑子·重阳》等诗词,一改前人"悲秋"传统转而"颂秋",试比较"悲秋"与"颂秋"主题作品的审美趣味有何不同之处。

吊屈原赋
贾谊

【阅读提示】

《吊屈原赋》载《史记·屈原贾生列传》,萧统《文选》著录为《吊屈原文》。该赋抒情性很强,郁勃不平之气与生命感慨交织,表达了对隔代知己遭遇的同情和对其不知时势变化的遗憾。刘勰《文心雕龙·哀吊》评价说:"自贾谊浮湘,发愤吊屈,体周而事核,辞清而理哀,盖首出之作也。"(刘勰,詹锳《文心雕龙义证》卷三)王世贞《拟骚序》云:"其文盖伤屈氏之可以不死而死也,又伤己之不得为屈氏无死也。"(王世贞《弇州四部稿》卷六十四)

共[1]承嘉惠[2]兮,俟罪长沙。侧闻屈原兮,自沉汨罗[3]。造讬[4]湘流兮,敬吊先生。遭世罔极兮,乃殒厥身。

呜呼哀哉!逢时不祥。鸾凤伏窜兮,鸱枭[5]翱翔。阘茸[6]尊显兮,谗谀得志;贤圣逆曳[7]兮,方正倒植。世谓伯夷贪兮,谓盗跖[8]廉;莫邪为顿[9]兮,铅刀为铦[10]。于嗟嚜嚜[11]兮,生之无故。斡弃[12]周鼎兮宝康瓠[13],腾驾罢[14]牛兮骖蹇驴,骥垂两耳兮服盐车。章甫荐履[15]兮渐不可久;嗟苦先生兮,独离此咎。

讯曰[16]:已矣!国其莫我知,独壹郁[17]兮其谁语?凤漂漂[18]其高遰[19]兮,固自缩而远去。袭九渊之神龙兮,沕深潜以自珍。弥融[20]爩[21]以隐处兮,夫岂从蟥[22]与蛭螾[23]?所贵圣人之神德兮，远浊世而自藏。使骐骥可得系羁兮，岂云异夫犬羊！般纷纷其离此尤兮，亦夫子之辜也！瞝[24]九州而相君兮，何必怀此都也！凤皇翔于千仞之上兮，览德辉而下之；见细德[25]之险征[26]兮，摇增翮逝[27]而去之。彼寻常之污渎兮，岂能容吞舟之鱼！横江湖之鳣[28]鲸[29]兮，固[30]将制于蚁蝼。

（司马迁《史记》卷八十四）

【注释】

[1]共：同“恭”。

[2]嘉惠：美好的恩惠，指文帝的任命。

[3]汨罗：水名，湘水支流，在今湖南岳阳市境内。

[4]造讬：造访。讬：同“托”，寄身、托命。

[5]鸱枭：猫头鹰一类的鸟，古人认为是不吉祥的鸟，比喻小人。

[6]阘茸：阘(tà)，小门；茸，小草。

[7]逆曳：(被)倒着拖拉，指不被重用。

[8]盗跖：相传为春秋时鲁国的大盗。《汉书》作“谓随、夷溷兮，谓跖、蹻廉”。

[9]顿：钝。

[10]铦：锋利。

[11]嘿嘿：默默。嘿，通“默”。

[12]斡弃：抛弃。

[13]康瓠：空瓦壶。

[14]罢：同“疲”。

[14]章甫荐履：帽冠垫于鞋子下。荐，垫。

[16]讯曰：告曰，相当于《楚辞》的“乱曰”。

[17]堙郁：郁结。

[18]漂漂：同“飘飘”。

[19]遰(dì)：去。

[20]弥融：消融。弥，同“弭”。

[21]爚：火光。《汉书》作“偭蟂獭”。

[22]螘：同“蚁”。

[23]蛭螾：泛指蚂蟥一类的水虫。

[24]瞝：视。

[25]细德：细末之德，指品德低下的国君。

[26]险征：危险的征兆。

[27]遥增翮逝：远走高飞。增，高。翮，鸟的翅膀。《汉书》作“遥增击”。

[28]鳣(zhān)：鲟一类的大鱼。

[29]鲸：同“鲟”。

［30］固：必定。《庄子·庚桑楚》："吞舟之鱼，砀而失水，则蚁能苦之。"

【拓展阅读】

1. 写作背景

汉文帝刘恒原为代王，吕太后死后，被军功老臣拥立为帝。他在位期间，虽有治国雄心，也知藩国权重，却忌老臣干预，故而因循前代，重农尚俭。而贾谊年少，为廷尉吴公举荐，提出重农尚儒、削藩重边之策，深为文帝赏识，故而一岁三迁。文帝甚至计划将其提拔为九卿之一，其却遭老臣忌恨，以为"年少无知"。迫于压力，文帝只好让其外任长沙王太傅。年轻气盛的贾谊深感遭受贬谪的愤懑，便亲赴湘水，凭吊屈原，以此抒发内心忧愤。据《史记·屈原贾生列传》："贾生既辞往行，闻长沙卑湿，自以寿不得长，又以適去，意不自得。及渡湘水，为赋以吊屈原。"（司马迁《史记》卷八十四）《汉书·贾谊传》则云："谊既以適去，意不自得，及度湘水，为赋以吊屈原。屈原，楚贤臣也。被谗放逐，作《离骚》赋，其终篇曰：'已矣！国亡人，莫我知也。'遂自投江而死。谊追伤之，因以自谕。"（班固《汉书》卷四十八）

2. 作者简介

贾谊（前200—前168），洛阳（今河南洛阳东）人，时称贾生，十八岁时以能诵诗书、善文章而为郡人称誉。经廷尉吴公举荐，汉文帝任其为博士，不久迁太中大夫。他因遭周勃、灌婴等大臣排挤，外任长沙王太傅，郁郁不得志，三年后改任梁怀王太傅。梁王坠马死，贾谊自伤没尽到太傅职责，经常以泪洗面，一年多以后去世，年仅三十三岁。作为汉初杰出的政论家、文学家，贾谊多次上疏，主张巩固中央政权，重农抑商，抗击匈奴。其观点或被文帝采纳，或影响了后世武帝的某些政策。他的政论文笔犀利，议论深切，气势磅礴，情感激越。其辞赋多结合自身遭遇，批判当时的社会，在艺术形式上受楚辞影响较大，也有散体化倾向，开拓了汉赋发展的新途。今存《贾子新书》五十六篇，其余散篇和辞赋载录于《史记》《汉书》《楚辞》《文选》等典籍中。

3. 标点翻译

屈原贾生列传（节选）
司马迁

贾生名谊雒阳人也年十八以能诵诗属书闻于郡中吴廷尉为河南守闻其秀才召置门下甚幸爱孝文皇帝初立闻河南守吴公治平为天下第一故与李斯同邑而常学事焉乃征为廷尉廷尉乃言贾生年少颇通诸子百家之书文帝召以为博士是时贾生年二十余最为少每诏令议下诸老先生不能言贾生尽为之对人人各如其意所欲出诸生于是乃以为能不及也孝文帝说之超迁一岁中至太中大夫贾生以为汉兴至孝文二十余年天下和洽而固当改正朔易服色法制度定官名兴礼乐乃悉草具其事仪法色尚黄数用五为官名悉更秦之法孝文帝初即位谦让未遑也诸律令所更定及列侯悉就国其说皆自贾生发之于是天子议以为贾生任公卿之位绛灌东阳侯冯敬之属尽害之乃短贾生曰雒阳之人年少初学专欲擅权纷乱诸事于是天子后亦疏之不用其议乃以贾生为长沙王太傅

（司马迁《史记》卷八十四）

【拓展思考】

1.司马迁将不同时代的屈原与贾谊合传,究竟是想表达自己的评价,还是遵从历史事实?请谈谈自己的看法。

2.你如何看待屈原?如何评价贾谊对屈原的评价?为什么?

自悼赋

班婕妤

【阅读提示】

《自悼赋》载于《汉书·外戚传》,亦题作《自伤赋》。该赋抒写女性独处深宫之幽怨,发出宫怨呐喊,堪称赋史上首篇宫怨赋。该赋情感细腻,写景独特,以景衬情,融情入景,是西汉辞赋佳篇,并为后人称道。朱熹说:"其情虽出于幽怨,而能引分以自安,援古以自慰。"(朱熹《楚辞集注》第三册卷二)明代茅坤称赞说:"赋之藻思,当胜相如。"(凌稚隆《汉书评林》卷九十七下)

承祖考之遗德兮,何[1]性命之淑灵[2]。登薄躯于宫阙[3]兮,充下陈[4]于后庭。蒙圣皇之渥惠兮,当日月之盛明。扬光烈[5]之翕赫[6]兮,奉隆宠于增成[7]。既过幸于非位兮,窃庶几[8]乎嘉时。每寤寐而累息兮,申佩离[9]以自思。陈女图以镜监[10]兮,顾女史而问诗。悲晨妇之作戒兮,哀褒阎[11]之为邮[12]。美皇、英[13]之女虞[14]兮,荣任、姒[15]之母周[16]。虽愚陋其靡及兮,敢舍心而忘兹?历年岁而悼惧兮,闵蕃华之不滋。痛阳禄与柘馆[17]兮,仍[18]襁褓而离[19]灾。岂妾人之殃咎兮,将天命之不可求。白日忽已移光兮,遂晻[20]莫[21]而昧幽。犹被覆载之厚德兮,不废捐[22]于罪邮[23]。奉共养[24]于东宫兮,托长信[25]之末流。共洒扫于帷幄兮,永终死以为期。愿归骨于山足兮,依松柏之余休。

重曰:潜玄宫兮幽以清,应门闭兮禁闼扃[26]。华殿尘兮玉阶菭[27],中庭萋兮绿草生。广室阴兮帷幄暗,房栊[28]虚兮风泠泠[29]。感[30]帷裳兮发[31]红罗,纷綷縩[32]兮纨素声。神眇眇兮密靓[33]处,君不御兮谁为荣[34]?俯视兮丹墀,思君兮履綦。仰视兮云屋,双涕兮横流。顾左右兮和颜,酌羽觞兮销忧。惟人生兮一世,忽一过兮若浮。已独享兮高明,处生民兮极休[35]。勉虞精[36]兮极乐,与福禄兮无期。《绿衣》[37]兮《白华》[38],自古兮有之。

(班固《汉书》卷九十七下)

【注释】

[1]何:通"荷",任、负。

[2]淑灵:美善的灵慧。

［3］阙：一作"闱"。

［4］下陈：堂下侍立者，指姬妾或侍从等。

［5］光烈：伟绩、功业，此指祖先的荣耀。

［6］翕赫：显赫。

［7］增成：增成舍，汉宫名。

［8］庶几：侥幸。

［9］离：通"缡"，佩巾，古代女子出嫁时由父亲佩戴以戒之。

［10］监：亦作"鉴"。

［11］褒阎：褒姒艳妻。阎，通"艳"。

［12］邮：通"尤"。

［13］皇、英：尧之女娥皇、女英，嫁于舜。

［14］女虞：嫁于舜。

［15］任、姒：周文王之母太任、周武王之母太姒。

［16］母周：为周王之母。本句中女、母，皆名词动用。

［17］阳禄与柘馆：皆为上林苑嫔妃所居之宫名。

［18］仍：频。

［19］离：通"罹"，遭。

［20］晻：通"暗"。

［21］莫，通"暮"。

［22］捐：弃。

［23］罪邮：即"罪尤"，过失。

［24］共养：即"供养"。共，同"供"。

［25］长信：长信宫，太后寝宫名。

［26］阅扃：门户。阅，小门；扃，门闩。

［27］落：古同"苔"，苔藓。

［28］房栊：亦作"房笼"，窗棂。

［29］泠泠：冷清。

［30］感：通"撼"，摇动。

［31］发：通"拨"，拨动。

［32］絟綷：衣服摩擦声。

［33］靓：通"静"。

［34］荣：或通"容"，妆扮。

［35］休：美好。

［36］虞精：娱情，欢娱之情。虞，通"娱"；精，通"情"。

［37］《绿衣》：《诗经・邶风》中的一篇，旧说卫姜见弃自伤之作。

［38］《白华》：《诗经・小雅》中的一篇，亦为弃妇诗。

【拓展阅读】

1. 写作背景

西汉末期,汉元帝刘奭死,太子刘骜即位,孝元皇后王政君以太后身份干政,外戚王氏专权。成帝刘骜无力回天,荒淫好色,沉于女色,史称在位期间"后宫多新爱"!鸿嘉年间,成帝"稍隆于内宠",许皇后被废、自杀。成帝宠幸赵飞燕、赵合德姐妹。据《汉书·外戚传下》:"赵氏姊弟骄妒,倢伃①恐久见危,求共养太后长信宫,上许焉。倢伃退处东宫,作赋自伤悼

(班固《汉书》卷九十七下)

2. 作者简介

班倢伃(前48—2),西汉辞赋家,班况之女,班彪之姑,祖籍楼烦(今山西朔州宁武附近),后住长安,善诗赋,有美德,成帝时,初为少使,后被立为倢伃,居于增成舍,非常重视德行。王太后称赞:"古有樊姬,今有班倢伃。"(班固《汉书》卷九十七)《汉书·外戚传》有传。其今存《自悼赋》《捣素赋》《怨歌行》(亦称《团扇歌》)。

3. 标点翻译

外戚传·班倢伃(节选)

班固

孝成班倢伃帝初即位选入后宫始为少使蛾而大幸为倢伃居增成舍再就馆有男数月失之成帝游于后庭尝欲与倢伃同辇载倢伃辞曰观古图画贤圣之君皆有名臣在侧三代末主乃有嬖女今欲同辇得无近似之乎上善其言而止太后闻之喜曰古有樊姬今有班倢伃倢伃诵诗及窈窕德象女师之篇每进见上疏依则古礼自鸿嘉后上稍隆于内宠倢伃进侍者李平平得幸立为倢伃上曰始卫皇后亦从微起乃赐平姓曰卫所谓卫倢伃也其后赵飞燕姊弟亦从自微贱兴逾越礼制浸盛于前班倢伃及许皇后皆失宠稀复进见鸿嘉三年赵飞燕谮告许皇后班倢伃挟媚道祝诅后宫詈及主上许皇后坐废考问班倢伃倢伃对曰妾闻死生有命富贵在天修正尚未蒙福为邪欲以何望使鬼神有知不受不臣之愬如其无知愬之何益故不为也上善其对怜悯之赐黄金百斤赵氏姊弟骄妒倢伃恐久见危求共养太后长信宫上许焉倢伃退处东宫作赋自伤悼

(班固《汉书》卷九十七下)

【拓展思考】

1. 班倢伃早年侍奉成帝,颇有才德。后赵飞燕姐妹获独宠,班倢伃自请退居长信宫,幽处深宫,作赋自伤悼。这是"红颜祸水"之结果吗?请写成评论。

---

①汉代文献多作"倢伃",魏晋后,因字形演变"倢伃"逐渐写作"婕妤"。本书中文献中均为"倢伃",编者命名处为"婕妤"。

2.元帝尚儒,施政不力,外戚专权。而成帝昏聩,沉迷酒色,为西汉灭亡埋下了隐患。请结合史实,谈谈你对《自悼赋》的评价。

刺世疾邪赋

赵壹

【阅读提示】

东汉后期,幼主继位,母后听政,形成外戚、宦官、清流等政治力量,并引发激烈的争论。桓帝、灵帝信从宦官,兴起两次"党锢之祸",弹压言论,禁锢清流,引发激烈的社会对抗和思想撕裂。绝望之余,士大夫们不再冷漠观望,开始认真反思,或针对儒学,或针对政策,或指向最高层,提出自己的看法。该赋以直白而清晰的话语,表达了自己的看法、立场和批判。赵壹敢讲真话,不虚言,不趋媚,有傲骨,其勇气可嘉,其精神可贵。

伊五帝[1]之不同礼,三王[2]亦又不同乐。数极自然变化,非是故相反驳[3]。德政不能救世溷乱[4],赏罚岂足惩时清浊?春秋时祸败之始,战国愈复增其荼毒。秦汉无以相踰越,乃更加其怨酷。宁计生民之命?唯利己而自足。

于兹迄今,情伪万方。佞谄日炽,刚克消亡。舐痔结驷[5],正色徒行[6]。妪媚[7]名势,抚拍[8]豪强。偃蹇[9]反俗,立致咎殃。捷慑逐物[10],日富月昌。浑然同惑,孰温孰凉?邪夫显进,直士幽藏。

原[11]斯瘼[12]之攸[13]兴,窃[14]执政之匪贤。女谒[15]掩其视听兮,近习[16]秉其威权。所好则钻皮出其毛羽[17],所恶则洗垢求其瘢痕[18]。虽欲竭诚而尽忠,路绝崄而靡缘。九重既不可启,又群吠之猖猖[19]。安危亡于旦夕,肆嗜欲于目前。奚异涉海之失柂[20],积薪而待然?荣纳由于闪揄[21],孰知辨其蚩妍?故法禁屈挠于势族,恩泽不逮于单门。宁饥寒于尧舜之荒岁兮,不饱暖于当今之丰年。乘理虽死而非亡,违义虽生而匪存。

有秦客者,乃为诗曰:"河清[22]不可俟,人命不可延。顺风激靡[23]草,富贵者称贤。文籍[24]虽满腹,不如一囊钱。伊优[25]北堂上,抗脏[26]倚门边。"鲁生闻此辞,系而作歌曰:"势家多所宜,咳唾自成珠。被褐[27]怀金玉[28],兰蕙[29]化为刍[30]。贤者虽独悟,所困在群愚。且各守尔分[31],勿复空驰驱[32]。哀哉复哀哉,此是命矣夫!"

(范晔《后汉书》卷八十下)

【注释】

[1]五帝:黄帝、颛顼、帝喾、尧、舜。

[2]三王:夏禹、商汤、周文王。

[3]反驳:对立。驳,同"驳"。

［4］涽乱：混乱。

［5］舐痔结驷：谄媚之徒乘高车驷马。

［6］正色徒行：正直的人徒步行走。

［7］姁媮(yù qǔ)：犹"伛偻"，驼背，形容恭谨顺从。

［8］抚拍：溜须拍马。

［9］偃蹇：傲慢，此处形容品行高洁。

［10］捷慑逐物：争先恐后地追名逐利。捷：急切。慑：害怕。

［11］原：推究。

［12］瘼：疾病，这里指弊病。

［13］攸：所。

［14］寔：同"实"。

［15］女谒：宠妾。

［16］近习：宠臣。

［17］钻皮出其毛羽：钻入皮求取羽毛，极言偏爱之甚。

［18］瘢痕：疤痕、斑点。

［19］狺狺(yín yín)：狗叫声。

［20］柂(yí)：同"舵"。

［21］闪揄：奴颜趋媚的样子。

［22］河清：黄河清澈，比喻政治清明。《左传·襄公八年》："俟河之清，人寿几何？"

［23］激：指猛吹。靡：倒下。

［24］文籍：文章典籍，代指才学。

［25］伊优："伊优亚"的略语，咿呀学语之声，此处比喻逢迎谄媚之貌。

［26］抗脏：高尚刚正之貌。

［27］被褐：披着短褐的人，借指贫穷的人。

［28］金玉：借喻美好的才德。

［29］兰蕙：两种香草名。

［30］刍：饲草。

［31］尔分：你的本分。

［22］空驰驱：白白奔走。

【拓展阅读】

1. 写作背景

东汉末期，抒情小赋焕发了生机，在内容与艺术表现手法上具有鲜明的时代特色，以赵壹、祢衡及建安作家群为代表。据史书记载，东汉后期皇帝昏庸、宦官专权、外戚干政，官僚们投机钻营、专横跋扈、贪得无厌，对上百般奉承、弄虚作假，对下却残酷压迫、无恶不作，正直之士横遭排斥、打击,奸佞、谄媚之徒则大行其道。可以说,政治黑暗、社会腐败、虚伪奸诈、贤愚难辨是该时代的特点。恰如民谣所言,"举秀才,不知书;察孝廉,父别居。寒素清白浊如泥,高第良将怯如鸡。"(杨明照《抱朴子外篇校笺》上册)于是,屡遭豪门排斥、打击的赵壹不顾安危、勇于直言,创作了《穷鸟赋》《刺世疾邪赋》等愤世嫉俗之作。

2. 作者简介

赵壹,生卒年不详,本名懿,因范晔《后汉书》避司马懿名讳而改,字符叔,汉阳西县(今甘肃天水)人,生活在顺帝至灵帝时期(126—189年)。据《后汉书·文苑列传》,他"体貌魁梧,身长九尺,美须豪眉,望之甚伟。而恃才倨傲,为乡党所摈,乃作《解摈》。后屡抵罪,几至死,友人救,得免。"(范晔《后汉书》卷八十)光和元年(178年),授郡上计,他前往京师洛阳,为司空袁逢、河南尹羊陟赏识,名噪京师,但谢绝朝廷征召,卒于家。

3. 标点翻译

文苑列传·赵壹(节选)
范晔

及西还道经弘农过侯太守皇甫规门者不即通壹遂遁去门吏惧以白之规闻壹名大惊乃追书谢曰蹉跌不面企德怀风虚心委质为日久矣侧闻仁者愍其区区冀承清诲以释遥悚今旦外白有一尉两计吏不道屈尊门下更启乃知已去如印绶可投夜岂待旦惟君明睿平其夙心宁当慢慢加于所天事在悖惑不足具责倘可原察追修前好则何福如之谨遣主簿奉书下笔气结汗流竟趾壹报曰君学成师范缙绅归慕仰高希骥历年滋多旋辕兼道渴于言侍沐浴晨兴昧旦守门实望仁兄昭其悬迟以贵下贱握发垂接高可敷玩坟典起发圣意下则抗论当世消弭时灾岂悟君子自生怠倦失恂恂善诱之德同亡国骄惰之志盖见机而作不俟终日是以夙退自引畏使君劳昔人或历说而不遇或思士而无从皆归之于天不尤于物今壹自遣而已岂敢有猜仁君忽一匹夫于德何损而远辱手笔追路相寻诚足愧也壹之区区曷云量己其嗟可去谢也可食诚则顽薄实识其趣但关节疢动膝炙坏溃请俟他日乃奉其情辄诵来贶永以自慰遂去不顾

(范晔《后汉书》卷八十下)

4. 经典背诵

文苑列传·赵壹(节选)
范晔

昔原大夫赎桑下绝气,传称其仁;秦越人还虢太子结脉,世著其神。设曩之二人不遭仁遇神,则结绝之气竭矣。然而精脯出乎车軨,针石运乎手爪。今所赖者,非直车軨之而精脯,手爪之针石也。乃收之于斗极,还之于司命,使干皮复含血,枯骨复被肉,允所谓遭仁遇神,真所宜传而著之。余畏禁,不敢班班显言,窃为《穷鸟赋》一篇。其辞曰:

有一穷鸟,戢翼原野。罿网加上,机阱在下,前见苍隼,后见驱者,缴弹张右,羿子彀左,飞丸缴矢,交集于我。思飞不得,欲鸣不可。举头畏触,摇足恐堕。内独怖急,乍冰乍火。幸赖大贤,我矜我怜。昔济我南,今振我西。鸟也虽顽,犹识密恩。内以书心,外用告天。天乎祚贤,归贤永年,且公且侯,子子孙孙。

(范晔《后汉书》卷八十下)

【拓展思考】

1. 比较《刺世疾邪赋》中"秦客"与"鲁生"所作的两首诗,写成评论短文。

2. 若赵壹附从媚世,或许会仕途顺达,但其"十辟公府,并不就",表现出对仕途的冷淡,对名利的厌弃。请做评价,谈谈你的看法。

别赋

江淹

【阅读提示】

辞赋发展至东汉后期已发生新变,铺陈写物的鸿篇巨制似不多见,而篇章短小的抒情赋多了起来。魏晋南北朝时期,散体赋渐因追求形式美而发展为骈体赋。魏晋南北朝时期作者多率性而真情,诗歌、散文、辞赋都有独抒性灵的佳篇。南朝梁的江淹世称江郎,其《恨赋》与《别赋》能写出人内心深处的细腻情感,读起来颇感人。《别赋》写戍人、富豪、侠客、道士等不同身份的人在不同情境下的离别场景,文辞浅直、朗朗上口,是南朝辞赋中的佳篇。

黯然销魂者,唯别而已矣!况秦吴兮绝[1]国,复燕宋兮千里。或春苔兮始生,乍秋风兮暂起[2]。是以行子肠断,百感凄恻。风萧萧[3]而异响,云漫漫而奇色。舟凝滞于水滨,车逶迟[4]于山侧。棹容与[5]而讵前[6],马寒鸣而不息。掩金觞而谁御,横玉柱[7]而沾轼[8]。居人愁卧,怳若有亡。日下壁而沉彩,月上轩而飞光。见红兰之受露,望青楸之离霜。巡曾楹而空掩,抚锦幕而虚凉。知离梦之踯躅,意别魂之飞扬。

故别虽一绪,事乃万族。至若龙马[9]银鞍,朱轩绣轴。帐饮东都[10],送客金谷[11]。琴羽[12]张兮箫鼓陈,燕赵歌兮伤美人。珠与玉兮艳暮秋,罗与绮兮娇上春。惊驷马之仰秣[13],耸渊鱼之赤鳞。造分手而衔涕,感寂寞而伤神。

乃有剑客惭恩,少年报士[14]。韩国[15]赵厕[16],吴宫[17]燕市[18]。割慈忍爱,离邦去里,沥泣共诀,抆血相视。驱征马而不顾,见行尘之时起。方衔感于一剑,非买价[19]于泉里[20]。金石震而色变,骨肉悲而心死。

或乃边郡未和,负羽[21]从军。辽水[22]无极,雁山[23]参云。闺中风暖,陌上草薰。日出天而曜景,露下地而腾文。镜朱尘之照烂,袭青气之烟煜,攀桃李兮不忍别,送爱子兮沾罗裙。

至如一赴绝国,讵相见期?视乔木[24]兮故里,决北梁[25]兮永辞。左右兮魂动,亲宾兮泪滋。可班荆[26]兮赠恨[27],唯樽酒兮叙悲。值秋雁兮飞日,当白露兮下时,怨复怨兮远山曲,去复去兮长河湄。

又若君居淄右,妾家河阳。同琼佩之晨照,共金炉之夕香。君结绶[28]兮千里,惜瑶草之徒芳。惭幽闺之琴瑟,晦高台之流黄[29]。春宫閟此青苔色,秋帐含兹明月光。夏簟清兮昼不暮,冬釭^[30]凝兮夜何长！织锦曲兮泣已尽,回文诗兮影独伤。

傥有华阴上士,服食还山。术既妙而犹学,道已寂而未传。守丹灶^[31]而不顾,炼金鼎^[32]而方坚。驾鹤上汉,骖鸾腾天。暂游万里,少别千年^[33]。惟世间兮重别,谢主人兮依然。

下有芍药之诗^[34],佳人之歌^[35],桑中卫女^[36],上宫陈娥^[37]。春草碧色,春水渌波,送君南浦^[38],伤如之何！至乃秋露如珠,秋月如圭,明月白露,光阴往来,与子之别,思心徘徊。

是以别方不定,别理千名,有别必怨,有怨必盈。使人意夺神骇,心折骨惊。虽渊、云^[39]之墨妙,严、乐^[40]之笔精,金闺^[41]之诸彦,兰台^[42]之群英,赋有凌云之称^[43],辩有雕龙之声^[44],谁能摹暂离之状,写永诀之情者乎？

（萧统《文选》卷十六）

【注释】

[1]绝:隔绝、远隔。"况秦吴兮绝国,复燕宋兮千里"此二句言秦吴、燕宋相距遥远,则别恨必深。

[2]"或春苔兮始生,乍秋风兮暂起"二句:言春生秋衰之时,别离伤感更切。

[3]风萧萧:燕太子丹在易水边送荆轲,以谋刺杀秦王,荆轲悲壮咏歌曰:"风萧萧兮易水寒,壮士一去兮不复还。"生离死别,痛彻心扉。

[4]逶迟:远离之貌。一作"逶迤"。

[5]容与:迟缓。

[6]讵前:岂能前行。

[7]玉柱:指代琴。琴有柱,用玉做成,故称。

[8]沾轼:涕泪滂沱,沾湿车上的横木。轼,车前横木。

[9]龙马:骏马。《周礼·庾人》:"马八尺以上为龙。"轩:带有帷幕的车子。

[10]东都:长安东都门。汉代疏受、疏广乞归,公卿、大夫、故人、邑子设帐于东都门外送行。

[11]金谷:在河南洛阳市西,谷中有水,晋石崇有别庐在金谷涧中,王诩返长安,石崇在此送别。

[12]琴羽:琴有五音,宫、商、角、徵、羽,羽声很细,如泣如诉。

[13]仰秣:仰头不吃草。《韩诗外传》卷六:"瓠巴鼓瑟而潜鱼出听,伯牙鼓琴而六马仰秣。"

[14]报士:报恩的侠士。《文选》:"郭解以躯藉友报仇,少年慕其行,亦辄为报仇。"

[15]韩国:指战国时聂政为严仲子刺杀韩国相侠累之事。

[16]赵厕:指战国时豫让为智伯刺杀赵襄子于如厕途中之事。

[17]吴宫:春秋时,专诸为吴公子光置匕首于鱼腹中刺杀王僚。

[18]燕市:战国时荆轲为燕太子丹刺杀秦王。

[19]买价:沽名声。

[20]泉里:黄泉之下。

[21]负羽:背着羽檄。古代征召之书,有急事则以鸟羽插之。

[22]辽水:辽河,在辽宁境内;借指遥远的征战之地。

[23]雁山:大雁出没的山,见《山海经》。

[24]乔木:《孟子·梁惠王》曰:"所谓故国者,非谓有乔木之谓也,有世臣之谓也。"

[25]北梁:北边的桥梁,多指送别之地。

[26]班荆:"班荆道故",指与朋友相遇谈心。

[27]赠恨:一作"增恨"。

[28]结绶:配绶带,指出仕为官。

[29]流黄:褐黄色的丝绢。

[30]釭:油灯。

[31]丹灶:炼丹之灶。

[32]金鼎:炼丹之鼎。

[33]少别千年:短暂之别,世上千年。

[34]芍药之诗:指《诗经·溱洧》,诗中有:"维士与女,伊其相谑,赠之以芍药。"

[35]佳人之歌:指《李延年歌》,诗中有:"北方有佳人,绝世而独立。一顾倾人城,再顾倾人国。宁不知倾城与倾国,佳人难再得。"

[36]桑中卫女:指《诗经·桑中》的女主人公,诗中写道:"期我乎桑中,要我乎上宫,送我乎淇之上矣。"

[37]上宫陈娥:当指卫庄公爱妾陈国人戴妫。《诗经·燕燕》:"之子于归,远送于野。"《毛传》:"燕燕,卫庄姜送归妾也。"

[38]南浦:南面水边。《楚辞·九歌》:"子交手兮东行,送美人兮南浦。"

[39]渊、云:王褒字子渊,扬雄字子云,皆为西汉赋家。

[40]严、乐:严安、徐乐,汉武帝时上书言事,皆拜郎中。

[41]金闺:金马门,汉代宫门名,是待诏出仕的地方,也是才子相聚的地方。

[42]兰台:汉代宫内藏书处,傅毅、班固都曾为兰台令史。

[43]赋有凌云之称:指司马相如《大人赋》。《史记·司马相如列传》:"相如既奏大人之颂,天子大说,飘飘有凌云之气。"

[44]辩有雕龙之声:指战国时齐国阴阳家邹奭,一作"驺奭"。《史记集解》引刘向《别录》:"驺奭修衍之文,饰若雕镂龙文,故曰雕龙。"

【拓展阅读】

1. 写作背景

江淹所处时代,朝代更迭频繁,人事变动繁杂。从江淹的经历来看,他一直在迁徙与行走中,难免要经常经历送别、分别之事。《恨赋》《别赋》作为江淹辞赋的代表作,被萧统收入《昭明文选》,编排先《恨赋》后《别赋》,故钱钟书以为"《别赋》乃《恨赋》之附庸而蔚为大国者"。(钱钟书《管锥编》第四册)从创作时间来看,虽不能确考,但大体应在被贬吴兴县令之时。江淹仕途失意,文学创作却大放异彩。有学者经考证认为,《别赋》先出、《恨赋》后作的可能性更大。此可聊备一说。《别赋》并非简单地按类排比,而是融入了江淹本人与亲友、家人辞别的感受。故《别赋》或作于江淹赴吴兴途中,而《恨赋》或在他自吴兴返京口后所作。二赋的写作动机及主题命意,均与江淹的特定经历,尤其与他和建平王刘景素的关系密切相关。这是阅读该赋时必须注意的地方。

2. 作者简介

江淹(444—505),字文通,祖籍济阳考城(今河南兰考东),家境贫寒,六岁能诗,十三岁丧父。他二十岁左右教宋始安王刘子真读"五经",一度在新安王刘子鸾幕下任职,泰始二年(466年),转入建平王刘景素幕。由于他"少年尝倜傥不俗,或为世士所嫉"(《自序传》),因广陵令郭彦文一案,他被诬受贿入狱,在狱中上书刘景素,陈情获释,后举南徐州秀才,对策上第,转巴陵王国左常侍,不久回到刘景素幕下任主簿、参军等职。泰豫元年(472年),宋明帝死后,刘景素密谋叛乱,江淹曾多次劝谏不听。元徽二年(474年),他被贬为建安吴兴(今福建浦城)县令。江淹在仕途上不得志,却在文学上成绩卓著。宋顺帝升明元年(477年),齐高帝萧道成执政,召回江淹,任其为尚书驾部郎、骠骑参军事,为萧道成出谋划策并起草文书。萧道成代宋自立后,他被任为骠骑豫章王记室带东武令,迁中书侍郎。齐武帝永明间,他任庐陵内史、尚书左丞、国子博士等。少帝萧昭业即位,其任御史中丞。明帝萧鸾时,其任宣城太守、秘书监诸职。梁武帝萧衍代齐后,他官至金紫光禄大夫,受封醴陵伯,今存《江文通集》。

3. 标点翻译

江淹传(节选)
李延寿

江淹字文通济阳考城人也父康之南沙令雅有才思淹少孤贫常慕司马长卿梁伯鸾之为人不事章句之学留情于文章

景素为荆州淹从之镇少帝即位多失德景素专据上流咸劝因此举事淹每从容进谏景素不纳及镇京口淹为镇军参军领南东海郡丞景素与腹心日夜谋议淹知祸机将发乃赠诗十五首以讽焉会东海太守陆澄丁艰淹自谓郡丞应行郡事景素用司马柳世隆淹固求之景素大怒言于选部黜为建安吴兴令

桂阳之役朝廷周章诏檄久之未就齐高帝引淹入中书省先赐酒食淹素能饮啖食鹅炙垂尽进酒数升讫文诰亦办相府建补记室参军高帝让九锡及诸章表皆淹制也齐受禅复为骠骑豫章王嶷记室参军

少帝初兼御史中丞明帝作相谓淹曰君昔在尚书中非公事不妄行在官宽猛能折衷今为南司足以振肃百僚也淹曰今日之事可谓当官而行更恐不足仰称明旨尔于是弹中书令谢朏司徒左长史王缋护军长史庾弘远并以讬疾不预山陵公事又奏收前益州刺史刘悛梁州刺史阴智伯并赃货巨万辄收付廷尉临海太守沈昭略永嘉太守庾昙隆及诸郡二千石并大县官长多被劾内外肃然明帝谓曰自宋以来不复有严明中丞君今日可谓近世独步

天监元年为散骑常侍左卫将军封临沮县伯淹乃谓子弟曰吾本素宦不求富贵今之忝窃遂至

于此平生言止足之事亦以备矣人生行乐须富贵何时吾功名既立正欲归身草莱耳以疾迁金紫光禄大夫改封醴陵伯卒武帝为素服举哀谥曰宪

(李延寿《南史》卷五十九)

4. 经典背诵

恨赋
江淹

试望平原,蔓草萦骨,拱木敛魂。人生到此,天道宁论?于是仆本恨人,心惊不已,直念古者,伏恨而死。

至如秦帝按剑,诸侯西驰。削平天下,同文共规。华山为城,紫渊为池。雄图既溢,武力未毕。方架鼋鼍以为梁,巡海右以送日。一旦魂断,宫车晚出。

若乃赵王既虏,迁于房陵。薄暮心动,昧旦神兴。别艳姬与美女,丧金舆及玉乘。置酒欲饮,悲来填膺。千秋万岁,为怨难胜。

至如李君降北,名辱身冤。拔剑击柱,吊影惭魂。情往上郡,心留雁门。裂帛系书,誓还汉恩。朝露溘至,握手何言?

若夫明妃去时,仰天太息。紫台稍远,关山无极。摇风忽起,白日西匿。陇雁少飞,代云寡色。望君王兮何期?终芜绝兮异域。

至乃敬通见抵,罢归田里。闭关却扫,塞门不仕。左对孺人,顾弄稚子。脱略公卿,跌宕文史。赍志没地,长怀无已。

及夫中散下狱,神气激扬。浊醪夕引,素琴晨张。秋日萧索,浮云无光。郁青霞之奇意,入修夜之不旸。

或有孤臣危涕,孽子坠心。迁客海上,流戍陇阴。此人但闻悲风汩起,血下沾衿,亦复含酸茹叹,销落湮沉。

若乃骑迭迹,车屯轨,黄尘匝地,歌吹四起。无不烟断火绝,闭骨泉里。

已矣哉!春草暮兮秋风惊,秋风罢兮春草生。绮罗毕兮池馆尽,琴瑟灭兮丘垄平。自古皆有死,莫不饮恨而吞声。

(萧统《文选》卷十六)

【拓展思考】

1. 据《梁书·江淹传》:"淹少以文章显,晚节才思微退,时人皆谓之才尽。"此即"江郎才尽"的典故。请从心理学角度分析,为什么会出现这样的现象?

2. 江淹一生,专事多主,历经宋、齐、梁三个朝代,却也游刃有余。若屈原生在南朝,将会怎样?请做出自己的判断与评价。

下　编

第六单元　思想穿梭

《老子》五则

【阅读提示】

　　《老子》又名《道德经》或《德道经》，相传为道家之祖老子所作。今见《老子》的最早版本为郭店楚墓竹简本，约抄写于战国中期。西汉景帝时，《老子》由子学升格为经学。老子认为，道是天地万物的本原，生养万物而无目的或意志，其德性即为"玄德"。玄德之"玄"在于"不有""不恃""不宰"，因而是"无为"的。无为意味着否定主观的刻意和造作，主张尊重和顺应事物的"自然"。因此，老子建议统治者应效法天道，不造作，不妄为，顺应百姓生活需求之自然，才能实现天下大治。

　　有物混成，先天地生。寂兮寥兮，独立不改，周行[1]而不殆，可以为天下母。吾不知其名，字之曰道，强[2]为之名曰大。大曰逝，逝曰远，远曰[3]反。故道大，天大，地大，王亦大。域中有四大，而王居其一焉。人法地，地法天，天法道，道法自然。（二十五章）

　　道生之，德畜之，物形[4]之，势[5]成之。是以万物莫不尊道而贵德。道之尊，德之贵，夫莫之命而常自然[6]。故道生之，德畜之：长之育之、亭之毒之[7]、养之覆之。生而不有，为而不恃，长而不宰，是谓玄德。（五十一章）

　　以正治国，以奇[8]用兵，以无事取[9]天下。吾何以知其然哉？（以此）[10]。天下多忌讳，而民弥贫；民多利器，国家滋昏；人多伎[11]巧，奇物滋起；法令滋彰，盗贼多有。故圣人云：我无为而民自化，我好静而民自正，我无事而民自富，我无欲而民自朴。（五十七章）

　　民不畏死，奈何以死惧之！若使[12]民常畏死，而为奇者吾得执而杀之，孰敢？常有司杀者[13]杀。夫代司杀者杀，是谓代大匠斫。夫代大匠斫者，希有不伤其手矣。（七十四章）

　　小国寡民[14]，使有什伯之器[15]而不用，使民重死[16]而不远徙。虽有舟舆[17]，无所乘之；虽有甲兵，无所陈之；使人复结绳而用之。甘其食，美其服，安其居，乐其俗。邻国相望，鸡犬之声相闻，民至老死不相往来[18]。（八十章）

（楼宇烈《老子道德经注校释》）

【注释】

　　[1]周行：循环往复。周，圆周。行，运行。

［2］强：勉强。

［3］曰：本句中三"曰"字皆作"则"解。反：同"返"。

［4］形：形成。

［5］势：形貌，帛书本作"器"。

［6］莫之命而常自然：道德不命令万物，而万物常常自己而然。

［7］亭之毒之：犹"亭之育之"，化育万物之义。王弼注曰："亭谓品其形，毒谓成其质。"

［8］奇：奇邪、诡异。王弼注曰："诡异乱群，谓之奇也。"

［9］取：治；又通"聚"。

［10］以此：二字疑衍。帛书本及汉简本无此句。

［11］伎：通"技"，技巧。

［12］若使：假使、假如。

［13］司杀者：指典狱、刑吏。一说"天道"。

［14］小国寡民：使国小，使民少。小、寡，皆作动词。春秋战国时期，各诸侯国纷纷追求富国强兵之道，老子则反对为争夺土地和人口而发动战争。

［15］什伯之器：帛书本作"十百人之器"，指十人、百人所用的大型器械。什伯，通"什佰""十百"。

［16］重死：犹言"贵生"，看重生死。

［17］舟舆：舟和车，皆远徙工具。

［18］往来：迁来徙往。

【拓展阅读】

1. 人物简介

老子，姓李名耳，字聃，春秋时期陈国苦邑（今属河南鹿邑）人，周景王时为守藏室的史官。周室衰微后，老子离周而去。西出函谷关时，关令尹喜请著书，老子述道德之义，作上下篇。他后终老于秦。老子通晓周礼，孔子曾问礼于老子。在汉代，随着黄老学和黄老道的流行，老子形象逐渐被神化。刘向《列仙传》说老子生于殷时，为周柱下史，周时转为守藏室史，周衰后乘青牛车出关，入大秦。（王叔岷《列仙传校笺》，卷上）王阜《老子圣母碑》称老子即是道，"生于无形之先，起于太初前"。（李昉等编《太平御览》卷一）边韶《老子铭》则称老子"道成身化，蝉蜕渡世"。（洪适《隶释》卷三）佛教传入中国后，又演绎出老子西至天竺"化胡为佛"的说法。道教产生后，老子被奉为太上老君，又被尊为太清道德天尊，与玉清元始天尊、上清灵宝天尊合称"三清"。

2. 思想背景

春秋时期，周王室衰微，各诸侯国征伐不断，礼乐崩坏，社会失序。老子认为，社会失序的根本原因在于统治者的妄为，故要求统治者应节制自己的欲望，限制自己的权力，尊重百姓的主体性，顺应百姓的自主发展，因此提出在政治上应当无为而治，在教育上施行"不言之教"。

《庄子·天下篇》概括老子思想为"以濡弱谦下为表,以空虚不毁万物为实"。(郭庆藩集释《庄子集释》卷十下)柔弱谦下是表象,包容万物是其实质。老子说"知常容,容乃公",是说只有懂得常道才能真正做到包容,能够包容才能真正做到公正。老子自称有"三宝",即"慈""俭""不敢为天下先",其中"俭"与"不敢为天下先"意味着自我收敛和柔弱谦下,而"慈"正是能够包容万物的慈爱之心。

3. 标点翻译

论六家要指(节选)

司马迁

道家使人精神专一动合无形赡足万物其为术也因阴阳之大顺采儒墨之善撮名法之要与时迁移应物变化立俗施事无所不宜指约而易操事少而功多

道家无为又曰无不为其实易行其辞难知其术以虚无为本以因循为用无成势无常形故能究万物之情不为物先不为物后故能为万物主有法无法因时为业有度无度因物与合故曰圣人不朽时变是守虚者道之常也因者君之纲也

(司马迁《史记》卷一三〇)

4. 经典诵读

艺文志·诸子略(节选)

班固

道家者流,盖出于史官。历记成败存亡祸福古今之道,然后知秉要执本,清虚以自守,卑弱以自持,此君人南面之术也。合于尧之克攘,易之嗛嗛,一谦而四益,此其所长也。及放者为之,则欲绝去礼学,兼弃仁义,曰独任清虚,可以为治。

(班固《汉书》卷三十)

【拓展思考】

1. 请找出《老子》中所有包含"自然"一词的段落,并思考自然与无为的行为主体有什么异同?

2. 结合"道"字的本义,请你谈谈道的生成论意义和本体论意义。

《论语》六则

【阅读提示】

《论语》是记录孔子及其弟子言行的语录,由孔子的弟子及后学汇纂而成。通行本《论语》共二十篇,每篇均有若干则语录。以下六则语录,主要围绕孔子的"仁政"思想选录。孔子志复周礼,认为礼不仅是社会秩序,也是立身之本。礼的核心精神是仁,仁作为人内在的道德情感,其外在表现却是礼。孔子所说的"从心所欲不逾矩",是其"仁礼一体"思想的最高境界。

　　子曰:"道[1]之以政,齐[2]之以刑,民免[3]而无耻;道之以德,齐之以礼,有耻且格[4]。"(《为政篇》)

　　子曰:"人而不仁,如礼何[5]?人而不仁,如乐何?"(《八佾篇》)

　　子曰:"富与贵是人之所欲也,不以其道,得之不处也;贫与贱是人之所恶也,不以其道[6],得之不去也。君子去仁,恶[7]乎成名?君子无终食[8]之间违仁,造次[9]必于是,颠沛必于是[10]。"(《里仁篇》)

　　子曰:"志于道,据于德,依于仁,游于艺[11]。"(《述而篇》)

　　颜渊问仁。子曰:"克己复礼[12]为仁。一日[13]克己复礼,天下归仁焉。为仁由己,而由人乎哉?"颜渊曰:"请问其目[14]。"子曰:"非礼勿视,非礼勿听,非礼勿言,非礼勿动。"颜渊曰:"回虽不敏,请事斯语矣[15]。"(《颜渊篇》)

　　仲弓问仁。子曰:"出门如见大宾,使民[16]如承大祭。己所不欲,勿施于人。在邦无怨[17],在家无怨[18]。"仲弓曰:"雍虽不敏,请事斯语矣。"(《颜渊篇》)

　　　　　　　　　　　　(朱熹《四书章句集注》,中华书局1983年版)

【注释】

　　[1]道:通"导",引导。

　　[2]齐:整治。

　　[3]免:免于(刑罚)。

　　[4]格:通"恪",恭敬。又训"正"。

　　[5]如礼何:奈礼何。意思是虽欲用礼而不得。包咸曰:"言人而不仁,必不能行礼乐。"

　　[6]不以其道:指不用其道或不行其道。毕沅曰:"古读皆以'不以其道'为句。"在孔子看来,富贵与贫贱,不过是外在的命运而已。然而君子当行道义,无道义虽有富贵而不享,无道义虽处贫贱而不去。

　　[7]恶(wū):如何。

　　[8]终食:吃完一顿饭(的时间),形容短时间。

　　[9]造次:急遽、危急(之时)。

　　[10]于是:于此,指心存仁德。

　　[11]艺:指小六艺,即礼、乐、射、御、书、数。

　　[12]克己复礼:约束己身,返归于礼。克,克制、约束。复,返。

　　[13]一日:犹"一旦"。

　　[14]目:条目、细则。

　　[15]请事斯语:请践行此言。斯,此。

　　[16]使民:用民。

[17]在邦无怨：仕于诸侯国,而无怨诽者。焦循曰:"'在邦无怨',仁及乎一国矣。"

[18]在家无怨：仕于卿大夫家,而无怨诽者。包咸曰:"在邦为诸侯,在家为卿大夫。"

【拓展阅读】

1. 人物简介

孔子(前551—前479),名丘,字仲尼,春秋时鲁国人。他幼年失怙,生活贫穷,自称"吾少也贱,故多能鄙事"。(《论语·子罕篇》)年少时喜好"笾豆之事",即喜欢摆弄礼器,练习礼仪。成年后,孔子曾做过管理牛羊的"乘田"和管理仓库的"委吏"。他以好学自名:"十室之邑,必有忠信如丘者焉,不如丘之好学也。"(《论语·公冶长篇》)据说,孔子曾向郯子请教古代的职官制度,又远赴周地向老聃请教礼,并向苌弘和师襄请教乐。五十一岁时,孔子为中都宰,第二年升任大司寇并摄相事。这一年,齐鲁两国在夹谷会盟,孔子随鲁定公前往并表现出高超的政治才能。孔子初任大司寇时,诛杀了鲁国大夫少正卯,后世对此颇多争议。其后又"堕三都",以削弱三桓的势力,因遭到三桓的阻力未能完成。五十五岁时,孔子离开鲁国,开始了长达十四年的周游列国生涯,先后游历过卫、曹、宋、郑、陈、蔡、楚等国,凡所到之处,他都积极推行仁政思想。在孔子六十八岁时,季康子迎其回鲁,从此结束了其颠沛流离的游历生涯。孔子晚年则专心于教育事业和典籍整理,删《诗》《书》,定《礼》《乐》,修《春秋》。

2. 思想背景

春秋时期,随着生产力的提高,传统的井田制和宗法制受到冲击和破坏,礼乐秩序随之崩溃。周王室逐渐衰微,失去了对地方的掌控力,诸侯国之间征伐不断。在各诸侯国内,随着卿大夫势力的增强,公室的地位也受到威胁和挑战。在卿大夫之家,家臣的权势也日益嚣张,甚至达到干预朝政的地步。仅就孔子生活的年代,鲁国就发生了诸如"四分公室"、三桓驱逐鲁昭公、南蒯叛乱、阳虎乱鲁、公山弗扰叛乱等事件。鲁国之外,则发生了诸如周室王子朝之乱、吴国阖闾杀僚夺位、卫国蒯聩之乱、田成子窃齐等事件,至于诸侯国之间的杀伐和兼并战争更是不计其数。司马迁曾说:"《春秋》之中,弑君三十六,亡国五十二,诸侯奔走不得保其社稷者不可胜数。"(司马迁《史记》卷一三〇)面对社会失序的乱象,孔子提出了不同于老子的救世措施。在孔子看来,社会失序表现为礼崩乐坏,其实质则是仁德的缺失。因此,孔子终其一生都在积极推行仁政。

3. 标点翻译

孔子世家赞

太史公曰诗有之高山仰止景行行止虽不能至然心乡往之余读孔氏书想见其为人适鲁观仲尼庙堂车服礼器诸生以时习礼其家余祗回留之不能去云天下君王至于贤人众矣当时则荣没则已焉孔子布衣传十余世学者宗之自天子王侯中国言六艺者折中于夫子可谓至圣矣

(司马迁《史记》卷四十七,中华书局2014年版)

4. 经典诵读

艺文志·诸子略(节选)

儒家者流,盖出于司徒之官,助人君,顺阴阳,明教化者也。游文于六经之中,留意于仁义之际,祖述尧舜,宪章文武,宗师仲尼,以重其言,于道最为高。孔子曰:"如有所誉,其有所试。"唐虞之隆,殷周之盛,仲尼之业,已试之效者也。然惑者既失精微,而辟者又随时抑扬,违离道本,苟以哗众取宠。后进循之,是以五经乖析,儒学浸衰,此辟儒之患。

(班固《汉书》卷三十,中华书局 1962 年版)

【拓展思考】

1. 请结合上文,谈谈孔子的"仁礼一体"思想。
2. 请比较孔子与老子思想,谈谈二者的异同。

《孟子》三则

【阅读提示】

《孟子》是记录孟子言行的语录,一般认为由孟子及其弟子共同编纂而成。通行本《孟子》共七篇,每篇分为上下,内含若干则语录。孟子"性善论"的提出,为儒家道德学说奠定了理论根基,其影响十分深远。需要注意的是,孟子虽是"性善论"的最早提出者,但性善的思想却是有历史渊源的。如"德"的古字,又作"悳",即"直心"为德。

告子曰:"生之谓性[1]。"孟子曰:"生之谓性也,犹白之谓白与?"曰:"然。""白羽之白也,犹白雪之白;白雪之白,犹白玉之白与?"曰:"然。""然则犬之性,犹牛之性;牛之性,犹人之性与?"

告子曰:"食色,性也。仁,内也,非外也;义,外也,非内也。"孟子曰:"何以谓仁内义外也?"曰:"彼长而我长之[2],非有长于我[3]也;犹彼白而我白之[4],从其白于外[5]也,故谓之外也。"曰:"(异于[6])白马之白也,无以异于白人之白也;不识长马之长也,无以异于长人之长与?且谓长者义乎?长之者义乎?"曰:"吾弟则爱之,秦人之弟则不爱也,是以我为悦[7]者也,故谓之内。长楚人之长,亦长吾之长,是以长为悦[8]者也,故谓之外也。"曰:"耆[9]秦人之炙,无以异于耆吾炙。夫物则亦有然者也,然则耆炙亦有外与?"

公都子[10]曰:"告子曰:'性无善无不善也。'或曰:'性可以为善,可以为不善;是故文武兴,则民好善;幽厉[11]兴,则民好暴。'或曰:'有性善,有性不善;是故以尧为君而有象[12],以瞽瞍[13]为父而有舜;以纣为兄之子且以为君,而有微子启[14]、王子比干[15]。'今曰'性善',然则彼皆非与?"孟子曰:"乃若[16]其情[17],则可以为善矣,乃所谓善也。若夫为不善,非才[18]之罪也。恻隐之心,人皆有之;羞恶之心,人皆有之;恭敬之心,人皆有之;是非之心,人皆有之。恻隐之心,仁也;羞恶之心,义也;恭敬之心,礼也;是非之心,智也。仁义礼智,非由外铄[19]我也,我固有之也,弗思耳矣。故曰:'求则得之,舍则失之。'或相倍蓰[20]而无算者,不能尽其才者也。诗曰:'天生蒸民[21],有物有则。民之秉夷[22],好是懿德。'孔子曰:'为此诗者,其知道[23]乎! 故有物必有则,民之秉夷也,故好是懿德。'"(《告子上》)

（朱熹《四书章句集注》）

【注释】

[1]生之谓性:天生而有的(禀赋或倾向)称为性。《荀子·正名》曰:"生之所以然者,谓之性。"

[2]彼长而我长之:他年长,因而我敬他为年长者。

[3]非有长于我:年长并非在我。

[4]彼白而我白之:他白,因而我识别他为白色。

[5]从其白于外:依据其外在的白。

[6]异于:疑为衍文。

[7]以我为悦:所说在我。悦:通"说"。张汝霖《易经澹窝因指·兑》:"告子谓以我为说,以长为说。"

[8]以长为悦:所说在长。

[9]耆:通"嗜",喜好。

[10]公都子:战国时齐国人,孟子的弟子。

[11]幽厉:周幽王、周厉王。

[12]象:舜的同父异母弟,性情桀骜,屡次想杀舜。后来舜做了首领,封象于有庳。

[13]瞽瞍:本指盲人,此处指舜的父亲。孔安国《尚书传》曰:"无目曰瞽。舜父,有目不能分别好恶,故时人谓之瞽,配字曰瞍。瞍,无目之称。"瞽瞍偏爱象,相传曾屡次与象合谋杀舜。

[14]微子启:商纣王的长兄,庶出;名启,封地为微,故称。微子启屡谏纣王不听,于是离开了殷商;周成王时被封于宋,为宋国开国君主。

[15]王子比干:商王文丁之子,商纣王的叔父;名干,封于比,故称。相传比干因屡次犯颜直谏,被纣王剖心。

[16]乃若:同"若乃",至于。

[17]情:情实。

[18]才:才性,指先天人性的后天显现。

[19]铄:锻炼、训练。

[20]倍蓰:数倍。蓰,五倍。

[21]蒸民:众民。蒸,同"烝",众多。

[22]秉夷:"秉彝",秉持常规。夷,通"彝",常规。

[23]知道:知晓大道。

【拓展阅读】

1. 人物简介

孟子(前 372—前 289),名轲,战国中期邹国人。他中年时先仕于邹,后游历齐、魏、鲁、宋、滕等国,游历时间长达二十余年,晚年归邹,与弟子万章等整理《诗》《书》,著书立说。孟子称颂孔子为"圣之时者""集大成者",终其一生都在追随孔子,积极推行仁政思想。邹国与鲁国开战,邹穆公抱怨百姓不愿献身救主。孟子批评邹穆公不行仁政,有司上慢下残;只有行仁政,百姓才会亲上效忠。梁惠王(即魏惠王)好战,向孟子请教兴利强国之策,孟子告诉他先仁而后利;若能使百姓富足,自然可以强国。齐宣王欲称霸天下,孟子劝他行仁政,使民有恒产,则天下人自然愿意来归。孟子在齐国时,还在稷下学宫讲过学,并与淳于髡展开辩论。

2. 思想背景

战国时期,社会陷入更大的动乱,各国纷纷走变法图强、富国强兵之道。仅就孟子生活的时代,便发生了齐国邹忌变法、秦国商鞅变法、韩国申不害变法、燕国乐毅变法、赵武灵王胡服骑射改革等。其时,各诸侯国间的兼并征伐年均数起,兵家诡诈之术备受青睐,纵横家的合纵连横之术更是甚嚣尘上。在思想界,墨子兼爱思想与杨朱无为思想十分流行,但二者在孟子看来都是违背礼乐的"禽兽"之学。在儒学内部,亦有儒生开始区分治家原则与治国原则,主张"门内之治恩掩义,门外之治义断恩"。(《礼记·丧服四制》)这一说法实际上将仁与礼作为两个原则对立了起来。孟子则试图基于人性去统摄二者,以消除仁礼割裂之弊。他在与告子的辩论中提出了著名的"四端说",认为仁义礼智皆发端于人之心性。

3. 标点翻译

滕文公下(节选)
(《孟子》)

世衰道微邪说暴行有作臣弑其君者有之子弑其父者有之孔子惧作春秋春秋天子之事也是故孔子曰知我者其惟春秋乎罪我者其惟春秋乎圣王不作诸侯放恣处士横议杨朱墨翟之言盈天下天下之言不归杨则归墨杨氏为我是无君也墨氏兼爱是无父也无父无君是禽兽也公明仪曰庖有肥肉厩有肥马民有饥色野有饿莩此率兽而食人也杨墨之道不息孔子之道不著是邪说诬民充塞仁义也仁义充塞则率兽食人人将相食吾为此惧闲先圣之道距杨墨放淫辞邪说者不得作作于其心害于其事作于其事害于其政圣人复起不易吾言矣

(朱熹《四书章句集注》)

4. 经典诵读

孟子列传
司马迁

太史公曰:余读孟子书,至梁惠王问"何以利吾国",未尝不废书而叹也。曰:嗟乎,利诚乱之始也！夫子罕言利者，常防其原也。故曰"放于利而行，多怨"。自天子至于庶人，好利之弊何以异哉！

孟轲，驺人也。受业子思之门人。道既通，游事齐宣王，宣王不能用。适梁，梁惠王不果所言，则见以为迂远而阔于事情。当是之时，秦用商君，富国强兵；楚、魏用吴起，战胜弱敌；齐威王、宣王用孙子、田忌之徒，而诸侯东面朝齐。天下方务于合从连衡，以攻伐为贤，而孟轲乃述唐、虞、三代之德，是以所如者不合。退而与万章之徒序《诗》《书》，述仲尼之意，作《孟子》七篇。

（司马迁《史记》卷七十四）

【拓展思考】

1. 请结合上文，谈谈孟子与告子关于"善"的理解是否一致？为什么？
2. 请结合孟子与告子的辩论内容，谈谈你对告子人性论的看法。

知北游（节选）
（《庄子》）

【阅读提示】

《庄子》是庄子及其后学共同编纂的著作。通行本《庄子》经晋代郭象删定而成，计三十三篇，包括内篇七、外篇十五、杂篇十一。庄子思想以治身为主，被称为生命的哲学。庄子认为，人如同天地万物一样，皆是大化流行间偶然产生的存在，其共同的本原是道。道是一种超越时空、无为无形的"理"。由于道的整体性、超越性和永恒性，以及人之能力、寿命和语言的有限性，把握道的最好办法是直观而非分析。

知[1]北游于玄水[2]之上，登隐弅[3]之丘，而适遭无为谓[4]焉。知谓无为谓曰："予欲有问乎若：何思何虑则知道？何处何服[5]则安道？何从何道[6]则得道？"三问而无为谓不答也。非不答，不知答也。

知不得问，反于白水[7]之南，登狐阕[8]之上，而睹狂屈[9]焉。知以之言也问乎狂屈。狂屈曰："唉！予知之，将语若。"中欲言而忘其所欲言。

知不得问，反于帝宫，见黄帝而问焉。黄帝曰："无思无虑始知道，无处无服始安道，无从无道始得道。"

知问黄帝曰："我与若知之，彼与彼不知也，其孰是邪？"黄帝曰："彼无为谓真是[10]也，狂屈似之；我与汝终不近也。夫知者不言，言者不知，故圣人行不言之教。道不可致，德不可至。仁可为[11]也，义可亏也，礼相伪也。故曰：'失道而后德，失德而后仁，失仁而后义，失义而后礼。礼者，道之华而乱之首也。'故曰：'为道者日损，损之又损之，以至于无为，无为而不无为也。'今已为物也，欲复归根，不亦难乎！其易也，其唯大人乎！生也死之徒，死也生之始，孰知其纪！

人之生,气之聚也。聚则为生,散则为死。若死生为徒[12],吾又何患! 故万物一也,是其所美者为神奇[13],其所恶者为臭腐;臭腐复化为神奇,神奇复化为臭腐。故曰'通天下一气耳。'圣人故贵一。"

知谓黄帝曰:"吾问无为谓,无为谓不应我,非不我应,不知应我也。吾问狂屈,狂屈中欲告我而不我告[14],非不我告,中欲告而忘之也。今予问乎若,若知之,奚故[15]不近?"黄帝曰:"彼其真是也,以其不知也;此其似之也,以其忘之也;予与若终不近也,以其知之也。"狂屈闻之,以黄帝为知言[16]。

天地有大美而不言,四时有明法而不议,万物有成理而不说。圣人者,原天地之美而达万物之理,是故至人无为,大圣不作[17],观于天地之谓也。

今彼神明[18]至精,与彼百化[19]。物已死生方圆,莫知其根也。扁然[20]而万物,自古以固存。六合[21]为巨,未离其内;秋毫为小,待之成体。天下莫不沉浮,终身不故[22];阴阳四时运行,各得其序。惛然[23]若亡而存,油然不形而神,万物畜而不知。此之谓本根,可以观于天矣。

(郭庆藩《庄子集释》卷七下)

【注释】

[1]知:虚拟人名,寓意有知识者。

[2]玄水:虚构水名。玄,赤黑色。

[3]隐弅:虚构山名。弅(fèn),隆起。

[4]无为谓:虚拟人名,寓意无为、无言。

[5]何处何服:如何止,如何顺。处,停止。服,顺任。

[6]何从何道:如何做,如何行。从,从事。道,施行。

[7]白水:虚构水名,与"玄水"相对而言。

[8]狐阕:虚构丘名。

[9]狂屈:虚拟人名,寓意狂傲。屈,通"倔"。

[10]是:对、正确。

[11]为:伪、造作。

[12]徒:同类。

[13]神奇:神妙奇特,此处形容"生"。

[14]不我告:不告诉我。宾语前置。

[15]奚故:何故、为何。

[16]知言:懂得言说道。庄子认为"道不可言",言道便不是道。

[17]不作:犹言"无为"。

[18]神明:神灵,形容道。

[19]百化:犹言"万化",千变万化。

[20]扁然:翩然,飘忽貌。扁,通"翩"。一说扁通"遍",芸芸之义。

[21]六合:上下四方,指宇宙空间。

[22]故：通"固"，固定不变。

[23]惽然：昏昧貌。惽，通"昏"。

【拓展阅读】

1. 人物简介

庄子（约前369—前286），名周，战国中期宋国蒙邑（今属河南商丘）人，曾为漆园吏。他博学广闻，却隐居于民间，生活贫苦，曾以织草鞋为生，但庄子高尚其志，不以贫困为耻。他曾穿着补丁衣服、拖着草鞋去见魏惠王，并慷慨陈词，论说贫惫之别。楚威王派使者欲厚币聘请庄子，庄子以"曳尾于涂"之愿，拒绝了楚威王。惠施与庄子是同乡，二人常常一起交游。他们二人虽然思想不同，时有争鸣，然而交情甚笃。庄子的弟子中有姓名记录者，只有蔺且一人，其事见于《山木》篇。

2. 思想背景

庄子生活于战国中期，与孟子、惠子约略同时。庄子所见的魏惠王，即是孟子所见的梁惠王。庄、孟虽同时而相互未提及，很可能是彼此的学术志趣差异巨大，而两个人成名都是后来的事。与积极入世、推行仁政以治世的孟子不同，庄子有见于战国时期天下纷扰的乱象，认为世不可救，越救越乱。在他看来，天下大乱的原因在于纯朴人心被搅乱了，而仁义礼智都是搅乱人心的罪魁祸首。所以他说："大乱之本，必生于尧舜之间，其末存乎千世之后。"（郭庆藩《庄子集释》卷八上）在搅人心的意义上，非但儒家是如此，墨家、名家之流也是如此。因此，庄子既批判儒墨之间的"自是而相非"，也批判名家的坚白同异之辩。

3. 标点翻译

天下（节选）

（《庄子》）

芴漠无形变化无常死与生与天地并与神明往与芒乎何之忽乎何适万物毕罗莫足以归古之道术有在于是者庄周闻其风而悦之以谬悠之说荒唐之言无端崖之辞时恣纵而不傥不以觭见之也以天下为沉浊不可与庄语以卮言为曼衍以重言为真以寓言为广独与天地精神往来而不敖倪于万物不谴是非以与世俗处其书虽瑰玮而连犿无伤也其辞虽参差而諔诡可观彼其充实不可以已上与造物者游而下与外死生无终始者为友其于本也弘大而辟深闳而肆其于宗也可谓稠适而上遂矣虽然其应于化而解于物也其理不竭其来不蜕芒乎昧乎未之尽者

（郭庆藩《庄子集释》卷十下）

4. 经典诵读

庄子列传

司马迁

庄子者，蒙人也，名周。周尝为蒙漆园吏，与梁惠王、齐宣王同时。其学无所不窥，然其要本归于老子之言。故其著书十余万言,大抵率寓言也。作《渔父》《盗跖》《胠箧》,以诋訾孔子之徒,以明老子之术。《畏累虚》《亢桑子》之属,皆空语无事实。然善属书离辞,指事类情,用剽剥儒墨,虽当世宿学不能自解免也。其言洸洋自恣以适己,故自王公大人不能器之。

楚威王闻庄周贤,使使厚币迎之,许以为相。庄周笑谓楚使者曰:"千金,重利;卿相,尊位也。子独不见郊祭之牺牛乎? 养食之数岁,衣以文绣,以入大庙。当是之时,虽欲为孤豚,岂可得乎? 子亟去,无污我。我宁游戏污渎之中自快,无为有国者所羁,终身不仕,以快吾志焉。"

(司马迁《史记》卷六十三)

【拓展思考】

1. 请结合老子思想,谈谈庄子关于道与德的理解。
2. 请结合惠子与庄子的三次辩论,思考庄、惠思想的异同。

性恶篇(节选)
荀子

【阅读提示】

《荀子》是荀子及其弟子整理的著作汇编。通行本《荀子》为唐代杨倞注本,全书共三十二篇。人性恶是荀子思想的人性论起点。所谓性恶,并非性本恶,而是性朴而向恶的意思。在荀子看来,人天生有着好利疾恶之情及耳目声色之欲,放任情性的自由发展则会导致争夺残贼及淫乱之行。因此,需要用礼法来纠正,所谓"化性起伪"。其现实意义,在于通过"隆礼重法"以实现"正理平治"之善,进而成就王霸之道。

人之性恶,其善者伪也。今人之性,生而有好利焉,顺是[1],故争夺生而辞让亡焉;生而有疾恶焉,顺是,故残贼生而忠信亡焉;生而有耳目之欲,有好声色焉,顺是,故淫乱生而礼义文理[2]亡焉。然则从人之性,顺人之情,必出于[3]争夺,合于犯分乱理[4]而归于暴。故必将有师法之化,礼义之道,然后出于辞让,合于文理,而归于治。用此观之,然则人之性恶明矣,其善者伪也。

故枸木[5]必将待檃栝[6]、烝矫[7]然后直,钝金必将待砻厉[8]然后利。今人之性恶,必将待师法然后正,得礼义然后治。今人无师法则偏险而不正,无礼义则悖乱而不治。古者圣王以人之性恶,以为偏险而不正,悖乱而不治,是以为之起礼义,制法度,以矫饰人之情性而正之,以扰化人之情性而导之也。始皆出于治,合于道者也。今之人,化师法,积文学,道礼义者为君子;纵性情,安恣睢,而违礼义者为小人。用此观之,然则人之性恶明矣,其善者伪也。

孟子曰:"人之学者,其性善。"曰:是不然。是不及知人之性,而不察乎人之性伪之分者也。凡性者,天之就也,不可学,不可事。礼义者,圣人之所生也,人之所学而能,所事而成者也。不可学、不可事而在人者,谓之性;可学而能、可事而成之在人者,谓之伪。是性伪之分也。

今人之性，目可以见，耳可以听；夫可以见之明不离目，可以听之聪不离耳，目明而耳聪，不可学明矣。

孟子曰："今人之性善，将皆失丧其性故也。"曰：若是则过矣。今人之性，生而离其朴，离其资，必失而丧之。用此观之，然则人之性恶明矣。所谓性善者，不离其朴而美之，不离其资而利之也。使夫资朴之于美，心意之于善，若夫可以见之明不离目，可以听之聪不离耳，故曰目明而耳聪也。今人之性，饥而欲饱，寒而欲暖，劳而欲休，此人之情性也。今人饥，见长而不敢先食者，将有所让也；劳而不敢求息者，将有所代也。夫子之让乎父，弟之让乎兄，子之代乎父，弟之代乎兄，此二行者，皆反于性而悖于情也。然而孝子之道，礼义之文理也。故顺情性则不辞让矣，辞让则悖于情性矣。用此观之，然则人之性恶明矣，其善者伪也。

问者曰："人之性恶，则礼义恶生？"应之曰：凡礼义者，是生于圣人之伪，非故生于人之性也。故陶人[9]埏埴[10]而为器，然则器生于工人之伪，非故生于人之性也。故工人斫木而成器，然则器生于工人之伪，非故生于人之性也。圣人积思虑，习伪故，以生礼义而起法度，然则礼义法度者，是生于圣人之伪，非故生于人之性也。若夫目好色，耳好声，口好味，心好利，骨体肤理好愉佚，是皆生于人之情性者也，感而自然，不待事而后生之者也。夫感而不能然，必且待事而后然者，谓之生于伪。是性、伪之所生，其不同之征也。

故圣人化性而起伪，伪起而生礼义，礼义生而制法度。然则礼义法度者，是圣人之所生也。故圣人之所以同于众（其不异于众[11]）者，性也；所以异而过众者，伪也。夫好利而欲得者，此人之情性也。假之[12]人有弟兄资财而分者，且顺情性，好利而欲得，若是则兄弟相拂夺矣；且化礼义[13]之文理，若是则让乎国人矣。故顺情性则弟兄争矣，化礼义则让乎国人矣。

（王先谦《荀子集解》卷十七）

【注释】

[1]是：此，指人性。

[2]文理：礼之节文与条理。

[3]出于：出现、产生。于，表示趋向。

[4]犯分乱理：违背礼义。俞樾曰："犯分，当作'犯文'。"

[5]枸木：曲木。枸，通"钩"。

[6]檃栝：矫正木材曲度的工具；此处名词动用。

[7]烝矫：热蒸并矫正。烝，通"蒸"。

[8]砻厉：磨砺。

[9]陶人：陶器匠人。

[10]埏埴：揉泥。埏（shān），用水和土。埴，黏土、泥土。

[11]其不异于众：语义重复，疑为衍文。

[12]假之：假若。

[13]化礼义：化于礼义。疑脱"于"字，下同。

【拓展阅读】

1. 人物简介

荀子(约前313—前238),名况,战国晚期赵国人,儒家思想的集大成者。其学术传承当与孔门弟子仲弓一脉有关,且受到稷下黄老道家思想的影响。他先后游历过燕、齐、秦、楚等国。在赵国时,荀子曾与临武君在赵孝成王面前论兵,主张兴仁义之师,反对权谋诈伪。游齐时,他曾三次出任稷下学官的祭酒。到秦国,荀子拜见秦相范雎,游说秦昭王任用儒生,法先王,隆礼义以行王道;但彼时的秦国正积极推行远交近攻之道,对其计策不感兴趣。在楚国时,荀子受到春申君的重用,被任命为兰陵令。春申君死后,他也随之失势,晚年隐居于兰陵,著书立说。荀子主张隆礼重法,推行王霸并用之道,而他的两位弟子李斯和韩非子则转向法家,尚法术而用霸道。荀学在中国礼法制度的建设和实践方面影响巨大。清末思想家谭嗣同甚至认为,中国两千年之学皆"荀学"也。

2. 思想背景

春秋战国时期,随着生产力的发展,土地逐渐私有化,井田制被慢慢废除。作为上层建筑的分封制随之土崩瓦解,而郡县制度在秦国开始逐渐成熟。荀子生活的年代正是旧秩序已经彻底崩坏,而新秩序初具雏形的战国晚期。其时发生的大事件有:赵灭中山、齐灭宋、楚灭鲁等。至于齐、燕、秦、楚、赵、魏等战国七雄之间的征伐战,不仅频次越来越多,规模也越来越大。

荀子有鉴于战国时期诸侯征伐不断、社会秩序崩坏的乱局,提出了不同于孟子的救世主张。在荀子看来,思孟学派的学说,理论幽隐晦涩,难以实践。于是他提出以礼为中心统摄仁义,并吸收当时流行的法术思想,倡导隆礼而王,重法而霸。荀子还基于礼治思想,批判当时流行的其他儒、墨、名、法、道等思想,认为他们的思想足以欺惑愚众,而不足以治国。荀子虽推崇孔子、仲弓,然其关注点却在于"齐言行,壹统类",故其对孔子思想的传承和发展,重礼学而轻仁德。

3. 标点翻译

性恶篇(节选)
荀子

孟子曰人之性善曰是不然凡古今天下之所谓善者正理平治也所谓恶者偏险悖乱也是善恶之分也已今诚以人之性固正理平治邪则有恶用圣王恶用礼义矣哉虽有圣王礼义将曷加于正理平治也哉今不然人之性恶故古者圣人以人之性恶以为偏险而不正悖乱而不治故为之立君上之势以临之明礼义以化之起法正以治之重刑罚以禁之使天下皆出于治合于善也是圣王之治而礼义之化也今当试去君上之势无礼义之化去法正之治无刑罚之禁倚而观天下民人之相与也若是则夫强者害弱而夺之众者暴寡而哗之天下悖乱而相亡不待顷矣用此观之然则人之性恶明矣其善者伪也

(王先谦《荀子集解》卷十七)

4. 经典诵读

非十二子（节选）

荀子

假今之世，饰邪说，交奸言，以枭乱天下，矞宇嵬琐，使天下混然不知是非治乱之所存者有人矣。

纵情性，安恣睢，禽兽行，不足以合文通治。然而其持之有故，其言之成理，足以欺惑愚众，是它嚣、魏牟也。

忍情性，綦谿利跂，苟以分异人为高，不足以合大众，明大分。然而其持之有故，其言之成理，足以欺惑愚众，是陈仲、史鰌也。

不知壹天下、建国家之权称，上功用、大俭约而僈差等，曾不足以容辨异，县君臣。然而其持之有故，其言之成理，足以欺惑愚众，是墨翟、宋钘也。

尚法而无法，下修而好作，上则取听于上，下则取从于俗，终日言成文典，反纠察之，则倜然无所归宿，不可以经国定分。然而其持之有故，其言之成理，足以欺惑愚众，是慎到、田骈也。

不法先王，不是礼义，而好治怪说，玩琦辞，甚察而不惠，辩而无用，多事而寡功，不可以为治纲纪。然而其持之有故，其言之成理，足以欺惑愚众，是惠施、邓析也。

略法先王而不知其统，犹然而材剧志大，闻见杂博。案往旧造说，谓之五行，甚僻违而无类，幽隐而无说，闭约而无解，案饰其辞而祇敬之曰："此真先君子之言也。"子思唱之，孟轲和之，世俗之沟犹瞀儒，嚾嚾然不知其所非也，遂受而传之，以为仲尼、子游为兹厚于后世。是则子思、孟轲之罪也。

（王先谦《荀子集解》卷三）

【拓展思考】

1. 请谈谈荀子"化性起伪"的理论基础。
2. 请谈谈荀子批判孟子"性善论"的理论意义和现实意义。

行由品（节选）

（《坛经》）

【阅读提示】

《坛经》是禅宗六祖惠能的语录，主体部分为惠能在大梵寺法坛弘法的内容，由其弟子法海整理而成，故称《坛经》。《坛经》的版本众多，主要有法海本（敦煌本）、惠昕本、契嵩本、德异本、宗宝本等。明代以后，宗宝本从众多版本中脱颖而出，成为通行本。禅宗自称"教外别传"，其特点是"不立文字，以心印心"，是最具中国特色的佛教宗派。传统的经教之中也有禅法，如大乘禅法与小乘禅法，因是如来佛（释迦牟尼佛）所说，故称如来禅。禅宗所谓禅，乃初祖达摩所传，故称祖师禅。如来禅以禅为方法，重视渐修的工夫；祖师禅以禅为思想，推崇顿悟的见地。

祖[1]一日唤诸门人总来："吾向汝说，世人生死事大[2]。汝等终日只求福田[3]，不求出离生死苦海。自性若迷，福何可救？汝等各去，自看智慧，取自本心般若[4]之性，各作一偈，来呈吾看。若悟大意，付汝衣法[5]，为第六代祖。火急速去，不得迟滞。思量[6]即不中用。见性之人，言下须见。若如此者，轮刀上阵[7]，亦得见之。"

众得处分[8]，退而递相谓曰："我等众人，不须澄心用意[9]作偈，将呈和尚，有何所益？神秀上座[10]现为教授师[11]，必是他得。我辈谩[12]作偈颂，枉用心力。"诸人闻语，总皆息心[13]，咸言："我等已后，依止[14]秀师，何烦作偈？"神秀思惟[15]："诸人不呈偈者，为我与他为教授师。我须作偈将呈和尚。若不呈偈，和尚如何知我心中见解深浅。我呈偈意，求法即善，觅祖[16]即恶——却同凡心夺其圣位奚别？若不呈偈，终不得法。大难，大难。"

五祖堂前，有步廊三间，拟请供奉卢珍[17]画《楞伽经变相》及《五祖血脉图》，流传供养。神秀作偈成已，数度欲呈，行至堂前，心中恍惚，遍身汗流，拟呈不得。前后经四日，一十三度呈偈不得。秀乃思惟："不如向廊下书著[18]，从他和尚[19]看见。忽若道好，即出礼拜，云是秀作。若道不堪，枉向山中数年，受人礼拜，更修何道？"是夜三更，不使人知，自执灯，书偈于南廊壁间，呈心所见。偈曰：

身是菩提树[20]，心如明镜台。

时时勤拂拭，勿使惹尘埃。

秀书偈了，便却[21]归房，人总不知。秀复思惟："五祖明日见偈欢喜，即我与法有缘；若言不堪，自是我迷，宿业障重，不合得法。圣意难测。"房中思想，坐卧不安，直至五更。

祖已知神秀入门未得，不见自性。天明，祖唤卢供奉来，向南廊壁间绘画图相，忽见其偈。报言："供奉却不用画，劳尔远来。经云：'凡所有相，皆是虚妄。'但留此偈，与人诵持。依此偈修，免堕恶道[22]。依此偈修，有大利益。"令门人炷香[23]礼敬，尽诵此偈，即得见性。门人诵偈，皆叹善哉。祖三更唤秀入堂，问曰："偈是汝作否？"秀言："实是秀作，不敢妄求祖位。望和尚慈悲，看弟子有少智慧否？"祖曰："汝作此偈，未见本性。只到门外，未入门内。如此见解，觅无上菩提[24]，了不可得。无上菩提，须得言下识自本心，见自本性。不生不灭，于一切时[25]中，念念自见，万法无滞。一真一切真，万境自如如[26]。如如之心，即是真实。若如是见，即是无上菩提之自性也。汝且去，一两日思惟，更作一偈，将来吾看。汝偈若入得门，付汝衣法。"

神秀作礼而出。又经数日，作偈不成，心中恍惚，神思不安，犹如梦中，行坐不乐。复两日，有一童子，于碓坊[27]过，唱诵其偈。惠能一闻，便知此偈未见本性。虽未蒙教授，早识大意。遂问童子曰："诵者何偈？"童子曰："尔这獦獠[28]不知。大师言世人生死事大，欲得传付衣法，令门人作偈来看。若悟大意，即付衣法，为第六祖。神秀上座于南廊壁上，书无相[29]偈。大师令人皆诵，依此偈修，免堕恶道。依此偈修，有大利益。"惠能曰："我亦要诵此，结来生缘。上人[30]，我此踏碓，八个余月，未曾行到堂前，望上人引至偈前礼拜。"童子引至偈前礼拜。惠能曰："惠能不识字，请上人为读。"时有江州别驾[31]，姓张，名日用，便高声读。惠能闻已，遂言："亦有一偈，望别驾为书。"别驾言："汝亦作偈，其事希有。"

惠能向别驾言：“欲学无上菩提，不得轻于初学。下下人有上上智，上上人有没意智[32]。若轻人，即有无量无边[33]罪。”别驾言：“汝但诵偈，吾为汝书。汝若得法，先须度吾，勿忘此言。”惠能偈曰：

菩提本无树，明镜亦非台。

本来无一物，何处惹尘埃。

书此偈已，徒众总惊，无不嗟讶，各相谓言：“奇哉！不得以貌取人。何得多时，使他肉身菩萨[34]？”

（丁福保《六祖坛经笺注》）

【注释】

[1]祖：指五祖弘忍。

[2]生死事大：指摆脱生死轮回为大事。

[3]福田：福报、功德。佛教认为行善可得福报，如种田能得收获。

[4]般若：梵语，音译为智慧，指能够直观佛教真理的智慧。

[5]衣法：僧衣与教法。“付衣法”，犹言“传衣钵”。

[6]思量：思虑分别。

[7]轮刀上阵：抢着刀上阵杀敌（之时），比喻危急关头。轮，通“抢”，挥动。

[8]处分：安排。

[9]澄心用意：静心费神。

[10]上座：首座。禅院之中主持以下的最高僧职，又用作对僧人的尊称。

[11]教授师：专门教授僧人仪轨的法师。

[12]谩：轻率、随意。

[13]息心：放下念头。息，止。

[14]依止：依赖、仰仗。

[15]思惟：心想、思虑。又作“思维”。

[16]觅祖：追求祖师职位。

[17]供奉卢珍：卢珍，唐代画师。供奉，以技艺供奉于皇宫的官职。

[18]书著：书写。

[19]和尚：指五祖弘忍和尚。

[20]菩提树：桑科榕属乔木，其籽可作念珠。菩提，梵语 bodhi 的音译，意为觉悟境界。相传释迦牟尼于菩提树下觉悟，故名。明镜台：指架有明镜的梳妆台。

[21]却：退下。

[22]恶道：又称“恶趣”。指六道轮回中的“畜生道”“饿鬼道”“地狱道”。

[23]炷香：烧香、燃香。

[24]无上菩提：最高的觉悟境界。

[25]一切时：指过去、现在和未来一切时间。

[26]万境自如如:万法是真如的显现。万境,指万法、一切现象。如如,真如,指万物的真实本体。万法的本体真实、永恒而无差别,如其所是,故称真如。

[27]碓坊:舂米的作坊。碓(duì),舂、捣。

[28]獦獠(gélǎo):古代称南方少数民族。

[29]无相:空相,与"有相"相对。

[30]上人:对出家僧人的尊称。

[31]江州别驾:江州,今江西九江。别驾,刺史的佐吏。

[32]没(mò)意智:埋没智慧。

[33]无量无边:极言数量多、范围广。

[34]肉身菩萨:又称"生身菩萨",指以父母所生之身修得菩萨道者。

【拓展阅读】

1. 人物简介

惠能(638—713),又作慧能。其父卢行瑫本为范阳(今河北涿州)人,唐武德年间被贬至岭南。惠能生于新州(今广东省新兴县),三岁失怙,年少时以卖柴为生。他青年时期曾至曹溪山洞寺听无尽藏尼诵《涅盘经》并与其论道,又于宝林寺(今韶关南华寺)修道三年,于乐昌县(今韶关乐昌市)西石窟向智远禅师学坐禅。他后经惠纪禅师指点,至湖北黄梅礼拜五祖弘忍。惠能因"菩提偈"而得法传衣,后回到岭南,隐遁于民间。三十九岁时,惠能至法性寺(今广州光孝寺)听印宗法师讲《涅盘经》。著名的"风幡之议"便发生于此时。接着惠能在法性寺正式受戒出家。此后,惠能回到宝林寺开坛弘法。惠能的禅法,重视直入人心的当下顿悟,倡导"无相戒"及"无念为宗、无相为体、无住为本"等,深受民众的青睐。惠能在南方弘法四十余年,广招门徒,影响颇大。惠能的弟子中,最著名者有菏泽神会、南岳怀让、青原行思等。

2. 思想背景

佛教自两汉之际传入中国后,便逐渐与中国文化相结合。中国佛教经过魏晋南北朝时期的发展,至隋唐时产生了八大宗派,其中三论宗、天台宗、华严宗和禅宗的中国化程度非常高。特别是禅宗,甚至可以被称为老庄化的佛教宗派。禅宗经典中大量的老庄式语词的使用及对自然观念的重视是其证。禅宗初祖达摩本是南天竺人,大约于南朝宋、梁时来到中国南海。相传他曾与梁武帝会面,因机缘不合而北上至嵩山少林寺传法。达摩在少林寺有"壁观九年"的传说。所谓"壁观",实际上是一种直觉教理的修行方法。与传统的经典解释不同,此法虽借助经典教义,但只是把经典教义作为开悟的途径,在解释时更讲求方便,故也称为"籍教悟宗"。禅宗创立后最终能在中国站稳脚跟,并在经历了几次灭佛事件之后仍能屹立不倒,至宋代则一枝独秀、花开五叶,关键还在于其高度中国化的思想形态、宽容的宗教态度以及简易灵活的禅法,更能顺应时势、满足广大信众的需要。

3. 标点翻译

行由品(节选)

(《坛经》)

惠能严父本贯范阳左降流于岭南作新州百姓此身不幸父又早亡老母孤遗移来南海艰辛贫乏于市卖柴时有一客买柴使令送至客店客收去惠能得钱却出门外见一客诵经惠能一闻经语心即开悟遂问客诵何经客曰金刚经复问从何所来持此经典客云我从蕲州黄梅县东禅寺来其寺是五祖忍大师在彼主化门人一千有余我到彼中礼拜听受此经大师常劝僧俗但持金刚经即自见性直了成佛惠能闻说宿昔有缘乃蒙一客取银十两与惠能令充老母衣粮教便往黄梅参礼五祖惠能安置母毕即便辞违不经三十余日便至黄梅礼拜五祖祖问曰汝何方人欲求何物惠能对曰弟子是岭南新州百姓远来礼师惟求作佛不求余物祖言汝是岭南人又是獦獠若为堪作佛惠能曰人虽有南北佛性本无南北獦獠身与和尚不同佛性有何差别

(丁福保《六祖坛经笺注》)

4. 经典诵读

疑问品(节选)

(《坛经》)

公曰:"弟子闻达摩初化梁武帝,帝问云:'朕一生造寺、度僧,布施设斋,有何功德?'达摩言:'实无功德。'弟子未达此理,愿和尚为说。"

师曰:"实无功德,勿疑先圣之言。武帝心邪,不知正法,造寺、度僧,布施、设斋,名为求福,不可将福便为功德。功德在法身中,不在修福。"

师又曰:"见性是功,平等是德。念念无滞,常见本性,真实妙用,名为功德。内心谦下是功,外行于礼是德。自性建立万法是功,心体离念是德。不离自性是功,应用无染是德。若觅功德法身,但依此作,是真功德。若修功德之人,心即不轻,常行普敬。心常轻人,吾我不断,即自无功。自性虚妄不实,即自无德。为吾我自大,常轻一切故。善知识,念念无间是功,心行平直是德。自修性是功,自修身是德。善知识,功德须自性内见,不是布施供养之所求也。是以福德与功德别。武帝不识真理,非我祖师有过。"

(丁福保《六祖坛经笺注》)

【拓展思考】

1. 五祖弘忍既批评神秀的"无相偈"未入门,为什么还让众人持诵此偈?

2. 请结合禅宗公案"风幡之议",谈谈惠能"菩提偈"所蕴含的佛理。

第七单元 科技探索

轮人（节选）
佚名

【阅读提示】

本篇为节选，选自《周礼·考工记》。《考工记》是我国最早的一部手工业技术总汇，既涉及先秦时代的制车、兵器、练染等手工业制作技艺和设计规范，也涉及生物、数学、物理等自然科学知识，还蕴含着"和合"的传统造物理念、精益求精的工匠精神等文化思想。《考工记》记车工事最为详细，约占全书内容的四分之一。《轮人》介绍制作车轮的技术，为《考工记》开篇之作，至关重要。

轮人为轮[1]。斩三材[2]必以其时。三材既具，巧者和[3]之。毂也者，以为利转也。辐[4]也者，以为直指[5]也。牙[6]也者，以为固抱[7]也。轮敝，三材不失职，谓之完[8]。望而视其轮，欲其幎尔而下迤[9]也。进而视之，欲其微至[10]也。无所取之，取诸圜也。望其辐，欲其掣[11]尔而纤也。进而视之，欲其肉称[12]也。无所取之，取诸易直也。望其毂，欲其眼[13]也，进而视之，欲其帱[14]之廉也。无所取之，取诸急[15]也。视其绠[16]，欲其蚤[17]之正也，察其菑[18]蚤不齵[19]，则轮虽敝不匡[20]。

（郑玄注，贾公彦疏《周礼注疏》卷三十九）

【注释】

[1]轮：车轮。

[2]三材：制作毂、辐和牙三者的木材。

[3]和：组合。

[4]辐：连接毂与轮圈的直木条。

[5]直指：笔直无偏倚。

[6]牙：车轮的外周，即轮圈。

[7]固抱：固定抱合。牙由几块曲木固定密合而成。

[8]完：坚固。意思是：轮子虽旧，只要三个部件未丧失功能，仍然是坚固的。

[9]幎尔而下迤：均匀触地。幎(mì)：均致。下迤，形容轮圈触地的过程。

［10］微至：着地面积小。

［11］揱（xiāo）：细长。

［12］肉称：表层匀称。肉，表层。

［13］眼："辊"之讹字。辊，指车毂圆。

［14］帱：帷幔，这里指包裹车毂的皮革。

［15］急：紧致牢固。

［16］綆（bǐng）：轮辐接近车毂处突出的部分。

［17］蚤：轮辐插入牙中的部分。

［18］菑：轮辐插入毂中的部分。

［19］龋：参差不齐。

［20］匡：弯曲。

【阅读拓展】

1. 写作背景

春秋战国时期是我国古代社会大变革的重要阶段。春秋时期，随着铁制农具的出现，经济快速发展，农业、手工业、商业、科学技术都有了显著提高。就手工业而言，原有操作工艺更为成熟的同时，许多新的工艺逐渐产生，且分工更为精细。另外，思想文化空前兴盛，许多士人都关心社会生产和技术发展。至战国时，人们开始对已有生产经验和技术思想进行总结，这有助于组织和指导生产，《考工记》便应运而生。

2. 作者简介

《考工记》作者不详。据颜师古所说，《周官》中的六官（天、地、春、夏、秋、冬）因缺"冬"，遂以记录百工建构之事的《考工记》补入其中。（班固《汉书》卷三十）孔颖达《礼记正义》则称："至汉孝文帝时，求得此书，不见《冬官》一篇，乃使博士作《考工记》补之。"（孔颖达《礼记正义》卷二十三）此后，《考工记》作为《周礼·冬官》中的一篇，流传至今。不过当代学界多将《考工记》的成书年代推前至先秦。如今人陈直《古籍述闻》认为："《考工记》疑战国时齐人所撰，而楚人所附益。"（陈直《弄瓦翁古籍笺证》）

关于《周礼》的成书，学界或认为其内容庞杂"非一人一时所作"，或认为其体系周备"必出自一人之手"。其成书年代，学界争议也颇大，有"西周说""春秋说""战国说""周秦说""汉初说"等。但可以确定的是，《周礼》原名《周官》，由西汉河间献王刘德所献，而后刘歆整理时将其更名为《周礼》。今人彭林在综合研究其主体思想的基础上，指出该书以儒家思想为体，以法家思想为用，多元一体，当成书于汉初，且是借鉴旧材料而再创作的专著。（彭林《〈周礼〉主体思想与成书年代研究》）

3.标点翻译

考工记·轮人(节选)

佚名

凡为轮行泽者欲杼行山者欲侔杼以行泽则是刀以割涂也是故涂不附侔以行山则是搏以行石也是故轮虽敝不甐于凿凡揉牙外不廉而内不挫旁不肿谓之用火之善是故规之以视其圜也萭之以视其匡也县之以视其幅之直也水之以视其平沈之均也量其薮以黍以视其同也权之以视其轻重之侔也故可规可萭可水可县可量可权也谓之国工

(郑玄注,贾公彦疏《周礼注疏》卷三十九)

4.经典诵读

考工记·总叙(节选)

佚名

天有时,地有气,材有美,工有巧。合此四者,然后可以为良。材美工巧,然而不良,则不时,不得地气也。橘逾淮而北为枳,鸲鹆不逾济,貉逾汶则死,此地气然也。郑之刀,宋之斤,鲁之削,吴粤之剑,迁乎其地而弗能为良,地气然也。燕之角,荆之干,妢胡之笴,吴粤之金锡,此材之美者也。天有时以生,有时以杀;草木有时以生,有时以死;石有时以泐;水有时以凝,有时以泽;此天时也。

(郑玄注,贾公彦疏《周礼注疏》卷三十九)

【拓展思考】

1.《考工记》记述了百工之事与百工之法,内容丰富,涉及领域广泛。试选取你感兴趣的一个领域,进行文本细读,深入分析,并分享给大家。

2.《考工记》和《墨子》都是先秦重要的典籍,都论及了当时人们的造物设计思想。但因所处立场不同,角度不同,故而反映了不同的观念。试撰文比较这两部文献中造物设计理念的差异性。

灵宪(节选)

张衡

【阅读提示】

该文选自《后汉书·天文志》。《灵宪》是我国古代乃至世界天文史上的不朽名篇。该文全面阐述了宇宙的起源和结构、日月星辰的本质及其运行等诸多重大课题,足以证明我国当时的天文学研究居世界领先水平。由于时代的局限,虽然该书还有一些错误和不足,但在天文学史上的意义并不因此而逊色,张衡的科学精神和创新思维值得我们学习和借鉴。选文是张衡对月食成因做出的科学解释,在当时引起了广泛关注,并对后世产生了深远影响。

　　夫日譬犹火,月譬犹水,火则外光[1],水则含景[2]。故月光生于日之所照,魄[3]生于日之所蔽。当日则光盈,就[4]日则光尽也。众星被耀,因水转光。当日之冲[5],光常不合[6]者,蔽于地也,是谓暗虚。在星星微,月过则食。日之薄[7]地,其明也。繇[8]暗视明,明无所屈,是以望之若火,方于中天,天地同明。繇明瞻暗,暗还自夺[9],故望之若水。火当夜而扬光,在昼则不明也。月之于夜,与日同而差微。星则不然,强弱之差也。

(范晔《后汉书》卷一〇〇)

【注释】

　　[1]外光:向外发射光芒。
　　[2]含景:映射景象于其中。
　　[3]魄:月亮的微光。
　　[4]就:靠近。
　　[5]冲:当行星运行至与太阳、地球成一条直线,而地球位于二者之间时,从地球上看该行星位于子夜中天,称为"冲"。
　　[6]合:完全、完整。
　　[7]薄:迫近。
　　[8]繇:通"由"。
　　[9]夺:丧失。

【阅读拓展】

1. 写作背景

　　东汉政权日趋动乱,张衡对当时盛行的图谶和灾异等迷信观念提出批驳,并结合多年积累的实践与理论研究心得,写成了《灵宪》。《灵宪》原书已佚,因南朝梁代刘昭在注《后汉书·天文志》时予以征引而传世。

2. 作者简介

　　张衡(78—139),字平子,河南南阳人,东汉著名天文学家、地理学家和文学家。张衡精通天文历法,生平科技创造很多,被后世称为"科圣"。他所创制的浑天仪开创了我国"水运浑象"——机械定时器的先河,创造的候风地动仪是世界上最早监测地震的仪器。《灵宪》是其天文学思想的代表作。为了纪念张衡在天文学方面的功绩,1970年,国际天文学联合会将月球背面的一座环形山命名为"张衡环形山",1977年又将小行星1802命名为"张衡星"。

3. 标点翻译

灵宪(节选)
范晔

八极之维径二亿三万二千三百里南北则短减千里东西则广增千里自地至天半于八极则地之深亦如之通而度之则是浑已将覆其数用重钩股悬天之景薄地之义皆移千里而差一寸得之过此而往者未之或知也未之或知者宇宙之谓也宇之表无极宙之端无穷

(范晔《后汉书》卷一○○)

4. 经典诵读

浑天仪(节选)
张衡

浑天如鸡子,天体圆如弹丸;地如鸡子中黄,孤居于内,天大而地小。天表里有水,天之包地,犹壳之裹黄。天地各乘气而立,载水而浮。周天三百六十五度四分度之一;又中分之,则一百八十二度八分之五覆地上,一百八十二度八分之五绕地下。故二十八宿,半见半隐。其两端谓之南北极。北极乃天之中也,在正北,出地上三十六度。然则北极上规,经七十二度,常见不隐。南极,天之中也,在正南,入地三十六度。南极下规七十二度,常伏不见。两极相去一百八十二度半强。天转如毂之运也,周旋无端,其形浑浑,故曰浑天也。

(严可均辑《全后汉文》卷五十五)

【拓展思考】

张衡是一位具有世界影响力的全能型人才,他的成就不局限于天文,在数学、地理、文学、机械、绘画、历法、史学、发明等方面均有突出成就,是中国历史上唯一一位被尊为"圣"的科学家。崔瑗《河间相张平子碑》称赞道:"道德漫流,文章云浮,数术穷天地,制作侔造化。瑰词丽说,奇技伟艺,磊落焕炳,与神合契。"(《古文苑》卷十九)请概括张衡对各个领域的贡献,探究其取得卓越成就的原因,并谈谈对你的启示。

种谷(节选)
贾思勰

【阅读提示】

该文载于贾思勰的《齐民要术》。《齐民要术》是我国现存第一部农业全书,涉及农、林、牧、渔、副,开创了后代农书总体规划的范例。书中总结间混套种、绿肥作物栽培等生产经验,对遗传变异、微生物的利用等客观世界做了一些探索,也体现出传统农本思想和保护生态环境的意识。选文通过对种谷时间、轮作方法的阐述，强调了遵循客观规律的必要性，具有深远的历史意义和现实价值。

　　凡谷，成熟有早晚，苗杆有高下，收实有多少，质性[1]有强弱，米味有美恶，粒实[2]有息耗[3]。早熟者苗短而收多，晚熟者苗长而收少。强苗者短，黄谷之属是也；弱苗者长，青、白、黑是也。收少者美而耗，收多者恶而息也。地势有良薄，良田宜种晚，薄田宜种早。良田非独宜晚，早亦无害；薄田宜早，晚必不诚实也。山、泽有异宜。山田种强苗，以避风霜；泽田种弱苗，以求华实[4]也。顺天时，量地利，则用力少而成功多。任情返道[5]，劳而无获。入泉伐木，登山求鱼，手必虚；迎风散水[6]，逆阪走丸[7]，其势难。

　　凡谷田，绿豆、小豆底[8]为上，麻、黍、胡麻次之，芜菁、大豆为下。常见瓜底，不减绿豆，本既不论，聊复记之。

　　良地一亩，用子五升，薄地三升。此为稙谷[9]，晚田加种也。

　　谷田必须岁易[10]。飙子[11]则莠多而收薄矣。飙，尹绢反。

　　二月、三月种者为稙禾，四月、五月种者为穉禾[12]。二月上旬及麻菩音倍，音勃杨生[13]种者为上时，三月上旬及清明节、桃始花为中时，四月上旬及枣叶生、桑花落为下时。岁道宜晚者，五月、六月初亦得。

　　凡春种欲深，宜曳重挞[14]。夏种欲浅，直置自生。春气冷，生迟，不曳挞则根虚，虽生辄死。夏气热而生速，曳挞遇雨必坚垎[15]。其春泽多者，或亦不须挞；必欲挞者，宜须待白背[16]，湿挞令地坚硬故也。

　　凡种谷，雨后为佳。遇小雨，宜接湿种；遇大雨，待秽[17]生。小雨不接湿，无以坐禾苗；大雨不待白背，湿辗[18]则令苗瘦。秽若盛者，先锄一遍，然后纳种乃佳也。春若遇旱，秋耕之地，得仰垄待雨[19]。春耕者，不中也。夏若仰垄，非直荡汰不生[20]，兼与草秽俱出。

　　凡田欲早晚相杂。防岁道[21]有所宜。有闰之岁，节气近后，宜晚田。然大率欲早，早田倍多于晚。早田净而易治，晚田芜秽难治。其收任多少，从秽所宜，非关早晚。然早谷皮薄，米实[22]而多；晚谷皮厚，米少而虚也。

（缪启愉《齐民要术校释》卷一）

【注释】

[1]质性：植株茎秆的硬度。

[2]粒实：米粒充实程度。

[3]息耗：指出米率之高低。息，生息，指出米率高；耗：空虚，指出米率低。

[4]华实：繁盛、充盈。

[5]任情返道：指任凭主观意志，违反自然规律。返，通"反"。

[6]迎风散水：迎着风向泼水。

[7]逆阪走丸：逆着斜坡向上面滚球。

[8]底：底子、基础，指前茬作物所种之地。

［9］稙谷：早谷。稙，早种或早熟。

［10］岁易：每年更换，轮休换耕。

［11］薍（yuàn）子：当指前茬谷子掉落地上再生者。

［12］穉禾：晚苗。穉，通"迟"。

［13］麻菩杨生：麻菩杨生发（之时）。《集韵》："麻菩杨，草名。"一说麻子勃兴、杨树发芽；菩，通"勃"。亦通。

［14］挞：农具名，又称"打田簹"，用以压土和覆土。

［15］坚垎：黄土具有黏性，雨水多时若踩压容易结块。垎（hè），坚硬。

［16］白背：土地表面发白，此时黄土干透易酥散。

［17］秒：杂草。

［18］辗：同"碾"，碾压。

［19］仰垄待雨：作田垄以待雨。本句意思是：去年秋天耕过的地，经冬之后，土壤尚湿，即便春旱，也可播种，不妨作垄待雨。

［20］荡汰不生：积水冲刷，谷苗不生。本句是说：夏天雨大，若作垄待雨，则积水冲刷地面，谷种易霉烂于土中无法出苗。

［21］岁道：时令。

［22］米实：米粒充实。

【阅读拓展】

1. 写作背景

《齐民要术》作于分裂动荡的北魏时期，以畜牧射猎为事的北魏拓跋氏定都平城（今山西大同市），在统一中国北方后迁都洛阳。经历了一系列的汉化，农业最终成为北魏的主要经济来源。但北魏时期中国北方的气候由暖转冷，自然环境恶劣，再加上战争的破坏，导致农业水平低下。这种背景下，总结农业历史经验和推广农业技术十分必要，《齐民要术》应运而生。

2. 作者简介

贾思勰，生卒年不详，北魏青州齐郡益都人（今山东寿光），曾任高阳郡太守。据《齐民要术》内容可知，他离任后曾从事农业生产经营，种地养羊。

3. 标点翻译

地势之宜（节选）
陈旉

若高田视其地势高水所会归之处量其所用而凿为陂塘约十亩田即损二三亩以潴畜水春夏之交雨水时至高大其堤深阔其中俾宽广足以有容堤之上疏植桑柘可以系牛牛得凉荫而遂性堤得牛践而坚实桑得肥水而沃美旱得决水以灌溉涝即不致于弥漫而害稼高田早稻自种至收不过五六月其间旱干不过灌溉四五次此可力致其常稔也又田方耕时大为塍垄俾牛可牧其上践踏坚

实而无渗漏若其塍垄地势高下适等即并合之使田丘阔而缓牛犁易以转侧也

（刘铭《陈旉农书校释》卷上）

4. 经典诵读

树艺（节选）

徐光启

王祯《农书》曰：荞麦，立秋前后漫撒种，即以灰粪盖之。稠密则结实多，稀则结实少。若种迟，恐花经霜，不结子。荞麦，赤茎乌粒，种之则易为工力，收之则不妨农时，晚熟故也。霜降收，则恐其子粒焦落，乃用推镰获之。北方山后诸郡多种。治去皮壳，磨而为面，焦作煎饼，配蒜而食。或作汤饼，谓之河漏。滑细如粉，亚于面麦。风俗所尚，供为常食。然中土南方，农家亦种，但晚收，磨食，溲作饼饵，以补面食，饱而有力。实农家居冬之日馔也。

（石声汉《农政全书校注》卷二十六）

【拓展思考】

1. 浅析《齐民要术》所体现的生态农业思想及其当代价值。
2. 查找贾思勰的相关资料，并评述其在中国农业史上的贡献。

河水注（节选）

郦道元

【阅读提示】

该文选自《水经注》。《水经》是中国第一部记述水系的专著，简要记述了137条全国主要河流的水道情况。郦道元结合文献资料和实地考察为其作注。作为一部以水道为纲的综合性地理学著作，《水经注》包罗万象，主要介绍河道川渠的源流经历，也兼及沿岸的城邑建筑、人物故事、历史古迹、神话传说和风土人情，内容丰富，文词隽永，景物逼真。该文对石油的形态、性质及用途做了详细的介绍和真实的记录，具有很高的科学价值和史料价值。

河水[1]又右会[2]区水[3]。《山海经·西次四经》之首曰：阴山[4]，西北百七十里曰申山[5]。其上多谷、柞，其下多杻、橿，其阳多金、玉，区水出焉，而东流注于河。世谓之清水，东流入上郡长城。迳[6]老人山下，又东北流。至老人谷，傍水北出，极溪便得水源。清水又东得龙尾水[7]口，水出北地神泉障北山龙尾溪，东北流注清水。清水又东会三湖水[8]。水出南山三湖谷，东北流入清水。

清水又东迳高奴县，合丰林水[9]，《地理志》谓之洧水也。故言高奴县[10]有洧水，肥可爇[11]，水上有肥，可接取用之。《博物志》称酒泉延寿县[12]南山出泉水，大如筥[13]，注地为沟，水有肥,如肉汁,取著[14]器中,始黄后黑,如凝膏,然极明,与膏无异,膏[15]车及水碓[16]缸甚佳,彼方人谓之石漆。水肥亦所在有之,非止高奴县洧水也。项羽以封董翳为翟王,居之三秦,此其一也。汉高祖破以县之,王莽之利平矣。民俗语讹,谓之高楼城也。丰林川长津泻注,北流会清水。清水又南,奚谷水注之。水西出奚川[17],东南流入清水。清水又东注于河。

(陈桥驿《水经注校证》卷三)

【注释】

[1]河水:黄河。

[2]右会:黄河在山陕大峡谷段自北向南而流,西边有延河注入,故称。

[3]区(ōu)水:《山海经》中的水名,《水经注》称清水,即今延河。

[4]阴山:即陕西甘泉县南之雕阴山。

[5]申山:今榆林市靖边县芦子关所在。以上据毕阮说(杨守敬、熊会贞《水经注疏》卷三)。

[6]迳:至。老人山及下文老人谷,具体位置不详,当在陕西省靖边县与延安市安塞区之间的延河北岸。

[7]龙尾水:又名小平川,今安塞区小川河。据杨守敬说(《水经注疏》卷三)。

[8]三湖水:今安塞杏子河。据杨守敬说。

[9]丰林水:又名洧水,疑今南川河。据杨守敬说。

[10]高奴县:古县名,秦置,属上郡,故城在今延安城东尹家沟一带。

[11]爇:同"燃"。与下"然极明"中"然"字同。

[12]延寿县:古县名,东汉置,在今甘肃玉门一带。

[13]筥(jǔ):圆形竹筐。

[14]著:同"贮"。

[15]膏:润泽。

[16]水碓:是一种借水力舂米的器械。

[17]奚川:又名清化河,今蟠龙川河。据熊会贞说(《水经注疏》卷三)。

【阅读拓展】

1. 写作背景

该文创作于北魏后期,南北政权对立时期。郦道元向往祖国统一,便利用全国的河流水系来作纲,以期打破当时人为的政治疆界的限制。该文体现了他坚信祖国统一的决心。同时,他也认识到前代地理书籍均未记水道以外的地理情况,也未能体现出地理现象所具有的不断发展变化的特点。故而他遍考古书,广搜博闻并亲身考察,为《水经》作注,进而描述更为丰富且变化不定的地理情况。

2. 作者简介

郦道元(约 470—527),字善长,范阳(今河北省涿州市)人,北魏地理学家、散文家,出身于官宦世家。他先后在平城(今山西省大同市)和洛阳担任过御史中尉等中央官吏,并多次出任地方官。郦道元自幼好学,博览群书,爱好游览,几乎走遍了秦岭、淮河以北和长城以南的大部分地区。他参阅了大量地理书籍,通过自己的实际考察,撰成《水经注》四十卷。《魏书》有传。

3.标点翻译

杂志一(节选)

沈括

鄜延境内有石油旧说高奴县出脂水即此也生于水际沙石与泉水相杂惘惘而出土人以雉尾裛之乃采入缶中颇似淳漆然之如麻但烟甚浓所沾帷幕皆黑予疑其烟可用试扫其煤以为墨黑光如漆松墨不及也遂大为之其识文为延川石液者是也此物后必大行于世自予始为之盖石油至多生于地中无穷不若松木有时而竭今齐鲁间松林尽矣渐至太行京西江南松山大半皆童矣造煤人盖未知石烟之利也石炭烟亦大墨人衣予戏为延州诗云二郎山下雪纷纷旋卓穹庐学塞人化尽素衣冬未老石烟多似洛阳尘

(胡道静《梦溪笔谈校证》卷二十四)

4.经典诵读

河水注(节选)

郦道元

孟门,即龙门之上口也。实为河之巨厄,兼孟门津之名矣。此石经始禹凿,河中漱广。夹岸崇深,倾崖返捍,巨石临危,若坠复倚。古之人有言:"水非石凿,而能入石。"信哉!其中水流交冲,素气云浮,往来遥观者,常若雾露沾人,窥深悸魄。其水尚崩浪万寻,悬流千丈,浑洪赑怒,鼓若山腾,浚波颓叠,迄于下口。方知慎子,下龙门,流浮竹,非驷马之追也。

(陈桥驿《水经注校证》卷四)

【拓展思考】

1.《水经注》既是一部地理著作,也是一部颇具特色的山水游记。明代散文家张岱在《跋〈寓山注〉二则》中指出:"古来记山水手,太上郦道元,其次柳子厚,近时则袁中郎。"(张岱《琅嬛文集》卷五)请分析《水经注》的文学价值。

2.郦道元作《水经注》,广泛进行田野调查,获得了许多第一手资料。请评价郦道元的科学精神,并指出可学习、效法之处。

茶经·之源
陆羽

【阅读提示】

　　该文载于陆羽的《茶经》。《茶经》是世界上第一部茶叶、茶学专著,对茶叶的起源、种类特性、产地、质量、茶具以及品饮方法等内容进行系统化的论述,不仅传播茶文化和茶叶的科学知识,而且承载着浓厚的历史和文化,被翻译为多国语言广为流传。选文中,陆羽提出了"精行俭德"的思想,从茶叶所具有的医用、饮用等物质功能的基础上提出精神功能,使饮茶成为一种强调个人修养、自我提升以及陶冶情操的文化形态。

　　茶者,南方之嘉木也。一尺、二尺,乃至数十尺。其巴山峡川有两人合抱者,伐而掇之。其树如瓜芦[1],叶如栀子,花如白蔷薇,实如栟榈[2],蒂如丁香,根如胡桃。

　　其字,或从草[3],或从木,或草木并。

　　其名,一曰茶,二曰槚,三曰蔎,四曰茗,五曰荈。

　　其地,上者生烂石,中者生砾壤,下者生黄土。凡艺而不实,植而罕茂,法如种瓜,三岁可采。野者上,园者次。阳崖阴林,紫者上,绿者次;笋者上,牙者次[4];叶卷上,叶舒次。阴山坡谷者,不堪采掇,性凝滞,结瘕[5]疾。

　　茶之为用,味至寒,为饮,最宜精行俭德之人。若热渴、凝闷、脑疼、目涩、四支烦[6]、百节不舒,聊四五啜,与醍醐[7]、甘露抗衡也。

　　采不时,造不精,杂以卉莽[8],饮之成疾。茶为累也,亦犹人参。上者生上党,中者生百济、新罗,下者生高丽。有生泽州、易州、幽州、檀州者,为药无效,况非此者?设服荠苨[9],使六疾不瘳[10]。知人参为累,则茶累尽矣。

(沈冬梅《茶经校注》卷上)

【注释】

　　[1]瓜芦:皋芦的别称,一种生长在中国南方的似茶叶而味苦的植物。

　　[2]栟(bīng)榈:即棕榈。

　　[3]从草:本作"荼",后作"茶"。从木:当作"榎"。《正字通》:"榎,木名,六书故榎茗也。今借用茶字,因改谐声之'余'其下为木,以别异之。"草木并:当作"荼"。

　　[4]笋者上,牙者次:指嫩叶形状如笋者为上,嫩叶形状如芽者较次。笋,通"笋"。牙,通"芽"。

　　[5]瘕(jiǎ):腹中的肿块。

　　[6]烦:疲劳。

[7] 醍醐：奶酪中提炼的油，味道甘美。

[8] 卉莽：指野草。

[9] 荠苨：桔梗科草本植物，根茎似人参。

[10] 六疾不瘳：任何病都不能治愈。六疾，本指寒、热、末、腹、惑、心疾六种疾病，此处泛指一切病。瘳，治愈。

【阅读拓展】

1. 写作背景

唐代中期，饮茶风尚已在全国范围内普及，各地栽茶、制茶、饮茶都积累了大量的经验。但这些经验不成体系，人们迫切需要科学而系统的理论对生产加以指导。加之陆羽在童年时期就已学会烹茶的技术，其后在居住江南时期结交了很多朋友，经常以茶会友，对茶文化的认知更加深刻。于是，他总结自己的实践经验和茶学知识，于上元初在湖州苕溪写出了《茶经》的初稿，后进行多次修订补充，历时十几年，最终完成专著《茶经》的撰写。

2. 作者简介

陆羽（733—804），字鸿渐、季疵，一名疾，号竟陵子、桑苎翁、东冈子，唐代复州竟陵人（今湖北天门）人，茶学家，被誉为"茶仙"，尊为"茶圣"，祀为"茶神"。他自幼寄养于寺院却不愿为僧，后为伶人却矢志于学。在经济拮据的困境中，他曾以采茶、制茶、煮茶为生。安史之乱爆发后，陆羽随难民渡江南下，遍历长江中下游和淮河流域，搜集有关茶事资料，并根据实地考察所得的资料及多年研究的心得体会，著成《茶经》。

3. 标点翻译

茶录·论茶（节选）
蔡襄

茶色贵白而饼茶多以珍膏油其面故有青黄紫黑之异善别茶者正如相工之视人气色也隐然察之于内以肉理润者为上既已末之黄白者受水昏重青白者受水鲜明故建安人斗试以青白胜黄白

（方健《中国茶书全集校证》第一册）

4. 经典诵读

茶疏·饮时
许次纾

心手闲适，披咏疲倦，意绪梦乱。听歌闻曲，歌罢曲终，杜门避事。鼓琴看画，夜深共语，明窗净几。洞房阿阁，宾主款狎，佳客小姬。访友初归，风日晴和，轻阴微雨。小桥画舫，茂林修竹，课花责鸟。荷亭避暑，小院焚香，酒阑人散。儿辈斋馆，清幽寺观，名泉怪石。

（方健《中国茶书全集校证》第二册）

【拓展思考】

《新唐书·陆羽传》载:"羽嗜茶,著《经》三篇,言茶之原、之法、之具尤备,天下益知饮茶矣。时鬻茶者至陶羽形置炀突间,祀为茶神。"(欧阳修等《新唐书》卷一九六)可见,时人对陆羽及其《茶经》给予了很高的评价。唐代是中国诗歌史上的高峰,其中不乏唐人咏陆羽的诗。请对这些诗歌进行整理与分析,进一步了解陆羽及其《茶经》。

合酵
朱肱

【阅读提示】

该文载于《酒经》。《酒经》也称为《北山酒经》,系统总结了我国北宋以前传统的黄酒酿造工艺,既是一本酒文化专著,也是一本酿酒工艺实用工具书。全书分为上、中、下三卷,上卷总述历代制曲酿酒理论,中卷论述制曲技术并收录十几种酒曲的配方及制法,下卷论述酿酒技术。该文旨在阐述制取干酵母菌的原始方法,对现代固体酵母曲的制造仍有借鉴意义。

北人造酒不用酵[1]。然冬月天寒,酒难得发,多擷了[2]。所以要取醅面[3],正发醅[4]为酵最妙。其法,用酒瓮正发醅,撇取面上浮米糁,控干,用麹末[5]拌,令湿匀,透风阴干,谓之"干酵"[6]。

凡造酒时,于浆米中先取一升已来,用本浆煮成粥,放冷,冬月微温。用干酵一合[7]、曲末一斤,搅拌令匀,放暖处。候次日搜饭[8]时,入酿饭瓮中同拌。大约申时[9]欲搜饭,须早辰[10]先发下酵,直候酵来多时,发过方可用。盖酵才来,未有力也。酵肥为来,酵塌可用。又况用酵四时不同,须是体衬天气[11]。天寒用汤[12]发,天热用水[13]发,不在用酵多少也。不然,只取正发酒醅二、三勺拌和尤捷,酒人谓之"传醅",免用酵也。

(宋一明等《酒经译注》)

【注释】

[1]酵:酵母。北方人多以富含淀粉的米、麦酿酒,故用酒曲而不用酵母。

[2]擷了:指不能充分发酵。见《投醅》篇。

[3]醅面:浊酒的浮沫。醅,未过滤的浊酒。

[4]正发醅:正在发酵的浊酒。为酵:发酵。

[5]麹末:酒曲的细末,当指麸曲。

[6]干酵:指块状酒曲。

[7]合:容量单位,十分之一升。

[8]搜饭:疑作"投饭",酿酒中的"喂饭法"。见《投醅》篇。

[9]申时:十二时辰之一,下午三点至五点。

[10]早辰:指辰时,早上七点至九点。

[11]体衬天气:体察和配合天气。

[12]汤:热水。

[13]水:冷水。

【阅读拓展】

1. 写作背景

随着商品经济的发展和城市的繁荣,宋代的酒业贸易和消费规模非常兴盛。同时,随着科学技术的全面发展,制曲和酿酒工艺水平也随之大幅度提升。加之,宋朝中央政府基于财政收入和对辽、金的战争负担的考量,出台榷酒酤政策,大大促进了酿酒业的发展。北宋时期,不仅酒库遍地,酒楼林立,酒品种类迅速增多,饮酒文化也日益风靡。《酒经》就是在这样的背景下产生的。

2. 作者简介

朱肱(1050—1125),字翼中,号无求子、大隐翁,北宋归安(今浙江湖州)人,元祐三年(1088年)进士,官至奉议郎。他自小发愤读书,博览群书,因深谙医药之道,朝廷召为医学博士。后因故罢官,他侨居西湖之上,潜心研究医学,在杭州开办酒坊,以著书酿酒自乐。其著作有《酒经》《伤寒百问》《内外二景图》等。

3. 标点翻译

东坡酒经(节选)
苏轼

南方之氓以糯与粳杂以卉药而为饼嗅之香嚼之辣揣之枵然而轻此饼之良者也吾始取面而起肥之和之以姜液蒸之使十裂绳穿而风戾之愈久而益悍此麹之精者也

(孔凡礼点校《苏轼文集》卷六十四)

4. 经典诵读

酒经(节选)
朱肱

酒之作尚矣。仪狄作酒醪,杜康秫酒,岂以善酿得名?盖抑始于此耶!

酒味甘、辛,大热,有毒。虽可忘忧,然能作疾。所谓腐肠烂胃,溃髓蒸筋。而刘词《养生论》:酒所以醉人者,麹蘖之气故尔。麹蘖气消,皆化为水。昔先王诰庶邦庶士"无彝酒",又曰"祀兹酒",言天之命民作酒,惟祀而已。六彝有舟,所以戒其覆;六尊有罍,所以戒其淫。陶侃剧饮,亦自制其限。后世以酒为浆,不醉反耻,岂知百药之长,黄帝所以治疾耶?

(宋一明等译注《酒经译注》卷上)

【拓展思考】

宋代的制曲酿酒技术文献资料不仅数量多,而且内容丰富,具有较高的理论水平。宋代文学艺术在酒文化的催生下蓬勃发展,酒也成为文人士子生活的必需品。试就宋代酒文化与文人命运的交融这一话题进行深度解读。

阳燧照物
沈括

【阅读提示】

该文载于《梦溪笔谈》,题名为笔者据习称所加。《梦溪笔谈》共计三十卷,是一部综合性著作,内容涉及天文、历法、地质、物理、化学、生物、医药、历史、文学等诸多领域,反映了十一世纪中国科学文化的发展与繁荣,对后世产生了极大的影响。英国科学史家李约瑟评价此书为"中国科学史上的里程碑。"(李约瑟著,袁翰青等译《中国科学技术史》第一卷)该文生动地描述了凹面镜倒立成像的奇异现象,并与小孔成像相联系,深刻地揭示出倒立成像的光学原理。

阳燧[1]照物皆倒,中间有碍[2]故也,算家谓之"格术"[3]。如人摇橹,臬[4]为之碍故也。若鸢飞空中,其影随鸢而移,或中间为窗隙所束,则影与鸢遂相违,鸢东则影西,鸢西则影东。又如窗隙中楼塔之影,中间为窗所束,亦皆倒垂,与阳燧一也。阳燧面洼,以一指迫而照之则正;渐远则无所见,过此遂倒。其无所见处,正如窗隙、橹臬,腰鼓[5]碍之,本末相格,遂成摇橹之势。故举手则影愈下,下手则影愈上,此其可见。阳燧面洼,向日照之,光皆聚向内。离镜一二寸,光聚为一点,大如麻菽[6],著物则火发,此则腰鼓最细处也。岂特物为然,人亦如是,中间不为物碍者鲜矣。小则利害相易,是非相反;大则以己为物,以物为己。不求去碍而欲见不颠倒,难矣哉!《酉阳杂俎》谓"海翻则塔影倒",此妄说也。影入窗隙则倒,乃其常理。

(胡道静《梦溪笔谈校证》卷三)

【注释】

[1]阳燧:凹面铜镜,古人用以聚光取火。
[2]碍:阻碍,文中指称凹面镜聚光的焦点及小孔成像中的小孔。
[3]格术:"格"有阻碍、阻隔之义。凹面镜成像对称而颠倒,古人认为是中间有阻碍的缘故,故称。

［4］梟:用来支撑橹的小木桩。这里的"碍"是一种比喻的用法,即力通过支点后作用于相反方向,用来进一步说明光通过四面镜焦点的反射情况。

［5］腰鼓:古代一种中间细、两端对称的鼓,这里用腰鼓以细处为中心对称的情况来比喻阳燧焦点与光线反射的关系。

［6］麻菽:麻籽和豆类。

【阅读拓展】

1. 写作背景

钱塘沈氏家族在医药学领域颇有家传。沈括自幼受家学影响,接触到不少医书和草药,又曾随父亲游历四方,见识各地人情物事。这段经历开启了他的科学探索之路。北宋元丰五年(1082 年),因永乐城(今陕西米脂西北)筑防不利,他被贬至随州,政治生涯宣告完结。1088 年,官场失意的沈括定居润州(今江苏镇江)梦溪园,认真总结平生见闻和科学实践,以笔记文学的形式写下了这本科学巨著《梦溪笔谈》。

2. 作者简介

沈括(1031—1095),字存中,自号梦溪丈人,杭州钱塘(今浙江杭州)人,北宋政治家、科学家,宋仁宗嘉祐八年(1063 年)进士。他一生的大部分时间从事政治活动,如出使办理边界交涉、坐镇陕西延州(今延安)与西夏作战等。他在科学研究方面领域广,成就多。《宋史·沈括传》赞其:"博学善文,于天文、方志、律历、音乐、医药、卜算无所不通,皆有所论著"。(脱脱等《宋史》卷三三一)

3. 标点翻译

器用(节选)

沈括

古人铸鉴鉴大则平鉴小则凸凡鉴洼则照人面大凸则照人面小小鉴不能全观人面故令微凸收人面令小则鉴虽小而能全纳人面仍复量鉴之小大增损高下常令人面与鉴大小相若此工之巧智后人不能造比得古鉴皆刮磨令平此师旷所以伤知音也

(胡道静《梦溪笔谈校证》卷十九)

4. 经典诵读

经说下(节选)

(《墨子》)

鉴位景二:一小而易,一大而正,说在中之外内。

说鉴。分鉴:中之内,鉴者近中则所鉴大,景亦大,远中则所鉴小,景亦小,而必正。起于中,缘正而长其直也。中之外,鉴者近中则所鉴大,景亦大,远中则所鉴小,景亦小,而必易。合于中,缘正而长其直也。

(吴毓江《墨子校注》卷十)

【拓展思考】

1. 据胡道静研究,《梦溪笔谈》全书涉及科学技术的条目约占总数的 36%,分属数学、天文学、光学、地学、医学等多个学科领域。请就你感兴趣的某个自然学科领域,选取几则笔记,进行文本细读,深入分析,阐述沈括在自然科学方面的探索精神和知识素养。

2. 查阅《梦溪笔谈》,找出有关宋代延州(今延安)方面的各类记载,并进行归类、分析,并著文说明该书在延安地域文化方面的价值之所在。

百感岩
徐霞客

【阅读提示】

该文载于《徐霞客游记》之《粤西游日记三》,题名为编者所加。《徐霞客游记》是一部自然地理学与人文地理学相交融的科学著作,也是一部将科学考察与文学写作成功融合的游记散文集。该书内容十分丰富,涉及地理学、生态学、民俗学、文学等领域。清代学者钱谦益在《嘱徐仲昭刻游记书》中赞其为"世间真文字、大文字、奇文字"。(朱惠荣校注《徐霞客游记校注》)该文是徐霞客于崇祯十年(1637 年)十一月游历广西百感岩的记录,文中生动地描写了百感岩的岩溶地貌,极具文学色彩,又不失科学的严谨性。作者对岩溶地貌的考察在当时处于世界领先地位。

百感岩在向武州东北七里。其西南即分水横列之山,中江之水所由入者;其东南即隘门岭之山,北逦而屏于东,南江之水所由折而北入者;其西北即此山之背,环为龙巷东入之内坞,北江之水所由捣而下者;其东北即此山后门,绕而为百感村,众江既潜合于中,所由北出者。此山外之四面也。而其岩则中辟于山之半,南通二门皆隘:一为前门,一为偏穴。北通一门甚拓,而北面层峦阻闼[1],不通人间。自州来,必从南门入,故巨者反居后,而隘者为前。前门在重崖之上,其门南向。

初抵山下,东北攀级以上,仰见削崖,高数百仞,其上杙木横栈,缘崖架空,如带围腰,东与云气同其蜿蜒。既而西上危梯三十级,达崖之半,有坪一掌,石窍[2]氤氲[3],然裂而深。由其东缘崖端石级而左,为东洞;由其西践栈而右,为正洞之前门。栈阔二尺,长六七丈,石崖上下削立,外无纤窦[4]片痕。而虬枝古干[5],间有斜骞[6]于外,倒悬于上者,辄就之横木为杙。外者藉树杪[7],内者凿石壁,复以长木架其上为梁,而削短枝横铺之,又就垂藤以络于外。人践其上,内削壁而外悬枝,上倒崖而下绝壑,飞百尺之浮桴[8],俯千仞而无底,亦极奇极险矣。

栈西尽,又北上悬梯十余级,入洞前门。门南向,其穴高三尺五寸,阔二尺,仅容伛偻[9]入。下丈许,中平,而石柱四环如一室,旁多纤穴,容光外烁,宿火种于中。爇炬[10]由西北隙下,则眢然深陷。此乃洞之由明而暗处也。下处悬梯三十级,其底开夹[11]而北,仰眺高峻。梯之下,有小穴伏壁根。土人云:"透而南出,亦有明室一围,南向。"则前门之下层,当悬栈之下者也。

由夹北入,路西有穴平坠如井,其深不测。又入其西壁下,有洼穴斜倾西坠。土人云:"深入下通水穴,可以取水。"然流沙坼泻[12],不能着足也。西壁上有奥室围环中拓[13],若悬琉璃灯一盏,乃禅室之最闷者。出由其东,又北过一隘,下悬梯三十级,其底甚平旷,石纹粼粼,俱作荔枝盆。其西悬[乳]萎蕤[14],攀隙而入,如穿云叶[15]。稍北转而西上,望见微光前透甚遥。蹑沙坂从之,透隘门西出,则赫然大观,如龙宫鹅[16]阙,又南北高穹,光景陆离,耳目闪烁矣。此乃洞之由暗而明处也。其洞内抵西南通偏门,外抵东北通后门,长四十丈,阔十余丈,高二十余丈。其上倒垂之柱,千条万缕,纷纭莫有纪极。其两旁飞驾之悬台,剜空之卷室,列柱穿崖之榭,排云透夹[17]之门,上下层叠。割其一脔[18],即可当他山之全鼎。

（朱惠荣校注《徐霞客游记校注》）

【注释】

[1]闷:同"闭",封闭、幽闭。

[2]石窍:石洞。

[3]氤氲:云雾弥漫的样子。

[4]纤窦:细小孔洞。

[5]虬枝古干:盘曲的树枝和古朴的树干。

[6]骞:高举的样子。

[7]树杪:树梢。

[8]浮桴:小筏子。此处形容所践栈道,犹如空中筏子,极言其险。

[9]伛偻:腰背弯曲。

[10]蓺炬:烧火把。蓺(ruò),烧。

[11]夹:夹道,指洞中狭窄小道。

[12]坼泻:坍塌倾泻。

[13]中拓:中间开阔。

[14]萎蕤:下垂貌。

[15]云叶:云朵。

[16]鹅:一本作"峨",当从。

[17]透夹:穿过夹道。

[18]脔:小块肉。本句以肉喻景,意思是:随便割一小块肉,也抵得上他山的一锅肉。极言此处景色之美。

【阅读拓展】

1. 写作背景

晚明时期游风炽盛,徐霞客的家乡江阴是重要的贸易港口,商业发达,思想解放,提倡重试验、重考察的科学精神。这种好游的时代风气和文化环境无疑深深地影响了他。另外,父亲的志趣、母亲的开明和殷实的家境,成为徐霞客能够遍访名山大川的坚强动力和经济后盾。尽管如此,徐霞客的旅行条件仍然相当艰苦。他所生活的年代,时值明朝末期,南方各省交通不便,社会动荡不安。他所到之处,往往路途艰辛,且会遭遇盗匪。故其旅行途中不乏被盗和发生绝粮之事。然而,出于对旅行探险的挚爱,徐霞客不畏艰难险阻,踏遍五岳,游历九州,将对科学世界的探索和对社会生活的感悟秉笔书写下来,遗作经好友季会明等整理而成《徐霞客游记》。

2. 作者简介

徐霞客(1587—1641),名弘祖,字振之,号霞客,南直隶江阴(今江苏江阴)人,是明代地理学家、旅行家和文学家。他自幼好学,饱读诗书,尤钟情于图经地志。成年之后,徐霞客目睹朝廷腐败,便决意放弃仕途,将考察祖国的名山大川作为毕生事业。终因积劳成疾,两足瘫痪,自云南归乡不久后便与世长辞,时年五十五岁。在游历考察的三十多年间,他的足迹遍布我国21个省、区、市,并把见闻以日记的形式记录下来,形成了《徐霞客游记》稿本。同时,他也是世界地理学史上对地质地貌进行科学考察的伟大先驱。

3. 标点翻译

粤西游日记三·龙巷东北坞上洞
徐霞客

龙巷东北坞上洞在向武州东北七里即百感之西崖第路由龙巷村东入北转盘旋成坞枯榕北枝大江分捣其中崖回坞绝坠穴东入而洞临其上其门西向左右皆危崖而下临激湍原无入路由其北攀线纹践悬壁以入上幕云卷下披芝叠东进六丈后忽烘然内暖若有界其中者盖其后无旁窦而气益不泄也又三丈转而北渐上而隘又三丈而止其中悬柱亦多不及百感之林林总总而下有丸石如珠洁白圆整散布满坡阪间坡阪之上其纹皆鄰鄰如绉簇如鳞次纤细匀密边绕中洼圆珠多堆嵌纹中不可计量余选其晶圆者得数握为薏苡为明珠不能顾人疑也

(朱惠荣校注《徐霞客游记校注》)

4. 经典诵读

滇游日记十三·溯江纪源
徐霞客

第见《禹贡》"岷山导江"之文,遂以江源归之,而不知禹之导,乃其为害于中国之始,非其滥觞发脉之始也。导河自积石,而河源不始于积石;导江自岷山,而江源亦不出于岷山。岷流入江,而未始为江源,正如渭流入河,而未始为河源也。不第此也,岷流之南,又有大渡河,西自吐蕃,经黎、雅与岷江合,在金沙江西北,其源亦长于岷而不及金沙,故推江源者,必当以金沙为首。……故不探江源,不知其大于河;不与河相提而论,不知其源之远。谈经流者,先南而次北可也。

（朱惠荣校注《徐霞客游记校注》）

【拓展思考】

1.《徐霞客游记》既不同于一般的方舆地志,也不同于文人骚客的山水小品文,而是兼具科学价值和文学价值的作品,有着独特的文体特点和写作风格。试分析《徐霞客游记》的文学特点。

2.《水经注》与《徐霞客游记》都是古代地理学名著,试比较二者的异同。

乃粒·稻

宋应星

【阅读提示】

该文载于《天工开物》。该书是我国古代一部综合性的科技著作,也是世界上第一部有关农业和手工业生产技术的"百科全书式著作"。全书共三卷,插图一百二十余幅,涉及多种物品的原料出产和制造过程、组织管理和生产经验。因此,《天工开物》从生活数据到生产数据,从民用机械到国防武器皆有记录,内容广博,文字简洁,数据翔实,插图生动。本篇选文描述了稻的性状差异、变种类型和变种原因,提出了关于物种变异的科学论断。

凡稻种最多。不粘者,禾曰秔[1],米曰粳;粘者,禾曰稌,米曰糯。南方无粘黍,酒皆糯米所为。质本粳而晚收带粘俗名"婺源光"之类,不可为酒,只可为粥者,又一种性也。凡稻谷形有长芒、短芒江南名长芒者曰"浏阳早",短芒者曰"吉安早"、长粒、尖粒、圆顶、扁面不一。其中米色有雪白、牙黄、大赤、半紫、杂黑不一。

湿种[2]之期,最早者春分以前,名为社种遇天寒有冻死不生者,最迟者后于清明。凡播种,先以稻麦稿[3]包浸数日,俟其生芽,撒于田中,生出寸许,其名曰秧。秧生三十日即拔起分栽。若田亩逢旱干、水溢,不可插秧。秧过期,老而长节,即栽于亩中,生谷数粒结果而已。凡秧田一亩所生秧,供移栽二十五亩。

凡秧既分栽后,早者七十日即收获。粳有"救公饥""喉下急",糯有"金银包"之类。方语[4]百千,不可殚述。最迟者历夏及冬二百日方收获。其冬季播种,仲夏即收者,则广南之稻,地无霜雪故也。

凡稻旬日失水,即愁旱干。夏种秋收之谷,必山间源水不绝之亩。其谷种亦耐久[5],其土脉亦寒,不催苗也。湖滨之田,待夏潦[6]已过,六月方栽者,其秧立夏播种,撒藏高亩之上,以待时也。

　　南方平原,田多一岁两栽两获者。其再栽秧,俗名晚糯,非粳类也。六月刈初禾,耕治老稿田[7],插再生秧。其秧清明时已偕早秧撒布。早秧一日无水即死,此秧历四五两月,任从烈日暵干[8]无忧,此一异也。

　　凡再植稻遇秋多晴,则汲灌与稻相终始。农家勤苦,为春酒之需也。凡稻旬日失水则死期至,幻出[9]旱稻一种,粳而不粘者,即高山可插,又一异也。香稻一种,取其芳气以供贵人,收实甚少,滋益全无,不足尚也。

(潘吉星《天工开物校注及研究》卷上)

【注释】

[1]秔(jīng):同"粳"。

[2]湿种:浸稻种。

[3]稻麦稿:稻麦秆。

[4]方语:地方称呼。

[5]耐久:指生长周期长。耐,适宜。

[6]夏潦:夏涝。潦,同"涝"。

[7]老稿田:一本作"老膏田",指稻茬田。

[8]暵干:干旱。暵,同"旱"。

[9]幻出:化出,奇迹般的变化出来。

【阅读拓展】

1. 写作背景

　　宋应星生活在十六七世纪的明代后期。此时,江西一带属于经济发达地区,冶铸、锤锻等手工业比较发达。正是在这样的经济环境下,崇尚经世致用思想的泰州学派在长江中下游,尤其在长江三角洲和赣江流域等商品经济发达地区具有较大影响。受到这种反虚务实学术思想的熏染,宋应星非常重视调查实践,终使《天工开物》得以应运而生。

2. 作者简介

　　宋应星(1587—约1666),字长庚,江西奉新(今江西宜春)人,明代科学家,也是一位享誉世界的科学家,被李约瑟称为"中国的狄德罗"。(李约瑟著,袁翰青等译《中国科学技术史》第一卷)宋应星生于名宦世家,自幼聪明好学,饱读诗书,万历四十三年(1615年)乡试中举,名列第三,后多次进京会试均告失败。他便放弃科举,转向实学,钻研科学技术,相关著述丰富。其除有代表作《天工开物》之外,另有《论气》《野议》《谈天》《思怜诗》等著作传世。

3. 标点翻译

五金·铜（节选）

宋应星

凡铜供世用出山与出炉只有赤铜以炉甘石或倭铅掺和转色为黄铜以砒霜等药制炼为白铜矾硝等药制炼为青铜广锡掺和为响铜倭铅和泻为铸铜初质则一味红铜而已凡铜坑所在有之山海经言出铜之山四百六十七或有所考据也今中国供用者西自四川贵州为最盛东南间自海舶来湖广武昌江西广信皆饶洞穴其衡瑞等郡出最下品曰蒙山铜者或入冶铸混入不堪升炼成坚质也

（潘吉星《天工开物校注及研究》卷中）

4. 经典诵读

乃粒·宋子曰

宋应星

宋子曰：上古神农氏，若存若亡，然味其徽号，两言至今存矣。生人不能久生，而五谷生之；五谷不能自生，而生人生之。土脉历时代而异，种性随水土而分。不然，神农去陶唐，粒食已千年矣，末耜之利，以教天下，岂有隐焉？而纷纷嘉种，必待后稷详明，其故何也？纨裤之子，以赭衣视笠蓑；经生之家，以"农夫"为诟詈。晨炊晚饟，知其味而忘其源者众矣。夫先农而系之以神，岂人力之所为哉！

（潘吉星《天工开物校注及研究》卷上）

【拓展思考】

1. 读《天工开物·彰施》，探讨草木染艺术所呈现出的造物思想观念及文化内涵。

2. 谈谈宋应星注重调查实践对当下科学研究的启示意义。

第八单元 养生之道

上古天真论
（《黄帝内经·素问》）

【阅读提示】

　　《素问》是中国最早的医学经典之一，秦汉时人托名黄帝而作。《素问》原有九卷，唐太仆令王冰考之旧藏，并为之作注，整理为二十四卷，计八十一篇。本文借黄帝与岐伯的问答，讨论上古得道者百岁不衰、老而有子的缘由，并分析时人半百而衰的医学原理。其中，"法阴阳""守精神"等观念深受黄老道家养生思想的影响，而"肾脏""经脉"等观念则成为中医学基础理论的源头。

　　昔在[1]黄帝，生而神灵，弱而能言，幼而徇齐[2]，长而敦敏，成而登天[3]。乃问于天师[4]曰："余闻上古之人，春秋皆度百岁，而动作不衰。今时之人，年半百而动作皆衰者，时世异耶？人将失之耶？"

　　岐伯[5]对曰："上古之人，其知道者，法于阴阳，和于术数[6]，食饮有节，起居有常，不妄作劳，故能形与神俱，而尽终其天年，度百岁乃去。今时之人不然也，以酒为浆，以妄为常，醉以入房，以欲竭其精，以耗散其真，不知持满[7]，不时御神[8]，务快其心，逆于生乐，起居无节，故半百而衰也。

　　夫上古圣人之教下也，皆谓之：虚邪贼风[9]，避之有时；恬惔虚无，真气从之；精神内守，病安从来。是以志闲而少欲，心安而不惧，形劳而不倦，气从以顺，各从其欲，皆得所愿。故美其食，任其服，乐其俗，高下不相慕，其民故曰朴。是以嗜欲不能劳其目，淫邪不能惑其心，愚智、贤不肖，不惧于物，故合于道。所以能年皆度百岁而动作不衰者，以其德全[10]不危也。"

　　帝曰："人年老而无子者，材力[11]尽邪？将天数然也？"

　　岐伯曰："女子七岁，肾气盛，齿更发长。二七[12]而天癸至，任脉[13]通，太冲脉[14]盛，月事以时下，故有子。三七，肾气平均，故真牙[15]生而长极[16]。四七，筋骨坚，发长极，身体盛壮。五七，阳明脉[17]衰，面始焦，发始堕。六七，三阳脉[18]衰于上，面皆焦，发始白。七七，任脉虚，太冲脉衰少，天癸竭，地道不通[19]，故形坏而无子也。丈夫八岁，肾气实，发长齿更。二八，肾气盛，天癸至，精气溢写[20]，阴阳和，故能有子。三八，肾气平均，筋骨劲强，故真牙生而长极。四八，筋骨隆盛，肌肉满壮。五八，肾气衰，发堕齿槁。六八，阳气衰竭于上，面焦，发鬓斑白。七八，肝气衰，筋不能动。天癸竭，精少，肾藏衰，形体皆极。八八，则齿发去。肾者主水，受五藏六腑之精而藏之,故五藏盛,乃能写。今五藏皆衰,筋骨解堕,天癸尽矣。故发鬓白,身体重,行步不正而无子耳。"

帝曰:"有其年已老而有子者,何也?"

岐伯曰:"此其天寿过度,气脉常通,而肾气有余也。此虽有子,男不过尽[21]八八,女不过尽七七,而天地之精气皆竭矣。"

帝曰:"夫道者年皆百数,能有子乎?"

岐伯曰:"夫道者能却老而全形,身年虽寿,能生子也。"

黄帝曰:"余闻上古有真人者,提挈[22]天地,把握阴阳,呼吸精气,独立守神,肌肉若一,故能寿敝[23]天地,无有终时,此其道生。中古之时,有至人者,淳德全道,和于阴阳,调于四时,去世离俗,积精全神,游行天地之间,视听八达之外,此盖益其寿命而强者也,亦归于真人。其次有圣人者,处天地之和,从八风[24]之理,适嗜欲于世俗之间,无恚嗔之心,行不欲离于世,(被服章[25]),举不欲观于俗,外不劳形于事,内无思想之患,以恬愉为务,以自得为功,形体不敝,精神不散,亦可以百数。其次有贤人者,法则天地,像似日月,辨列[26]星辰,逆从[27]阴阳,分别四时,将从上古,合同于道,亦可使益寿而有极时。"

(王冰注,林亿等校《黄帝内经》卷一)

【注释】

[1]在:通"哉",助词。

[2]徇齐:聪敏。

[3]登天:登帝位。

[4]天师:有道者的尊号。此处指岐伯。

[5]岐伯:相传为黄帝时的太医,原居岐山,故称。

[6]术数:调养身心的方法。

[7]持满:保持精力充沛。

[8]不时御神:不按时节调养精神。御,驾驭。

[9]贼风:危害身体的邪风。

[10]德全:精神充盈,内心平和。庄子曰:"德者,和也。"

[11]材力:能力。

[12]二七:十四岁。下文的三七、四七、五七、六七、七七,同理。天癸(guǐ):肾精。自然之精所化,在男为精,在女为血。

[13]任脉:奇经八脉之一。人体前方正中,由会阴穴至承浆穴,共有二十四穴。

[14]太冲脉:即冲脉,奇经八脉之一。由会阴穴至幽门穴,上至头,下至足,左右对称,共二十六穴。

[15]真牙:"齻牙",即智齿。

[16]长极:长到极点。此处指身高。

[17]阳明脉:手阳明脉和足阳明脉,皆为十二正经之一。

[18]三阳脉：手三阳脉和足三阳脉。分别为手太阳脉、手阳明脉、手少阳脉、足太阳脉、足阳明脉、足少阳脉。

[19]地道不通：指女子绝经。地道，形容女性生殖系统。

[20]写：通"泻"。

[21]尽：至……而止。

[22]提挈：提举、把握。挈（qiè），提着。

[23]敝：尽、极。

[24]八风：八方之风。

[25]被服章：穿官服。疑衍文。

[26]辨列：辨别、排列。

[27]逆从：或违或顺。

【拓展阅读】

1. 黄帝与黄帝书

黄帝，相传为上古时期华夏族的部落首领，姓公孙，名轩辕，号黄帝，与伏羲、神农合称"三皇"。黄帝之时尚无文字，也就不可能有著书。历史上题名为黄帝的"黄帝书"，大量出现在战国至秦汉年间，乃后世学者托名而作。据《汉书·艺文志》所收图书目录，黄帝书种类多元，风格迥异，或属"诸子略"，或属"兵书略"，或属"数术略"，或属"方技略"。此类黄帝书在思想内容方面多与道家、阴阳家有关。就方术而言，则遍及数术和方技等类别。黄帝书大量出现在战国时期，当与齐国的稷下学宫有关。稷下学宫是田齐第三代君主田午篡位自立后，为进一步巩固政权，广纳天下贤才而设的最高学府。稷下学宫汇聚百家之学，以黄老学最为流行，此外还有儒、墨、名、法、阴阳等各家。另外，齐国本为姜子牙的封地，其地长久以来盛行阴阳五行学说。因此，黄帝书中有大量兵法、阴阳五行及其他数术、方技类著作。

2. 岐黄术与道家

《黄帝内经》中岐伯与黄帝以问答的方式所阐述的医学理论是中医根基，后世便用"岐黄术"指称中医，并以岐黄为中医之祖。中医与道家学说有着密切的关联。其一，医道思想高度一致。作为"医经"和"经方"类的黄帝书，大量出现于战国时期，与黄老学的兴起有关。二者不仅在时空上重合，思想上也高度关联。明代医学家窦梦麟《医家切戒》所说"上医治国，中医治人，下医治病"，正揭示出医道之间理论上高度的相通性。（《疮疡经验全书》卷十）其二，自古名医多道士。东汉末年道教出现后，长寿、成仙成为道教徒追求的目标。中医在理论层面吸收诸多道家思想，反过来道士也多用医术作为修行的法门。因此，自古名医多道士，道士中亦多名医。例如，东晋道士葛洪、南朝道士陶弘景、北宋道士张伯端都是著名的医药学家；而唐代名医孙思邈、王冰，宋代名医王怀隐，明代名医赵宜真等皆为著名道士。

3. 标点翻译

黄帝内经素问序
王冰

夫释缚脱艰全真导气拯黎元于仁寿济赢劣以获安者非三圣道则不能致之矣孔安国序尚书曰伏羲神农黄帝之书谓之三坟言大道也班固汉书艺文志曰黄帝内经十八卷素问即其经之九卷也兼灵枢九卷乃其数焉虽复年移代革而授学犹存惧非其人而时有所隐故第七一卷师氏藏之今之奉行惟八卷尔然而其文简其意博其理奥其趣深天地之象分阴阳之候列变化之由表死生之兆彰不谋而遐迩自同勿约而幽明斯契稽其言有征验之事不忒诚可谓至道之宗奉生之始矣

（王冰注，林亿等校《黄帝内经》）

4. 经典诵读

生气通天论（节选）
（《黄帝内经·素问》）

黄帝曰：夫自古通天者，生之本，本于阴阳。天地之间，六合之内，其气九州、九窍、五藏、十二节，皆通乎天气。其生五，其气三，数犯此者，则邪气伤人，此寿命之本也。苍天之气清净则志意治，顺之则阳气固，虽有贼邪，弗能害也。此因时之序，故圣人传精神、服天气而通神明。失之则内闭九窍，外壅肌肉，卫气散解。此谓自伤，气之削也。阳气者，若天与日，失其所，则折寿而不彰，故天运当以日光明。

（王冰注，林亿等校《黄帝内经》卷一）

【拓展思考】

1. 请结合《生气通天论》《四气调神论》等篇章，谈谈《素问》的养生思想。
2. 试举例分析道家思想对中医的影响。

华佗传（节选）
陈寿

【阅读提示】

《华佗传》选自《三国志·魏书》，作者为魏晋时期的史学家陈寿。此篇与《后汉书·华佗传》、《华佗别传》（已佚）并称"华佗三传"。本篇记述了华佗的生平及其诸多治病救人的感人事迹。华佗医术之高明及人们对华佗的爱戴之情由此可见一斑。可惜的是，华佗最终由于政治原因而为曹操所杀。华佗死后，其医书虽不传，然其医术却由弟子吴普、樊阿传承，亦是不幸中的大幸。

华佗字元化，沛国谯人[1]也，一名旉。游学徐土[2]，兼通数经。沛相陈珪举孝廉，太尉黄琬辟[3]，皆不就。晓养性之术，时人以为年且百岁而貌有壮容。又精方药，其疗疾，合汤不过数种，心解分剂[4]，不复称量，煮熟便飲，语其节度[5]，舍去辄愈。若当灸，不过一两处，每处不过七八壮[6]，病亦应除。若当针，亦不过一两处，下针言“当引某许[7]，若至，语人”，病者言“已到”，应便拔针，病亦行差[8]。若病结积在内，针药所不能及，当须刳割者，便飲其麻沸散，须臾便如醉死无所知，因破取。病若在肠中，便断肠湔洗[9]，缝腹膏摩[10]，四五日差，不痛，人亦不自寤，一月之间，即平复矣。

……佗之绝技，凡此类也。然本作士人，以医见业，意常自悔。后太祖亲理[11]，得病笃重，使佗专视。佗曰：“此近难济，恒事攻治[12]，可延岁月。”佗久远家思归，因曰：“当得家书，方欲暂还耳。”到家，辞以妻病，数乞期不反。太祖累书呼[13]，又敕郡县发遣。佗恃能厌食事[14]，犹不上道。太祖大怒，使人往检。若妻信病，赐小豆四十斛，宽假限日；若其虚诈，便收送之。于是传付许狱[15]，考验首服[16]。荀彧请曰：“佗术实工，人命所县[17]，宜含宥[18]之。”太祖曰：“不忧，天下当无此鼠辈耶？”遂考竟[19]佗。佗临死，出一卷书与狱吏，曰：“此可以活人。”吏畏法不受，佗亦不强，索火烧之。佗死后，太祖头风未除。太祖曰：“佗能愈此。小人养吾病，欲以自重，然吾不杀此子，亦终当不为我断此根原耳。”及后爱子仓舒病困，太祖叹曰：“吾悔杀华佗，令此儿强死也。”

初，军吏李成苦咳嗽，昼夜不寤，时吐脓血，以问佗。佗言：“君病肠臃，欬之所吐，非从肺来也。与君散[20]两钱，当吐二升余脓血讫。快[21]自养，一月可小起。好自将爱，一年便健。十八岁当一小发，服此散，亦行复差。若不得此药，故当死。”复与两钱散，成得药去。五六岁，亲中人有病如成者，谓成曰：“卿今强健，我欲死，何忍无急去药[22]，以待不祥？先持贷我，我差，为卿从华佗更索。”成与之。已故到谯，适值佗见收[23]，怱怱不忍从求。后十八岁，成病竟发，无药可服，以至于死。

广陵吴普、彭城樊阿皆从佗学。普依准佗治，多所全济。佗语普曰：“人体欲得劳动，但不当使极尔。动摇[24]则谷气得消，血脉流通，病不得生，譬犹户枢不朽是也。是以古之仙者为导引之事，熊颈鸱顾[25]，引挽腰体，动诸关节，以求难老。吾有一术，名五禽之戏：一曰虎，二曰鹿，三曰熊，四曰猿，五曰鸟。亦以除疾，并利蹄足，以当导引。体中不快，起作一禽之戏，沾濡汗出。因上着粉[26]，身体轻便，腹中欲食。”普施行之，年九十余，耳目聪明，齿牙完坚。阿善针术，凡医咸言背及胸藏之间不可妄针，针之不过四分，而阿针背入一二寸，巨阙[27]胸藏针下五六寸，而病辄皆瘳。阿从佗求可服食益于人者，佗授以漆叶青黏散。漆叶屑一升，青黏屑十四两，以是为率，言久服去三虫[28]，利五藏，轻体，使人头不白。阿从其言，寿百余岁。漆叶处所[29]而有，青黏生于丰、沛、彭城及朝歌云。

（陈寿《三国志》卷二十九）

【注释】

[1]沛国谯人：沛国，汉代侯国名。谯，谯县（今安徽省亳州市谯城区）。

[2]徐土：徐州之地。

　　[3]辟(bì)：征召授官。

　　[4]分剂：指药的分量、比例。

　　[5]节度：指用药方法及禁忌。

　　[6]壮：量词。医用艾灸，一灼称一壮。

　　[7]某许：某处。许，处所。

　　[8]行差：将行痊愈。差，通"瘥"(chài)，痊愈。

　　[9]湔洗：洗濯。湔(jiān)，洗。

　　[10]膏摩：用药膏摩擦。

　　[11]亲理：亲政。

　　[12]恒事攻治：经常进行治理。

　　[13]累书呼：连续发函召唤。

　　[14]厌食事：厌恶俸禄之事。食，俸禄。

　　[15]许狱：许昌监狱。

　　[16]首服：首伏、坦白服罪。

　　[17]所县：所系。县，通"悬"。

　　[18]含宥：宽宥、宽容。

　　[19]考竟：刑讯致死。考，拷问。

　　[20]散：药末。

　　[21]快：会、能。小起：小有起色。

　　[22]无急去药：无急症而藏药。去，同"弃"，藏。

　　[23]见收：被拘捕。见，被。

　　[24]动摇：运动。

　　[25]熊颈鸱顾：如熊一样直立，如鸱一样回顾。颈，又作"经"，通"径"，直立。鸱，鹰的一种。

　　[26]因上着粉：于是在上面涂抹药粉。着，涂抹。

　　[27]巨阙：穴位名，位于脐上六寸。

　　[28]三虫：指蛔虫、赤虫、蛲虫等寄生虫。

　　[29]处所：处处、到处。

【拓展阅读】

1. 华佗之"麻沸散"

　　麻沸散相传是华佗用曼陀罗花配合其他中药创制而成的，具体药方惜无传世。《三国志·华佗传》记载华佗曾采取剖腹断肠的外科手术，且使用麻沸散对患者进行麻醉。患者饮用麻沸散后，便"醉死无所知"。在中国医学史上，外科手术出现的时间很早。先秦儒家经典《周礼》曾将古代医学分为"食医""疾医""疡医"和"兽医"，其中"疡医"是主治疮病的外科医生。成书于秦汉时的医学经典《灵枢经》,其中有《痈疽篇》详细分析了痈疽的成因,并描述了手术治疗的方法。既有外科手术,则麻醉药剂的使用便是可能的。汉代医书《神农本草经》中记载了"现麻黄""羊踯躅""莨菪子""乌头"等具有止痛麻醉效果的中药。(袁红凯《华佗麻沸散可能存在的文献和历史证据》)

2. 华佗之"五禽戏"

五禽戏相传为华佗模仿虎、鹿、熊、猿、鸟的动作编制的一套导引术。《三国志·华佗传》《后汉书·华佗传》均有相关记载,并说五禽戏有除疾利足的功效。导引术本是一种体操养生术,主要是通过活络血气,强身健体,从而达到祛除疾病、延年益寿的目的。《庄子·刻意》中说:"吹呴呼吸,吐故纳新,熊经鸟申,为寿而已矣。此导引之士,养形之人,彭祖寿考者之所好也。"(郭庆藩《庄子集释》卷六上)其中,"吹呴呼吸""吐故纳新"说的便是导气法,而"熊经鸟申"便是模仿熊和鸟的动作进行运动的引体法。成书于西汉的《淮南子·精神训》说:"若吹呴呼吸,吐故内新,熊经鸟伸,凫浴猿躩,鸱视虎顾,是养形之人也。"(何宁《淮南子集释》卷七)其中所说的引体法,实为六禽戏,分别为熊、鸟、凫、猿、鸱、虎。导引术不仅为《黄帝内经》等医书所吸收,也为后来的神仙方士乃至道教所传承。东汉末年,道教已形成,华佗的生活之地沛国,神仙方术和天师道都很盛行。由此可以推测,华佗的五禽戏应与当时的神仙方士或道教有密切的关系。

3. 标点翻译

华佗别传(节选)
佚名

又有人苦头眩头不得举目不得视积年佗使悉解衣倒悬令头去地一二寸濡布拭身体令周匝候视诸脉尽出五色佗令弟子数人以铍刀决脉五色血尽视赤血出乃下以膏摩被覆汗出周匝饮以亭历犬血散立愈

又有妇人长病经年世谓寒热注病者也冬十一月中佗令坐石槽中且用寒水汲灌云当满百始七八灌战欲死灌者惧欲止佗令满数至将八十灌热气乃蒸出器器高二三尺满百灌佗乃然火温床厚覆良久汗洽出着粉汗燥便愈

又有人病腹中半切痛十余日中须眉堕落佗曰是脾半腐可刳腹养疗也佗便饮药令卧破腹视脾半腐坏刮去恶肉以膏傅创饮之药百日平复也

(范晔《后汉书》卷八十二《李贤注》)

4. 经典诵读

华佗论
刘禹锡

史称华佗以恃能厌事,为曹公所怒。荀文若请曰:"佗术实工,人命系焉,宜议能以宥。"曹公曰:"忧天下无此鼠辈邪!"遂考竟佗。至苍舒病且死,见医不能生,始有悔之之叹。嗟乎!以操之明略见几,然犹轻杀材能如是。文若之智力地望,以的然之理攻之,然犹不能返其恚。执柄者之恚,真可畏诸,亦可慎诸。

原夫史氏之书于册也,是使后之人宽能者之刑,纳贤者之谕,而惩暴者之轻杀。故自恃能至有悔,悉书焉。后之惑者,复用是为口实。悲哉!夫贤能不能无过,苟置于理矣,或必有宽之之请。彼壬人皆曰:"忧天下无材邪!"曾不知悔之日,方痛材之不可多也。或必有惜之之叹。彼壬人皆曰:"譬彼死矣,将若何?"曾不知悔之日,方痛生之不可再也。可不谓大哀乎?

夫以佗之不宜杀,昭昭然不足言也。独病夫史书之义,是将推此而广耳。吾观自曹魏以来,执死生之柄者,用一恚而杀材能众矣。又乌用书佗之事为?呜呼!前事之不忘,期有劝且惩也。而暴者复藉口以快意。孙权则曰:"曹孟德杀孔文举矣,孤于虞翻何如?"而孔融亦以应泰山杀孝廉自譬。仲谋近霸者,文举有高名,犹以可惩为故事,矧它人哉?

(刘禹锡《刘宾客文集》卷五)

【拓展思考】

1.简述华佗的医学成就及其影响。

2.请结合《后汉书·华佗传》,分析华佗之死的原因。

伤寒论序

张仲景

【阅读提示】

《伤寒杂病论》又名《张仲景方》,是东汉名医张仲景的著作。其流传过程中离析为多篇,择其要者有二,一为《伤寒论》,一为《杂病论》。本篇序文由于附于《伤寒论》卷首,后世习称《伤寒论序》。在本篇序文中,张仲景批判当时社会迷信巫祝的荒唐风气及医者的不学无术,痛惜世人对生命的漠视,感伤建安以来风寒疾病的肆虐使百姓伤亡数目巨大,讲述自己因此精研古书,博采众长,从而著作《伤寒杂病论》的心路历程。

论曰:余每览越人入虢之诊[1],望齐侯之色[2],未尝不慨然叹其才秀也。怪当今居世之士,曾不[3]留神医药,精究方术,上以疗君亲之疾,下以救贫贱之厄,中以保身长全,以养其生。但竞逐荣势,企踵[4]权豪,孜孜汲汲,惟名利是务。崇饰其末,忽弃其本,华其外而悴[5]其内。皮之不存,毛将安附焉。卒然遭邪风之气,婴[6]非常之疾,患及祸至,而方震栗,降志屈节,钦望巫祝,告穷归天,束手受败。赍[7]百年之寿命,持至贵之重器,委付凡医,恣其所措[8]。咄嗟呜呼,厥身已毙,神明消灭,变为异物,幽潜重泉[9],徒为啼泣。痛夫举世昏迷,莫能觉悟,不惜其命,若是轻生,彼何荣势之云哉?而进不能爱人知人,退不能爱身知己,遇灾值祸,身居厄地,蒙蒙昧昧,蠢若游魂。哀乎!趋世之士,驰竞浮华,不固根本,忘躯徇物,危若冰谷[10],至于是也。

余宗族素多,向余二百[11]。建安纪年以来犹未十稔[12],其死亡者三分有二,伤寒十居其七。感往昔之沦丧,伤横夭之莫救,乃勤求古训,博采众方,撰用[13]《素问》《九卷》[14]《八十一难》《阴阳大论》《胎胪药录》,并《平脉辨证》,为《伤寒杂病论》,合十六卷。虽未能尽愈诸病,庶可以见病知源。若能寻余所集[15],思过半矣。

夫天布五行,以运万类;人禀五常,以有五藏。经络府俞[16],阴阳会通,玄冥幽微,变化难极。自非才高识妙,岂能探其理致[17]哉?上古有神农、黄帝、岐伯、伯高、雷公、少俞、少师、仲文,中世有长桑、扁鹊,汉有公乘阳庆及仓公,下此以往,未之闻也。观今之医,不念思求经旨,以演其所知,各承家技,终始顺旧[18]。省疾问病,务在口给[19];相对斯须[20],便处汤药。按寸不及尺[21],握手不及足[22]。人迎、趺阳,三部[23]不参;动数发息[24],不满五十。短期未知决诊,九候曾无仿佛[25]。明堂、阙、庭,尽不见察,所谓窥管而已。夫欲视死别生,实为难矣。孔子云:"生而知之者上,学则亚之。多闻博识,知之次也。"余宿尚方术[26],请事斯语。

(刘渡舟编《伤寒论校注》)

【注释】

[1]越人入虢之诊:指扁鹊入虢国为太子治病事。扁鹊,本姓秦,名越人。

[2]望齐侯之色:指扁鹊见齐桓侯(蔡桓公)田午一事。见成语"讳疾忌医"。

[3]曾不:竟然不。

[4]企踵:踮起脚跟,形容急切盼望。

[5]悴:忧伤、衰弱。

[6]婴:遭受。

[7]赍(jī):怀抱。

[8]恣其所措:任其处置。恣,听任。

[9]重泉:犹"九泉""地府",死者所归之处。

[10]危若冰谷:处于危险的境地。冰谷,比喻危险之境。《诗经·小宛》:"惴惴小心,如临于谷;战战兢兢,如履薄冰。"

[11]向余二百:从前多至二百人。向,向来、从前。

[12]十稔:十年。稔(rěn),庄稼成熟。谷物一年一熟,故称。

[13]撰用:选用。撰,通"选"。

[14]《九卷》:指《灵枢》九卷,又名《针经》。

[15]寻余所集:探究我所汇集的内容。寻,探求、研究。

[16]府俞:腑腧(fǔshù),指六腑阳经之腧穴。

[17]理致:道理、义理。

[18]终始顺旧:始终因循旧法。

[19]口给:口齿伶俐。给(jǐ),敏捷、伶俐。

[20]斯须:片刻。

[21]按寸不及尺:仅按寸脉,未及尺脉。

[22]握手不及足:仅按手脉,未及足脉。

[23]三部:指人迎、寸口、趺阳。

［24］动数发息：脉动次数及起止情况。发息，起止。

［25］九候曾无仿佛：九处脉候竟然没有大致的把握。九候，即三部九候，头、手、足上各有三处脉候，共计九处。曾，竟。仿佛，差不多。

［26］宿尚方术：长久以来崇尚医术。方术，此处指医术。

【拓展阅读】

1. 作者简介

张机，字仲景，东汉末年涅阳（今河南南阳）人。他少年时师从张伯祖，后遍访名医，博览医书，遂成一代名医，汉灵帝时举孝廉，建安中官至长沙太守，晚年辞官隐居，著有《伤寒杂病论》等。张仲景与华佗、董奉齐名，并称"建安三神医"。其在医学上，博取阴阳、经脉等学说，提出六经辨证的诊治原则，并广泛吸收前人临床经验，以扶阳祛邪为原则综合运用各种治疗方法。张仲景在中医辨证和治疗方面贡献巨大、影响深远，被后世尊为"医圣"。

2. 写作背景

东汉末年，宦官专权，朝纲崩坏，政治黑暗。在地方上，豪强土地兼并加剧，民不聊生。百姓不堪其苦，揭竿而起，继而群雄割据，天下大乱。著名的官渡之战、赤壁之战都发生于此时。长年的战乱导致生灵涂炭，流民泛滥，饥荒频发，疾疫流行。据史书记载，东汉末年发生的大瘟疫有十数次之多，而发生于建安二十二年（217年）的大瘟疫不仅规模大，而且持续时间长，造成的伤亡亦堪称历史之最。张仲景见汉末灾疫之肆虐，哀痛生民之凋零，力图拯救黎民于水火，于是精研医术，奋笔疾书，著成不朽经典《伤寒杂病论》。

3. 标点翻译

张仲景补传（节选）
李濂

尝见侍中王仲宣仲景曰君年至四十当有疾须眉脱落脱落后半年必死宜豫服五石汤庶几可免仲宣时年二十余闻其言恶之虽受方而不饮居数日复见仲景乃佯曰五石汤已饮之矣仲景曰观君气色非饮药之诊何轻命欺人如此邪仲宣益深恶之后二十年果有疾须眉皆脱落越一百八十七日卒时人以为扁鹊仓公无以加之也

（李濂《嵩渚文集》卷八十七）

4. 经典诵读

伤寒论序（节选）
孙奇

夫伤寒论，盖祖述大圣人之意，诸家莫其伦拟。故晋皇甫谧序《甲乙针经》云："伊尹以元圣之才，撰用《神农本草》，以为《汤液》。汉张仲景论广《汤液》为十数卷，用之多验。近世太医令王叔和，撰次仲景遗论甚精，皆可施用。是仲景本伊尹之法，伊尹本神农之经，得不谓祖述大圣人之意乎？

张仲景，《汉书》无传，见《名医录》云：南阳人，名机，仲景乃其字也。举考廉，官至长沙太守。始受术于同郡张伯祖，时人言，识用精微过其师。所著论，其言精而奥，其法简而详，非浅闻寡见者所能及。自仲景于今八百余年，惟王叔和能学之。其间如葛洪、陶景、胡洽、徐之才、孙思邈辈，非不才也，但各自名家，而不能修明之。开宝中，节度使高继冲曾编录进上，其文理舛错，未尝考正。历代虽藏之书府，亦阙于雠校，是使治病之流，举天下无或知者。

（刘渡舟编《伤寒论校注》）

【拓展思考】

1. 试论述汉代巫术盛行的原因和影响。
2. 请思考张仲景何以被后人尊为"医圣"？

大医精诚
孙思邈

【阅读提示】

《大医精诚》是唐代医学家孙思邈的名作《备急千金要方》中的一篇。《备急千金要方》共三十卷，先总论医德、医术，其次按科分论妇科、儿科、五官科、内科、外科以及食疗、针灸等，充分吸收唐以前的医学成就，在综合治疗和药理研究方面做出了巨大贡献。本篇论述医理的复杂及医术的难学，批判愚医不学无术，以道自娱，倡导医者当谦虚谨慎，精研医术，淡泊名利，一视同仁，唯患者之性命为要，从而成就大医之德。

张湛曰："夫经方[1]之难精，由来尚矣。"今病有内同而外异，亦有内异而外同，故五藏六腑之盈虚，血脉荣卫[2]之通塞，固非耳目之所察，必先诊候以审之。而寸口关尺[3]有浮沉弦紧[4]之乱，俞穴流注[5]有高下浅深之差，肌肤筋骨有厚薄刚柔之异。唯用心精微者，始可与言于兹矣。今以至精至微之事，求之于至粗至浅之思，其不殆哉！若盈而益之，虚而损之，通而彻之，塞而壅之，寒而冷之，热而温之，是重加其疾，而望其生，吾见其死矣。故医方卜筮，艺能之难精者也。既非神授，何以得其幽微？世有愚者，读方三年，便谓天下无病可治；及治病三年，乃知天下无方可用。故学者必须博极医源，精勤不倦；不得道听途说，而言医道已了，深自误哉！

凡大医治病，必当安神定志，无欲无求，先发大慈恻隐之心，誓愿普救含灵[6]之苦。若有疾厄来求救者，不得问其贵贱贫富、长幼妍媸、怨亲善友、华夷愚智，普同一等[7]，皆如至亲之想。亦不得瞻前顾后，自虑吉凶，护惜身命。见彼苦恼，若己有之，深心凄怆。勿避崄巇[8]、昼夜、寒暑、饥渴、疲劳，一心赴救，无作功夫形迹[9]之心。如此可为苍生大医，反此则是含灵巨贼。自古名贤治病，多用生命以济危急。虽曰贱畜贵人，至于爱命，人畜一也。损彼益己，物情同患，况于人乎！夫杀生求生，去生更远。吾今此方所以不用生命为药者，良由此也。其虻虫、水蛭之属，市有先死者，则市[10]而用之，不在此例。只如鸡卵一物，以其混沌未分，必有大段要急之处，不得已隐忍而用之。能不用者，斯为大哲，亦所不及也。其有患疮痍、下痢，臭秽，不可瞻视，人所恶见者，但发惭愧、凄怜、忧恤之意，不得起一念蒂芥之心，是吾之志也。

夫大医之体，欲得澄神内视，望之俨然，宽裕汪汪[11]，不皎不昧[12]。省病诊疾，至意深心；详察形候[13]，纤毫勿失；处判针药，无得参差。虽曰病宜速救，要须临事不惑，唯当审谛覃思[14]。不得于性命之上，率尔自逞俊快，邀射[15]名誉。甚不仁矣！又到病家，纵绮罗满目，勿左右顾眄；丝竹凑耳，无得似有所娱；珍羞迭荐，食如无味；醽醁[16]兼陈，看有若无。所以尔者，夫一人向隅[17]，满堂不乐，而况病人苦楚，不离斯须，而医者安然欢娱，傲然自得，兹乃人神之所共耻，至人之所不为。斯盖医之本意也。

夫为医之法，不得多语调笑，谈谑喧哗，道说是非，议论人物，炫耀声名，訾毁诸医，自矜己德。偶然治差[18]一病，则昂头戴面[19]，而有自许之貌，谓天下无双，此医人之膏肓也。

老君曰："人行阳德[20]，人自报之；人行阴德，鬼神报之。人行阳恶，人自报之；人行阴恶，鬼神害之。"寻此二途，阴阳报施岂诬也哉？所以医人不得恃己所长，专心经略财物；但作救苦之心，于冥运道中[21]自感多福者耳。又不得以彼富贵，处以珍贵之药，令彼难求，自炫功能；谅非忠恕之道，志存救济。故亦曲碎[22]论之，学者不可耻言之鄙俚也。

（孙思邈《备急千金要方》卷一）

【注释】

[1]经方：方剂。

[2]荣卫：营气与卫气。荣，通"营"。营气，指血脉中具有营养作用的气。卫气，指血脉中具有免疫作用的气。

[3]寸口关尺：寸口脉诊法。以寸口之寸、关、尺的脉象，诊断患者病情。

[4]浮沉弦紧：指浮脉、沉脉、弦脉、紧脉等脉象。

[5]俞穴流注：腧穴及气血的流通贯注。俞穴，即腧穴、穴位。

[6]含灵：有灵性者，泛指人类。

[7]普同一等：全都同样看待，等量齐观。普，普遍；一，全部。

[8]崄巇（xiǎnxī）：险峻。

[9]作功夫形迹：疑脱"于"字。作功夫于形迹，指在仪容礼貌方面下功夫。形迹，此指仪容礼貌。

[10]市：买。

[11]宽裕汪汪：心胸宽阔。汪汪，广阔的样子。

[12]不皎不昧：意谓能和光同尘而无分别。《道德经》第十四章曰："其上不皎，其下不昧，绳绳兮不可名，复归于无物。"

[13]形候：形势和征兆。候，征兆。

[14]审谛覃思：审视和深思。覃，深广。

[15]邀射:追求。射,谋取。

[16]醽醁(línglù):美酒名。

[17]向隅:面向角落,形容孤独或失望。

[18]治差:治愈。

[19]戴面:仰面,形容骄傲自大。

[20]阳德:为人所知的善。与此相对,阴德即指不为人所知的善。下文的"阳恶""阴恶"同理。

[21]冥运道中:犹言冥冥之中。冥运,幽冥的命运。

[22]曲碎:琐碎。

【拓展阅读】

1. 作者简介

孙思邈(581—682),唐代名医、道士,京兆华原(今陕西省铜川市耀州区)人,少习儒业,十八立志学医,二十善谈老庄,后隐居秦岭修道。627年,唐太宗召孙思邈至京师,孙思邈从此结束隐居生活,寓居长安行医。孙思邈志存医道,专务治病救人,所谓"造次必于医,颠沛必于医。"(孙思邈《备急千金要方》卷二十八)其两部著作《千金要方》和《千金翼方》均以"千金"为名,取义"人命至重,有贵千金"。

2. 孙思邈与三教

隋唐时期,佛道二教在义理方面发展成熟并纷纷建宗立派,同时又与传统的儒学相融合而趋向于三教会通。生活于此时的孙思邈不仅是一位医术高超的大医,也是一名融会三教的道士。孙思邈认为,高尚的医德与精通的医术离不开广博的学识和深厚的文化素养,其中三教之于大医品德的教养尤为重要。他说:"若不读五经,不知有仁义之道。不读三史,不知有古今之事。不读诸子,睹事则不能默而识之。不读《内经》,则不知有慈悲喜舍之德。不读《庄》《老》,不能任真体运,则吉凶拘忌,触涂而生。至于五行休王,七耀天文,并须探赜。若能具而学之,则于医道无所滞碍,尽善尽美者矣。"(孙思邈《备急千金要方》卷一)简言之,若想精通医道,做到尽善尽美,必须在医书之外,博览经史,穷究三教,乃至熟习阴阳五行之道和占星卜筮等术。

3. 标点翻译

大医习业(节选)
孙思邈

凡欲为大医必须谙素问甲乙黄帝针经明堂流注十二经脉三部九候五藏六腑表里孔穴本草药对张仲景王叔和阮河南范东阳张苗靳邵等诸部经方又须妙解阴阳禄命诸家相法及灼龟五兆周易六壬并须精熟如此乃得为大医若不尔者如无目夜游动致颠殒次须熟读此方寻思妙理留意钻研始可与言于医道者矣

(孙思邈《备急千金要方》卷一)

4.经典诵读

备急千金要方序(节选)

孙思邈

大圣神农氏,愍黎元之多疾,遂尝百药以救疗之,犹未尽善。黄帝受命,创制九针,与方士岐伯、雷公之伦,备论经脉,旁通问难,详究义理,以为经论,故后世可得依而畅焉。春秋之际良医和缓,六国之时则有扁鹊。汉有仓公、仲景,魏有华佗,并皆探赜索隐,穷幽洞微。用药不过二三,灸炷不逾七八,而疾无不愈者。晋宋以来,虽复名医间出,然治十不能愈五六。良由今人嗜欲太甚,立心不常,淫放纵逸,有阙摄养所致耳。余缅寻圣人设教,欲使家家自学,人人自晓。君亲有疾不能疗之者,非忠孝也。末俗小人多行诡诈,倚傍圣教而为欺绐。遂令朝野士庶,咸耻医术之名,多教子弟诵短文,构小策,以求出身之道。医治之术,阙而弗论,吁可怪也。嗟乎!深乖圣贤之本意。

(孙思邈《备急千金要方》)

【拓展思考】

1.请结合龚廷贤《医家十要》、陈实功《医家五戒十要》,谈谈你对太医的理解。
2.请结合儒释道思想谈谈你对孙思邈所谓"大慈恻隐之心"的理解。

病家两要说

张景岳

【阅读提示】

《病家两要说》是明代医学家张景岳《景岳全书》中的一篇。《景岳全书》共六十四卷,该书在综合吸收前人医学成果的基础上推陈出新,以兵法比拟医道,首开八门辩证原则,后附八阵攻治之术,并系统阐述了各科的诊疗方法及临床药方。本篇从患者的立场提出请医治病的两条重要原则,一是"忌浮言",二是"知真医"。因医道精深,祸乱容易,真医不显,伪医自夸。患者必须心有定见,能知真医,方能临危信任,而不为浮言所惑。

医不贵于能愈病,而贵于能愈难病;病不贵于能延[1]医,而贵于能延真医。夫天下事我能之,人亦能之,非难事也。天下病我能愈之,人亦能愈之,非难病也。惟其事之难也,斯非常人之可知;病之难也,斯非常医所能疗。故必有非常之人,而后可为非常之事;必有非常之医,而后可疗非常之病。第[2]以医之高下,殊有相悬。譬之升高者,上一层有一层之见,而下一层者不得而知之;行远者,进一步有一步之闻,而近一步者不得而知之。是以错节盘根,必求利器;阳春白雪[3],和者为谁。夫如是,是医之于医尚不能知,而矧夫[4]非医者,昧真中之有假,执似是而实非。鼓事外之口吻[5]，发言非难；挠反掌之安危[6]，惑乱最易。使其言而是，则智者所见略同，精切者[7]已算无遗策，固无待其言矣。言而非，则大隳[8]任事之心，见机者[9]宁袖手自珍，其为害岂小哉？斯时也，使主者不有定见，能无不被其惑而致误事者鲜矣。此浮言之当忌也。

又若病家之要，虽在择医，然而择医非难也，而难于任医。任医非难也，而难于临事不惑，确有主持[10]，而不致朱紫混淆[11]者之为更难也。倘不知此，而偏听浮议，广集群医，则骐骥不多得，何非冀北驽群[12]？帷幄有神筹，几见圮桥杰竖[13]。危急之际，奚堪庸妄之误投？疑似之秋，岂可纷纭之错乱？一着之谬，此生付之矣。以故议多者无成，医多者必败。多，何以败也？君子不多也。欲辨此多，诚非易也。然而尤有不易者，则正在知医一节耳。

夫任医如任将，皆安危之所关，察之之方岂无其道？第欲以慎重与否观其仁，而怯懦者实似之；颖悟与否观其智，而狡诈者实似之；果敢与否观其勇，而猛浪者实似之；浅深与否观其博，而强辩者实似之。执拗者若有定见，夸大者若有奇谋。熟读几篇，便见滔滔不竭；道闻数语，谓非凿凿有凭。不反者临涯已晚，自是者到老无能。执两端[14]者，冀自然之天功；废四诊[15]者，犹瞑行之瞎马。得稳当之名者，有耽阁[16]之误；昧经权[17]之妙者，无格致之明。有曰专门[18]，决非通达；不明理性，何物圣神！

又若以己之心，度人之心者，诚接物之要道。其于医也则不可。谓人己气血之难符，三人有疑，从其二同者，为决断之妙方，其于医也亦不可。谓愚智寡多之非类，凡此之法，何非征医之道？而征医之难于斯益见。然必也小大方圆[19]全其才，仁圣工巧全其用，能会精神于相与[20]之际，烛幽隐[21]于玄冥之间者，斯足谓之真医，而可以当性命之任矣。惟是皮质[22]之难窥，心口之难辨。守中者无言，怀玉者不衒[23]，此知医之所以为难也。故非熟察于平时，不足以识其蕴蓄；不倾信于临事，不足以尽其所长。使必待渴而掘井，斗而铸兵，则仓卒之间，何所趋赖[24]？一旦有急，不得已而付之庸劣之手，最非计之得者。"子之所慎：斋、战、疾"[25]，凡吾侪[26]同有性命之虑者，其毋忽于是焉。

噫！惟是伯牙[27]常有也，而钟期[28]不常有；夷吾[29]常有也，而鲍叔[30]不常有。此所以相知之难，自古苦之，诚不足为今日怪。倘亦有因予言而留意于未然者，又孰非不治已病治未病，不治已乱治未乱之明哲乎！惟好生者略察之。

（张景岳《景岳全书》卷三）

【注释】

[1]延：延请。

[2]第：但、只是。

[3]阳春白雪：战国时名曲。

[4]矧夫：况乎。矧，况且。

[5]鼓事外之口吻：发表事不关己的言论。鼓口吻，犹言鼓动口舌。

[6]挠反掌之安危：扰乱易变的病情。

[7]精切者：指精明切实的良医。

［8］大斁：极大地伤害。斁，毁坏。

［9］见机者：察觉（病情）征兆的人。机，征兆。

［10］主持：主见。

［11］朱紫混淆：混淆是非。古人以朱色为正色，紫色为不正色，故以朱紫比喻正邪。《论语·阳货》："子曰：恶紫之夺朱也。"

［12］何非冀北骏群：为何非难冀北只有劣马？古时冀北以产良马著称。此处讽刺病家偏听浮言，不识真医。

［13］几见圯桥杰竖：能有几次见到张良？竖，童子。相传张良年轻时曾在圯桥遇见黄石公，得受《太公兵法》。

［14］执两端：执持事物的两边，此处指态度模棱两可。

［15］四诊：四种诊断病症的方法，即望、闻、问、切。瞑行：闭眼行走。

［16］耽阁：耽搁、耽误。阁，通"搁"。

［17］经权：常道与权变。格致：格物致知，研究事物之理，以获得其知识。

［18］有曰专门：有人说自己专心于一门（学问）。

［19］小大方圆：心细、胆大、行方、智圆。

［20］相与：相交往，此处指接诊病人。

［21］烛幽隐：察明隐微的病症。烛，察明。

［22］皮质：本质，偏义复词。

［23］不衒：不炫耀。衒，同"炫"。

［24］趋赖：依赖。

［25］"子之所慎：斋、战、疾"：语出《论语·述而》。子，孔子。斋，斋礼。

［26］吾侪（chái）：吾辈。

［27］伯牙：春秋时期的琴师，善奏《高山流水》。

［28］钟期：钟子期，善听琴音，与伯牙相知。相传钟子期死后，伯牙不复鼓琴。

［29］夷吾：管仲，名夷吾，春秋时期齐国重臣，辅佐齐桓公称霸。

［30］鲍叔：鲍叔牙，春秋时期齐国大夫。齐桓公即位时，欲聘鲍叔牙为相，鲍叔牙自称不如管仲贤，举荐管仲为相，最终成就了齐桓公的霸业。

【拓展阅读】

1. 作者简介

　　张景岳（1563—1640），名介宾，字会卿，号景岳，自号通一子，浙江山阴（今浙江绍兴）人。张景岳幼年熟读经史，尤好兵法与医术，从小随父学习《黄帝内经》。他十三岁时随父游京师，师从金梦石学医，壮年入幕从军，游历边塞，足迹遍及燕、冀，晚年返回故里，潜心研究岐黄之术。张景岳通经史，善兵法，精医术，兼及象数、星纬、堪舆、律吕等。其医学思想深受理学、易学的影响，倡导"医易同源"，主张"理气阴阳"为医道开宗第一义，并由此确立二纲六变和命门学说,又以兵法拟医道,前开八门,后附八阵,所谓用药如用兵,治病如治寇。张景岳倡导"阳非有余,阴常不足"的理论,善用温补之法,被后世尊为温补学派的第一人。

2. 时代背景

明代晚期天灾频发,社会动乱,王朝腐朽,百姓困顿。加之,北方民族南下侵扰,边塞烽烟连起。张景岳经历了隆庆新政、万历中兴时期。那时明朝的经济和文化都呈现出一时繁荣的景象。但在繁荣的背后,却隐藏着巨大的隐患。由于万历怠政,朝廷失序,宦官专权,党争激烈,大明王朝一步步滑向了衰亡的历史深渊。自天启至崇祯,党争愈烈,朝廷日朽,加之天灾人祸频发,内忧外患迭起,以至赤地千里,生灵涂炭,狼烟漫天,瘟疫肆虐。张景岳壮年从军,报国无门,幸有医术傍身,得救黎民于水火。暮年之时,他眼见塞外狼烟迭起,心忧父母年老体衰,憾然归乡,专心治学,在系统整理《黄帝内经》之后,集毕生所学,耗十余年之功,最终完成了皇皇巨著《景岳全书》。

3. 标点翻译

张景岳传(节选)
黄宗羲

介宾幼而浚齐遂遍交其长者是时金梦石工医术介宾从之学尽得其传以为凡人阴阳但以血气脏腑寒热为言此特后天之有形者非先天之无形者也病者多以后天戕及先天治病者但知有形邪气不顾无形元气自刘河间以暑火立论专用寒凉其害已甚赖东垣论脾胃之火必务温养救正实多丹溪出立阴虚火动之论寒凉之弊又复盛行故其注本草独详参附之用又慨世之医者茫无定见勉为杂应之术假兼备以幸中借和平以藏拙虚而补之又恐补之为害复制之以消实而消之又恐消之为害复制之以补若此者以药治药尚未遑又安望其及于病耶幸而偶愈亦不知其补之之力攻之之力耶及其不愈亦不知其补之为害消之为害耶是以为人治病沉思病原单方重剂莫不应手霍然一时谒病者辐辏其门沿边大帅皆遣金币致之

(《黄宗羲全集》第十九册)

4. 经典诵读

医非小道记
张景岳

予出中年,尝游东藩之野,遇异人焉。偶相问曰:子亦学医道耶?医道,难矣。子其慎之。予曰:医虽小道,而性命是关,敢不知慎,敬当闻命。异人怒而叱曰:子非知医者也。既称性命是关。医岂小道云哉?

夫性命之道,本乎太极,散于万殊。有性命然后三教立,有性命然后五伦生。故造化者,性命之炉冶也。道学者,性命之绳墨也。医药者,性命之赞育也。然而其义深,其旨博,故不有出人之智,不足以造达微妙。不有执中之明,不足以辩正毫厘。使能明医理之纲目,则治平之道如斯而已;能明医理之得失,则兴亡之机如斯而已;能明医理之缓急,则战守之法如斯而已;能明医理之趋舍,则出处之义如斯而已。洞理气于胸中,则变化可以指计;运阴阳于掌上,则隔垣可以目窥。修身心于至诚,实儒家之自治;洗业障于持戒,诚释道之自医。身心人己,理通于一,明于此者,必明于彼。善乎彼者,必善于斯。故曰：必有真人,而后有真知,必有真知,而后有真医。医之为道,岂易言哉?

若夫寻方逐迹,龊龊庸庸,椒硫杀疥,葱薤散风,谁曰非医也? 而缁衣黄冠,总称释道;矫言伪行,何非儒流? 是泰山之与丘垤,河海之与行潦,固不可以同日语矣。又若阴阳不识,虚实误攻,心粗胆大,执拗偏庸,非徒无益而反害之之徒。殆又椒硫葱薤之不若。小道之称,且不可当,又乌足与言医道哉! 医道难矣,医道大矣。是诚神圣之首传,民命之先务矣。吾子其毋以草木相渺,必期进于精神相贯之区,玄冥相通之际,照终始之后先,会结果之根蒂。斯于斯道也,其庶乎为有得矣。子其勉之!

予闻是教,惭悚应诺,退而皇皇者数月,恐失其训,因笔记焉。

（张景岳《景岳全书》卷三）

【拓展思考】

1. 请结合龚廷贤《病家十要》,试论患者请医时应注意的事项。

2. 请结合现实,谈谈你对医患关系的理解,并分别基于医者和患者的立场分析对策。

第九单元　艺术之美

画山水序
宗炳

【阅读提示】

该文首尾连贯，思路清晰，篇幅短小，结构完整。宗炳坚持原道、征圣和宗经的原则，认为既然古代圣贤皆乐山乐水，说明山水可以体道。在文中，他提出"以形写形，以色貌色"的创作论和透视摄景法，认为画之成败主要在取景、透视和描绘。所以，他认为只要用足够的手段，就可以达到形似的效果。文章还提出"应会感神，神超理得""神之所畅，孰有先焉"等山水画理论，从而使我们对南朝时期的审美趋向有了更明晰的认识。

圣人含道映物，贤者澄怀味像。至于山水，质[1]有而趣灵。是以轩辕、尧、孔、广成、大隗、许由、孤竹之流，必有崆峒、具茨、藐姑、箕、首[2]、大、蒙[3]之游焉。又称仁智之乐[4]焉。夫圣人以神法道而贤者通，山水以形媚道而仁者乐，不亦几乎？余眷恋庐、衡，契阔[5]荆、巫，不知老之将至。愧不能凝气怡身，伤跕石门之流。于是画象布色，构兹云岭。夫理绝于中古以上者，可意求于千载之下；旨微于言象之外者，可心取于书策之内。况乎身所盘桓，目所绸缪，以形写形，以色貌色也。且夫昆仑山之大，瞳子之小，迫目以寸[6]，则其形莫睹；迥[7]以数里，则可围于寸眸。诚由去之稍阔，则其见弥小。今张绡[8]素以远映，则昆、阆之形，可围于方寸之内。竖划三寸[9]，当千仞之高；横墨数尺，体百里之迥。是以观画图者，徒患类之不巧，不以制小而累其似，此自然之势。如是，则嵩、华之秀，玄牝[10]之灵，皆可得之于一图矣。夫以应目会心为理者，类之成巧，则目亦同应，心亦俱会。应会感神，神超理得，虽复虚求幽岩，何以加焉？又神本亡端[11]，栖形感类，理入影迹，诚能妙写，亦诚尽矣。于是闲居理气，拂觞鸣琴，披图幽对，坐究四荒。不违天励之藂[12]，独应无人之野。峰岫峣嶷，云林森眇。圣贤映于绝代，万趣融其神思，余复何为哉？畅神而已。神之所畅，孰有先焉！

（张彦远《历代名画记》卷六）

【注释】

[1]质：形质。趣：意味、情态。

[2]首：首阳山。

[3]蒙:蒙山,又称"东蒙""东山"。

[4]仁智之乐:《论语·雍也》:"子曰:知者乐水,仁者乐山。"

[5]契阔:生死相约。

[6]迫目以寸:把眼睛贴近大山。

[7]迥:远距离。可围于寸眸:大山被尽收眼底。

[8]绡:一作"绢","绢"为是。

[9]竖划三寸,当千仞之高:画面上三寸的笔画可以代表现实中的千仞高山。

[10]玄牝:比喻道,此处指"造化"。《老子》:"谷神不死,是谓玄牝。玄牝之门,是谓天地根。"一说当作"玄极"。

[11]亡端:本为无边际,此指无所依凭。

[12]天励之藂:形容自然之景。天励,天宇。藂,同"丛",聚集。

【拓展阅读】

1.写作背景

山水画萌芽于远古先民的彩陶器中,而山水审美则在春秋、战国时期出现。孔子云"知者乐水,仁者乐山"(《论语·雍也》),说明山水与人生之关系。但是,山水绘画理论则在魏晋南北朝才有相应的表述。东晋顾恺之《画云台山记》是目前所知的第一篇山水画理论著作,重点谈绘画技法,是最早的"传神"论,并提出"以形写神"的主张。而宗炳的《画山水序》是最早谈绘画透视理论的文章。宗炳认为,山水有灵,山水有神,因而当"以形写形,以色貌色",并提出"畅神"论。这一理论成为魏晋南北朝时期少有的思辨性绘画理论。宗炳之所以擅长思辨,与其喜欢钻研玄学、佛学并爱好登临山水等密切相关。因此,阅读其山水画理论,也可知当时的审美趋向、士大夫的精神风貌。

2.作者简介

宗炳(375—443),字少文,南阳郡涅阳(今河南邓州)人,南朝刘宋时期的画家。其祖父宗承曾任宜都太守,父亲宗繇曾任湘乡令。他年轻时爱好绘画、音乐,喜欢钻研玄学、佛学,经常登临山水,多次被征召为官,皆未出仕。其生平事迹载于《宋书·隐逸传》。宗炳提出"以形写形,以色貌色"的山水画理论,提出焦点透视法及"畅神"论,都与其经历相关。他"好山水,爱远游",有深厚的音乐修养,是一位虔诚的佛教徒。他曾入庐山,从释慧远研习佛理,与慧永、雷次宗等"十八贤"共结白莲社。宗炳明显受过佛教因明学(逻辑学)训练,其思想也与道家文化关系密切。

3.标点翻译

叙画(节选)
王微

望秋云神飞扬临春风思浩荡虽有金石之乐圭璋之琛岂能仿佛之哉披图按牒效异山海绿林

扬风白水激涧鸣呼岂独运诸指掌亦以明神降之此画之情也

（张彦远《历代名画记》卷六）

4. 经典阅读

画云台山记（节选）

顾恺之

山有面,则背向有影。可令庆云西而吐于东方。清天中,凡天及水色,尽用空青,竟素上下以映日。西去山,别详其远近。发迹东基,转上未半,作紫石如坚云者五六枚,夹冈乘其间而上,使势蜿蟺如龙。因抱峰直顿而上,下作积冈,使望之蓬蓬然凝而上。次复一峰是石,东邻向者峙峭峰,西连西向之丹崖,下据绝涧。画丹崖凌涧上,当使赫巇隆崇,画险绝之势。天师坐其上,合所坐石及荫。宜涧中桃傍生石间,画天师瘦形而神气远,据涧指桃,回面谓弟子;弟子中有二人,临下到身,大怖,流汗失色。

（张彦远《历代名画记》卷五）

【拓展思考】

1. 你如何理解"以形写形,以色貌色",你认为它是谈绘画的技巧还是理论,是谈"形似"还是"神似",或兼而有之?

2. 宗炳在文中提出"畅神"理论,这是否也在谈南朝文人士大夫的精神追求?还是仅仅谈绘画理论?为什么?

六体书论（节选）

张怀瓘

【阅读提示】

唐代诗歌成就突出,书法成就也很高,并涌现出不少书法名家,诸如欧阳询、虞世南、薛稷、颜真卿、褚遂良、柳公权、孙过庭、张旭、怀素等。至今,欧阳询、颜真卿、褚遂良、柳公权的作品依然是书法学习者的模仿对象。张怀瓘能书,是盛唐时代的书法理论家。由于他的《六体书论》文章太长,本书特将共分成三部分:"正文"节选其讲六体特点及代表人物的部分,"标点翻译"节选其谈书道体会的部分,"经典阅读"则节选其分析写字用笔特点及献计、献书等部分。

臣闻形见曰象,书者法[1]象也。心不能妙探于物,墨不能曲尽于心。虑以图之,势以生之,气以和之,神以肃之,合而裁成,随变所适。法本无体,贵乎会通。观彼遗踪,悉其微旨,虽寂寥千载,若面奉徽音[2]。其趣之幽深,情之比兴,可以默识,不可言宣。亦犹冥密鬼神有矣,不可见而以知。启其玄关,会其至理,即与大道不殊。夫经是圣文,尚传而不秘;书是妙迹,乃秘而不传。存殁光荣,难以过此,诚不朽之盛事。

大篆者,史籀[3]造也。广乎古文,法于鸟迹,若鸾凤奋翼,虬龙掉尾。或花萼相承,或柯叶敷畅,劲直如矢,宛曲若弓,铦利精微,同乎神化。史籀是其祖,李斯[4]、蔡邕[5]为其嗣。

小篆者,李斯造也。或镂纤屈盘,或悬针状貌。鳞羽参差而互进,珪璧错落以争明。其势飞腾,其形端俨。李斯是祖,曹喜[6]、蔡邕为嗣。

八分[7]者,王次仲造也。点画发动,体骨雄异,作威投戟,腾气扬波,贵逸尚奇,探灵索妙。可谓蔡邕为祖,张昶[8]、皇象[9]为子,钟繇[10]、索靖[11]为孙。

隶书者,程邈[12]造也。字皆真正,曰真书。大率真书如立,行书如行,草书如走,其于举趣,盖有殊焉。夫学草、行、分不一二,天下老幼悉习真书而罕能至,其最难也。钟繇法于大篆,措思神妙,得其古风。亦有不足,伤于疏瘦。王羲之[13]比钟繇,锋芒峻势多所不及,于增损则骨肉相称,润色则婉态妍华,是乃过也。王献之[14]远减于父,锋芒往往直笔而已。锋芒者若犀象之有牙角,婉态者若蛟龙之恣盘游。夫物负阴而抱阳,书亦外柔而内刚。缓则乍纤,急则若灭,修短相异,岩谷相倾,嶮不至崩,危不至失,此其大略也。可谓元常为兄,逸少为弟,子敬为息[15]。

行书者,刘德升造也[16]。不真不草,是曰行书。晨鸡踉跄而将飞,暮鸦联翩而欲下。贵其家承蹑不绝,气候通流。逸少则动合规仪,调谐金石,天姿神纵,无以寄辞。子敬不能纯一,或行草杂糅,便者则为神会之间,其锋不可当也,宏逸遒健,过于家尊。可谓子敬为孟,逸少为仲,元常为季[17]。

草书者,张芝[18]造也。草乃文字之末,而伯英创意,庶乎文字之先。其功邻乎篆籀,探于万象,取其元精,至于形似,最为近也。字势生动,宛若天然,实得造化之姿,神变无极。然草法贵在简易,而此公伤于太简也。逸少虽损益合宜,其于风骨精熟,去之尚远。伯英是其祖,逸少、子敬为嗣[19]。

若乃无所不通,独质天巧,耀今抗古,百代流行,则逸少为最。所以然者,古质今文,世贱质而贵文,文则易俗,合于情深。识者必考之古,乃先其质而后其文。质者如经,文者如纬。若钟、张为枝干,二王为华叶,美则美矣,如彼桃李,戛兮铿兮,合乎宫徵;磊落昆山之石,嵯峨碧海之波,奔则激电飞空,顿则悬流注壑;虽贯珠之一一,亦行雁之联联[20];求之于希微,见之于无物。或俨兮其容,或敦兮若朴,或涣兮若冰之将释,然后为得矣。故学真者不可不兼钟,学草者不可不兼张,此皆书之骨也。如不参二家之法,欲求于妙,不亦难乎!若有能越诸家之法度,草隶之规模,独照灵襟,超然物表,学乎造化,创开规矩,不然不可不兼于钟、张也。盖无独断之明,则可询于众议;舍短从长,固鲜有败书,亦探诸家之美,况不遵其祖先乎!

(华东师范大学古籍整理研究室选编《历代书法论文选》)

【注释】

[1]法象:师法自然物象。

[2]徽音:优美的乐声。多指琴声。

[3]史籀:周宣王时太史,曾作大篆十五篇,建武时亡六篇,史称《史籀篇》,是中国最早的识

字课本。

[4]李斯:河南上蔡人,秦朝政治家、文学家、书法家。秦统一六国后,主张统一文字,他曾以小篆为标准,整理成《仓颉篇》。

[5]蔡邕:东汉文学家、书法家,陈留圉(今河南省开封市圉镇)人,善鼓琴、碑记、辞赋、书法,工篆、隶,尤以隶书著称,今存《熹平石经》为其书法代表作。

[6]曹喜:字仲则,东汉书法家,扶风平陵人。善小篆,汉章帝建初中为秘书郎,有《笔论》一卷。

[7]八分:东汉书法家王次仲所创,是隶书的一种。有三种说法:第一,"去隶字八分取二分,去小篆二分取八分"。第二,字势像"八"字的造型那样分清笔势向背。第三,字的大小尺寸是"八分"。见《中文大辞典》"八分书"条。王次仲:名仲,字次仲,上谷郡沮阳县(今河北怀来县大古城附近)人。

[8]张昶:字文舒,敦煌渊泉(今甘肃省酒泉市瓜州县)人,东汉末年书法家,擅草书,有"亚圣"之誉。

[9]皇象:字休明,广陵江都(今江苏扬州)人,三国吴书法家。

[10]钟繇:字符常,豫州颍川郡长社县(今河南省长葛市)人,汉魏书法家,擅长隶书、楷书、行书。

[11]索靖:字幼安,敦煌郡龙勒县(今甘肃敦煌)人,西晋著名书法家,善章草,著有《草书状》。

[12]程邈:字符岑,生卒年不详,秦代下邽(今陕西渭南东北)人,一说下杜人(今西安城南)。秦代书法家,隶书的创造者。

[13]王羲之:字逸少,世称王右军,琅邪(今山东临沂)人,东晋书法家、文学家,世称"书圣"。

[14]王献之:字子敬,小字官奴,书法家、诗人、画家,王羲之第七子,与父合称"二王",与张芝、钟繇、王羲之并列"四贤"。

[15]这句意为钟繇第一、王羲之第二、王献之第三。钟繇、王羲之为源,而王献之为"流",故前二者称"兄"道"弟",后者为"息"。

[16]刘德升,字君嗣,颍川阳翟(今河南省禹州市)人,东汉书法家,著有《书断》等著作。因创立了行书,世称"行书鼻祖"。

[17]这句意为:在行书方面,王献之第一,王羲之第二,钟繇第三。

[18]张芝:字伯英,敦煌郡渊泉县(今甘肃省瓜州县)人。东汉书法家,"草书之祖",擅长草书中的章草。没有真迹传世,仅存《八月帖》等刻帖。

[19]这句意为:张芝为开创者,而王羲之、王献之为继承者。

[20]联联:接连不断的样子。

【拓展阅读】

1. 写作背景

张怀瓘生活在盛唐时期,此文当作于该时期。作者既有实践经验,也有理论积累,对大篆、小篆、八分、隶书、行书和草书等六体的来龙去脉非常熟悉,故于文中逐一评点。从开头称"臣",结尾自称献《书论》来看,此文或为承皇帝旨意而作。而且,文中还讲了写字技巧,或为当时皇家学堂的书法教程。

2. 作者简介

张怀瓘,生卒年不详,扬州海陵(今江苏省泰州市)人,唐代书法理论家。唐玄宗开元年间(713—741),曾官拜翰林院供奉,后迁右率府兵曹参军、鄂州司马。他对自己的书法很自负,自称"真、行可比虞、褚,草欲独步于数百年间"。(朱长文纂辑《墨池编》卷十)南宋陈思所著《书小史》,称其"善正、行、草书"。张怀瓘没有手迹存世,著有《书断》《书估》《书议》《评书药石论》《六体书论》《二王等书论》《论用笔十法》《文字论》《玉堂禁经》等。其中,《书断》理论与评点并重,不仅梳理了十种书体的源流,又按神品、妙品和能品三类,评价"入品"书法家170余人,对后世影响极大。张怀瓘的论著或著录,或为书史,或为书论,或讨论技巧,或评估价值,构建了比较完整的书学体系,对书法论著的贡献绝无仅有。

3. 标点翻译

六体书论(节选)
张怀瓘

臣数对龙颜承圣旨修书拟教皇子小学亦在幼年又承诸王学书不习古本今不逮古理在不疑如学文章只读今人篇什不涉经籍岂成伟器又如不知东都惟须指示洛阳之道日行远近随其筋力若令蹇者引去自然不越其前亦犹跼骥子于枥下关鸳雏于笼中而望其辽远实谓难乎若使其出笼去枥刷劲翮振兰筋乘长风蹑修路可以摩霄逐日岂惟千里万里哉如人面不同性分各异书道虽一各有所便顺其情则业成违其衷则功弃岂得成大名者哉夫得射法者箭乃端而远用近则中物而深入为势有余矣不得法者箭乃掉而近物且不中入固不深为势已尽矣

(华东师范大学古籍整理研究室选编《历代书法论文选》)

4. 经典阅读

六体书论(节选)
张怀瓘

然执笔亦有法。若执笔浅而坚,擫打劲利,掣三寸而一寸着纸,势有余矣;若执笔深而束,牵三寸而一寸着纸,势已尽矣。其故何也?笔在指端,则掌虚运动,适意腾跃顿挫,生气在焉。笔居半则掌实,如枢不转,掣岂自由?转运旋回,乃成棱角。笔既死矣,宁望字之生动?献之年甫五岁,羲之奇其把笔,乃潜后掣之不脱。幼得其法,此盖生而知之。是故学必有法,成则无体,欲探其奥,先识其门。有知其门不知其奥,未有不得其法而得其能者。

好事之人,广求名书以教其子,察其所入,便遣习之。亦如商人以停百货,色目既众,必有善于人者。所贵多本,本立而道生,贫者咨嗟,必不能遂。伏惟陛下有万国之富,而同庶人之贫,天府妙书,宝惜何用?若恐损污真迹,拓本亦可师模。寸有所长,自古大有佳手,各禀异气,亦可参详。伏愿每季之间一两度,悉召诸王,遍示古迹,商榷诸家工拙,必大开悟心灵,习其所便,从此豹变,冰寒于水。昔有诚言,况复天人神纵者哉?岂可许钟、张、二王独高于往日也!且一食之美,惟饱其日。倘一观而悟,则润于终身。夫士人示书,谓之设宝,纵一听钧天之乐,睹明月之珠,竟何益于人也!若顺其性,得其法,则何功不克,何业不成?侍书之人,唯宜指陈妙理,亦如侍讲敷演圣旨。

当今大化滂流,四表无事,士无弃置,官尽材能。臣及弟怀环,叨同供奉。臣谨进怀环书大、小篆及八分,臣书真、行、草,合成六体。自书契之作三千余年,子孙支分优劣悬隔。今考其神妙,舍彼繁芜。当道要书,用此六体;当道要字,行此千文。比而观之,见其始末,探贤哲之深旨,知变化之所由。臣敢罄庸愚,谨献《书论》。

(华东师范大学古籍整理研究室选编《历代书法论文选》)

【拓展思考】

1.史学史称"汉唐气象",文学史称"盛唐气象",以说明唐代的强盛与繁荣。请谈谈唐代在文学、绘画、书法、音乐、雕塑、舞蹈等方面取得成就的原因及启示。

2.书法史与文字史关系密切。请思考,究竟是字体演变促进了书法发展,还是书法发展推动了字体演变?还是二者相互促进?

净因院画记
苏轼

【阅读提示】

苏轼为人超凡脱俗,偶尔作画,也不同流俗。他好发议论,论因文传,文因人贵。苏轼主张"游于物之外"的物意关系论。其画作很少,经常画枯木、丛竹、怪石之类,具有清淡、空灵、松散的特点和"萧散简远""古雅淡泊"的风格,体现了"自娱""取乐于画"的主张和"简古""淡泊""清新""清丽"的审美趣味。本文提出"常形""常理"概念,其实是苏轼的画论主张,恰如《庄子·天道》讲的"不徐不疾,得之于手而应于心"。(郭庆藩《庄子集释》卷五中)

余尝论画,以为人禽、宫室、器用[1]皆有常形。至于山石、竹木、水波、烟云,虽无常形,而有常理。常形之失,人皆知之。常理之不当,虽晓画者有不知。故凡可以欺世而取名者,必托于无常形者也。虽然,常形之失,止于所失,而不能病其全。若常理之不当,则举废之矣。以其形之无常,是以其理不可不谨也。世之工人[2],或能曲尽其形。而至于其理,非高人逸才不能辨。

与可[3]之于竹石枯木,真可谓得其理者矣。如是而生,如是而死,如是而挛拳[4]瘠蹙[5],如是而条达[6]畅茂。根茎节叶,牙角脉缕,千变万化,未始相袭,而各当其处,合于天造,厌于人意。盖达士之所寓也欤!昔岁尝画两丛竹于净因[7]之方丈[8],其后出守陵阳[9]而西也。余与之偕,别长老臻师[10]。又画两竹梢、一枯木于其东斋。臻师方治四壁于法堂,而请于与可,与可既许之矣。故余并为记之。必有明于理而深观之者,然后知余言之不妄。

元丰三年端阳月八日 眉山苏轼于净因方丈书

(孔凡礼点校《苏轼文集》卷十一)

【注释】

[1]器用:器物、用品。

[2]工人:指画工。

[3]与可:文同(1018—1079),字与可,善诗文书画,尤工于画竹,湖州竹派开创者。米芾《画史》称:"以墨深为面,淡为背,自与可始也。"

[4]挛拳:蜷曲。

[5]瘠蹙:瘦弱而皱缩。

[6]条达:指枝条舒展。畅茂:茂盛;又作"遂茂",亦通。

[7]净因:净因院,又作"静因院"。《东京梦华录》卷三记载:"十方静因院,在州西油醋巷。"

[8]方丈:一丈见方之室,指寺院住持的居室。

[9]陵阳:指陵州,今四川省眉山市仁寿县。文与可此时将要出守陵阳而西行,故作画留别。

[10]臻师:释道臻(1014—1093),字伯祥,俗姓戴,福州古田(今福建省宁德市古田县)人。其年十四出家,临济宗浮山远禅师法嗣,后为东京净因院主持,宋神宗赐号净照禅师,工墨竹。

【拓展阅读】

1. 写作背景

宋代重文不重武,故而文事特盛。宋代是画论较盛的一个时代,其画论主要分为三种:画家论画、理论家论画和文人论画。文人画论对社会影响大,其中以欧阳修的论说为基调,又以苏轼的画论影响最大。欧阳修画论主张"萧条淡泊""闲和严静"。欧阳修有《盘车图》诗:"古画画意不画形,梅诗咏物无隐情,忘形得意知者寡,不若见诗如见画。"(《欧阳修全集》卷六)王安石、苏轼、苏辙等人论画的基调,基本与欧阳修一致。苏轼也有论画诗,如《书晁补之所藏与可画竹三首·其一》:"与可画竹时,见竹不见人。岂独不见人,嗒然遗其身。其身与竹化,无穷出清新。庄周世无有,谁知此疑神。"(冯应榴辑注《苏轼诗集合注》卷二十九)另外,王安石的"欲寄荒寒无善画"、晁补之主张"遗物以观物""画写物外形",黄庭坚的"参禅识画",米芾的"平淡天真"等,与欧阳修的主张一脉相承。

2. 作者简介

苏轼(1037—1101),字子瞻,号东坡居士,谥号"文忠",四川眉山人,宋代文学家。苏轼在散文、诗词、书法方面都取得了伟大成就,并在绘画上影响极大,是宋代文人论画的杰出代表。他于宋仁宗嘉祐二年(1057年)举进士,曾任密州、徐州、湖州、杭州、定州等地方官,也曾任制诰、侍读、翰林学士、礼部侍郎和龙图阁、端明殿学士等京官。其中年因"乌台诗案"被捕入狱,后贬黄州,晚年一再被放逐于惠州、儋州、廉州、永州,直到临死前半年才获赦,回到常州不久便去世。他经历了宋代变法运动从酝酿、发展到失败的全过程。其经历与思想皆复杂。他对儒家的中庸和乐天知命、道家的清静和知足不辱、佛家的超脱和四大皆空及道教的虚玄、养生延年等兼收并蓄。道家、佛家思想对其画论影响很大。

3. 标点翻译

宝绘堂记(节选)
苏轼

君子可以寓意于物而不可以留意于物寓意于物虽微物足以为乐虽尤物不足以为病留意于物虽微物足以为病虽尤物不足以为乐老子曰五色令人目盲五音令人耳聋五味令人口爽驰骋田猎令人心发狂然圣人未尝废此四者亦聊以寓意焉耳

(孔凡礼点校《苏轼文集》卷十一)

4. 经典诵读

画水记
苏轼

古今画水,多作平远细皱。其善者不过能为波头起伏,使人至以手扪之,谓有洼隆,以为至妙矣。然其品格,特与印板水纸争工拙于毫厘间耳。

唐广明中,处士孙位始出新意。画奔湍巨浪,与山石曲折,随物赋形;画水之变,号称神逸。其后蜀人黄筌、孙知微皆得其笔法。始,知微欲于大慈寺寿宁院壁作湖滩水石四堵,营度经岁,终不肯下笔。一日,仓皇入寺,索笔墨甚急,奋袂如风,须臾而成。作输泻跳蹙之势,汹汹欲崩屋也。知微既死,笔法中绝五十余年。

近岁成都人蒲永升,嗜酒放浪,性与画会,始作活水,得二孙本意。自黄居寀兄弟、李怀衮之流,皆不及也。王公富人或以势力使之,永升辄嘻笑舍去。遇其欲画,不择贵贱,顷刻而成。尝与余临寿宁院水,作二十四幅,每夏日挂之高堂素壁,即阴风袭人,毛发为立。永升今老矣,画亦难得,而世之识真者亦少。如往时董羽、近日常州戚氏画水,世或传宝之。如董、戚之流,可谓死水,未可与永升同年而语也。

元丰三年十二月十八日夜 黄州临皋亭西斋戏书

(孔凡礼点校《苏轼文集》卷十二)

【拓展思考】

1.请谈谈你对"山石竹木,水波烟云,虽无常形,而有常理"这句话的理解,并围绕"常形""常理"谈谈你的观察和体会。

2.苏轼诗论讲"枯淡"、文论讲"胸有成竹"、词论主张"以诗为词"、画论则云"古雅淡泊",这说明什么? 请谈谈苏轼的思想、经历对其诗论、文论、词论、画论的影响。

写梅论

汤正仲

【阅读提示】

宋代称梅、兰、竹、菊为"四君子",梅象征坚韧不拔、不屈不挠。画梅之风,宋代为盛。北宋和尚仲仁创"墨梅"技法,传有《华光梅谱》(一说托名);南宋扬补之为入室弟子,有"孤标雅韵"之风。扬补之又名扬无咎,其外甥汤叔雅传承了墨梅派衣钵,追求孤芳自赏,今尚存《梅花双鹊图》。明代刘璟在《画梅华》中称:"能画才人汤叔雅,又把花神重摹写。"(刘璟《易斋集》卷上)汤叔雅的《写梅论》又名《画梅法》,《芥子园画谱·梅谱》有收录,主要介绍了画梅技法。

梅有干、有条、有根、有节、有刺、有薜。或植园亭,或生山岩,或傍水边,或在篱落[1],生处既殊,枝体亦异。又花有五出、四出、六出[2]之不同,大抵以五出为正。其四出、六出者,名为棘梅,是禀造化过与不及之偏气[3]耳。

其为根[4]也,有老嫩,有曲直,有疏密,有停匀[5],有古怪。其为梢也,有如斗柄者,有如铁鞭者,有如鹤膝者,有如龙角者,有如鹿角者,有如弓梢者,有如钓竿者。其为形也,有大有小,有背有覆,有偏有正,有弯有直。其为花也,有椒子[6],有蟹眼[7],有含笑,有开有谢,有落英。其形不一,其变无穷。

欲以管笔寸墨[8],写其精神,然在合乎道理,以为师承。演笔法于常时,凝神气于胸臆,思花之形势,想体之奇倔,笔墨颠狂,根柄旋播。发枝梢如羽飞,叠花头似品字。枝分老嫩,花按阴阳,蕊依上下,梢度长短。花必粘一丁,丁必缀枝上,枝必抱枯木,枯木必涂龙麟,龙麟必向古节。两枝不并齐,三花须鼎足。发丁长,点须短,高梢、小花、劲萼,尖处不冗。九分墨为枝梢,十分墨为蒂。枝枯处令其意闲,枝曲处令其意静。呈剪琼镂玉之花,现蟠龙舞凤之干。

如是,方寸即孤山也,庾岭也。虬枝瘦影,皆自吾挥毫濡墨中出矣。何虑其形之众,何畏其变之多也耶?

(王概等编《芥子园画谱·二集》卷三)

【注释】

[1]篱落:篱笆。

[2]出:突出部分,指花瓣。

[3]偏气:偏激之气。"过与不及"皆不合中庸之道,故称。

[4]根:一本作"枝",当从。

[5]停匀:匀称。停,平均。

[6]椒子:花椒籽,色黑,圆形。

[7]蟹眼:螃蟹的眼睛,此指宛如气泡的微小花形。

[8]管笔寸墨:笔墨。管笔,毛笔。寸墨,墨锭。

【拓展阅读】

1. 写作背景

宋代重文事,皇帝好书画,典型代表是宋徽宗赵佶。赵佶亦好梅,称扬补之所画梅花为"村梅"。扬补之(1097—1169),名无咎,号逃禅老人、清夷长者,自称为汉扬雄后裔,故书姓不从"木",为墨梅创始人光仁和尚弟子,晚年生活在南宋高宗赵构时期。绍兴年间(1131—1162),生性耿介的扬无咎因不满赵构、秦桧之对外妥协苟安而辞官,后将画梅技法传给外甥汤叔雅等。汤叔雅生活在南宋苟安江南时期,继承了墨梅派的传统,崇尚耿介独立,追求孤芳自赏。宋代梅谱很多,此文虽讲技法,实传心法,迎合了整个时代的好梅之风。

2. 作者简介

汤正仲,生卒年不详,字叔雅,号闲庵,南宋时期江西人,后居黄岩(今浙江黄岩)。他是宋代著名画家扬补之的外甥,善画梅、竹、松、石,清雅如传粉之色,水仙、兰亦佳。墨梅自来以白黑相形,正仲始出新意,深得扬无咎遗法,传世作品有《霜入千林图》《梅鹊图》等。金农《冬心画梅题记》曰:"叔雅画梅,曾见之于吾乡梁少师芗林家,不愧逃禅叟。"

3. 标点翻译

梅花喜神谱序

宋伯仁

余有梅癖辟圃以栽筑亭以对刊清臞集以咏每于梅犹有未能尽花之趣为慊得非广平公以铁石心肠赋未尽梅花事而拳拳属意于云仍者乎余于花放之时满肝清霜满肩寒月不厌细徘徊于竹篱茅屋边嗅蕊吹英挼香嚼粉谛玩梅花之低昂俯仰分合卷舒其态度冷冷然清奇俊古红尘事无一点相着何异孤竹二子商山四皓竹溪六逸饮中八仙洛阳九老瀛洲十八学士放浪形骸之外如不食烟火食人可与桃花赋牡丹赋所述形似天壤不侔余于是与其自甲而芳自荣而悴图写花之状貌得二百余品久而删其具体而微者止留一百品各各其所肖并题以古律以梅花谱目之其实写梅之喜

神可如牡丹竹菊有谱则可谓之谱今非其谱也余欲与好梅之士共之镌刊诸梓以闲工夫作闲事业于世道何补徒重复瓿之讥虽然岂无同心君子于梅未花时闲一披阅则孤山横斜扬州寂寞可仿佛于胸襟庶无一日不见梅花亦终身不忘梅花之意兹非为墨梅设墨梅自有花光仁老扬补之家法非余所能客有笑者曰是花也藏白收香黄传红绽可以止三军渴可以调金鼎羹此书之作岂不能动爱君忧国之士出欲将入欲相垂绅正笏措天下于泰山之安今着意于雪后园林才半树水边篱落忽横枝止为冻吟之计何其舍本而就末余起而谢云谱尾有商鼎催羹亦兹意也客抵掌而喜曰如是则谱不徒作未可谓闲工夫作闲事业无补于世道宜广其传敢并及之以俟来者

（宋伯仁《梅花喜神谱》）

4. 经典诵读

夏梅说

钟惺

　　梅之冷，易知也，然亦有极热之候。冬春冰雪，繁花粲粲，雅俗争赴，此其极热时也。三、四、五月，累累其实，和风甘雨之所加，而梅始冷矣。花实俱往，时维朱夏，叶干相守，与烈日争，而梅之冷极矣。故夫看梅与咏梅者，未有于无花之时者也。张渭《官舍早梅》诗所咏者，花之终，实之始也。咏梅而及于实，斯已难矣，况叶乎？梅至于叶，而过时久矣。廷尉董崇相官南都在告，有《夏梅》诗，始及于叶。何者？舍叶无所为夏梅也。予为梅感此谊，属同志者和焉，而为图卷以赠之。

　　夫世固有处极冷之时之地，而名实之权在焉。巧者乘间赴之，有名实之得，而又无赴热之讥，此趋梅于冬春冰雪者之人也，乃真附热者也。苟真为热之所在，虽与地之极冷，而有所必辩焉。此咏夏梅意也。

（钟惺《隐秀轩集》卷三十六）

【拓展思考】

　　1. 清人龚自珍《病梅馆记》："或曰：梅以曲为美，直则无姿；以欹为美，正则无景；以疏为美，密则无态。"请予评价，并写成千字短文。

　　2. 梅、兰、竹、菊号称"四君子"，为宋代文人推崇，是宋代诗画表现的重要主题。请结合宋代社会风气和士人精神，谈谈你的看法，写成千字短文。

写竹法

李珩

【阅读提示】

　　据传晋代已有《竹谱》，唐、宋则有王维、萧悦、文同、扬补之等墨竹名家。元代墨竹名家李珩精研竹画、遍访竹乡，撰成《竹谱》，首次将"谱""画"结合，弥补了过去画谱有谱无画的缺憾。《竹谱》文辞畅达，内容详尽，是元代文人竹画理论与技法的重要成果，对探讨元代社会文化、文人心态、审美趣味等有参考价值。明代周履靖所编《淇园肖影》收录的《竹谱》，包括《写竹法》《画竹谱》《竹态谱》《墨竹赋》《墨竹谱》及具体的画竹方法等。

　　予性嗜竹，自昔见人画竹，必留意谛观[1]。初以可喜，渐见不类，舍而弗顾。多至数十辈，大同小异，俱无足取。后见澹游先生[2]所画，迥与若辈不同，遂学焉。既而讨寻其源，知澹游学于乃先黄华老人[3]，老人学文湖州[4]。自是始知湖州之名，然二老遗墨皆未之见。后于同舍乔仲山处，见黄华横幅，一枝数叶，倚石苍苍，澹游差不及也。复欲学之，无从可得。

　　或云："澹游不可为法。昔黄华老人虽云学文湖州，每遇夜，取竹枝，以灯照影，摹画取真，所以远迈伦辈。澹游止学乃先，笔迹不复取法于真，所以粗得其意，不及远甚。"予大以为然。又意东坡、山谷[5]洎宋金两朝名公，议论称赞湖州之作与造物比，予愈欲求访，每恨不得见。至元乙酉[6]，予客余杭，始见文湖州十数本，皆无甚佳处。予意乃疑东坡、山谷党于亲故[7]，文字语言假借[8]太甚，后来诸公亦不审是非，随唱而和[9]。私谓墨竹以来，黄华当称第一，澹游次之，遂为定见。

　　钱塘王子庆与予友善，素称博识。一日来，语及此事。子庆云："前辈议论，岂有过差，但恐君未见湖州真迹耳。"予曰："近于某处见之，凡十数本，大书岁月于其上，岂皆伪耶？"子庆曰："皆伪也。"予始茫然若失，意谓子庆立论偏枯[10]，怫然作色，反诘子庆曰："若尝见黄华所作者乎？"子庆曰："黄华之作固未尝见，湖州之作，君亦未之见也，何以定其是非？适府吏家有一本，明日借来示君，自当知其品第也。"遂去。

　　明日果来，一幅五竿，浓淡相依，枝叶间错，转折向背，欹侧低昂，各有态度，曲尽生意，森然若坐于淇澳。始知前辈议论，未肯轻易假借。黄华实宗之。或人照影之说未足深信，且服子庆之博识真知也。回首知非，深自悔艾。因托子庆多方营求，终不可得。遂以油纸临摹仿佛，携归维扬[11]。

　　明年四月，复来余杭。有持此来求售者，予以二十五千得之，大慰渴想。继获三本，遂成富有。乃尽弃旧学，专意于此。日积月渐，颇得畦畛[12]，自是求予画者甚多。独鲜于伯机[13]父[14]谓："以墨为竹，清则清矣，不若绿色之既清且真也。"乃强予用青绿色，依墨竹法写出。虽粗有可观，然终非画法。

　　是后复留意于画竹。世之画竹者，盖皆俗工，未有可取法者。尚求古之人，得王摩诘[15]开元石刻，累经摹勒，颇失真本。复得萧协律[16]《笋竹》一图，绢素糜溃，笔迹昏暗，不甚了然。方对本临仿，有故人刘伯常来，谓予曰："吾有李颇[17]《丛竹图》，藏之久矣。闻君酷爱，故来相赠。"兹二图皆宣和故物。李颇事南唐，专门画竹者也。当时无与比伦，后世虽有作者，未之及也。自是又得画竹法。

　　迨今岁月愈深，嗜好愈笃。年来行役，万有余里。东上会稽，南出交趾，闽、浙、江、广，遍历山川。每到竹所，于物无见，非竹无察，必谛观详审。根、杆、枝、叶，节、茎、笋、箨，形状、图径、高低、大小、老嫩、荣枯，生植出处，品类寔繁，殆非一致。盖自唐右丞王摩诘、协律郎萧悦、僧梦休[18]，南唐李颇，宋黄筌父子[19]、崔白[20]及弟恕[21]、吴元瑜[22]，以竹名世者，才此数人。然右丞之迹,在世无有;协律之笔,又且糜溃;梦休疏放,流而不返,自是方外。黄氏父子,神而不似;崔白兄弟、吴元瑜辈,似而不神。唯李颇之作,形神兼足,法度皆备,可谓悬衡[23]众表,龟鉴将来者也。

墨竹始于唐,然不知其所师承。旧说李夫人因摹竹影于窗间纸上,时颇有仿效之者。迨至于宋,作者渐多,湖州最后出,于曒日[24]升天,爝火俱息。若坡公父子[25],豪雄俊伟,犹且拳拳服膺,终身北面。况后之人,欲游心于翰墨之海者,可不取法于兹乎?故予画竹师湖州,可谓刻鹄类鹜[26]矣。予且幸值明时,文物兴盛,生长都城,薄居仕宦。每蒙士大夫与进,交游颇多,用心最笃。然犹求购数年,方得见黄华。又十年,方得见湖州。又三年,方得见萧悦、李颇。得之如此其难且迟也,况其他者乎?

尚赖国家威灵,乘驲[27]万里,深入竹乡;又得辨别异同,区分种类,苦心焦思,考较比侔,嗒焉忘予,与竹俱化,而后始识古人用意妙处。欲精一艺,不亦难乎?抑扬雄谓"雕虫篆刻,诗赋小道,壮夫不为",况区区绘事之末,得不贻笑于大方之家哉?然予天性好之乐之,不知成癖。尚恐后之人,或与予同病,去古渐远,不得其传。故取李颇、文湖州二家规式,画予平昔[28]所见品类。凡出处异同,详注其侧,仍将命意位置,落墨忌避等事列于其前,使擅业专门者一览而了无遗恨焉。

(周履靖编《淇园肖影》)

【注释】

[1]谛观:审视,仔细看。

[2]澹游先生:王庭筠之子,承家学,善画墨竹。

[3]黄华老人:王庭筠,号黄华老人,金代书画家,师承文同。

[4]文湖州:文同,字与可,宋代画墨竹名家,湖州派开创者。

[5]山谷:黄庭坚,号山谷道人。

[6]至元乙酉:至元二十二年(1285年)。至元,元世祖忽必烈年号。

[7]党于亲故:因亲戚缘故而偏袒对方。文同第四子娶苏辙长女为妻,而黄庭坚是苏轼的门生。

[8]假借:假托,这里指说虚假的话。

[9]随唱而和:随声附和。

[10]偏枯:本为疾病名,偏瘫,半身不遂。此指偏颇。

[11]维扬:扬州的别名。

[12]畦畛:本指田间的界道,引申为格式、常规。

[13]鲜于伯机:即鲜于枢,姓鲜于,名枢,号伯机,元代书法家。

[14]父:同"甫",男子的美称。

[15]王摩诘:王维,字摩诘,唐代诗人,书画家。

[16]萧协律:萧悦,唐代画家,工于画竹。

[17]李颇:五代时江西南昌人,善画竹。《图画见闻志》《宣和画谱》作"波"或"坡",

[18]僧梦休:晚唐画僧,好用颤掣之势作花鸟竹石,多飞白墨趣,虚实相间,分外灵动。

[19]黄筌父子:黄筌是五代西蜀画家,其子黄居寀、黄居宝等亦擅花鸟,画风深得北宋宫廷喜爱,对宋代院体画有极大影响。

[20]崔白:字子西,宋神宗时画院画家。

[21]悫:崔悫,字子中,崔白之弟,善画花草鸟兽。

[22]吴元瑜:字公器,北宋画家,师从崔白,是宋徽宗赵佶的老师,善花卉、翎毛、蔬果等,北宋具有开创性的画家。

[23]悬衡:本指天平,此指法度、规范。龟鉴:借鉴,此指为后人参照学习。

[24]皦日:明亮的太阳。爝火:火炬、火把。

[25]坡公父子:苏轼、苏过父子,皆善画。苏过为苏轼三子,与苏辙之子苏远、苏迈之子苏符都擅长书法,人称"苏氏三虎"。

[26]刻鹄类鹜:喻模仿虽不逼真,但还相似,用于自谦。鹄:天鹅。鹜:鸭子。

[27]驲(rì):古代驿站专用的车,后亦指驿马。

[28]平昔:平时、平素。

【拓展阅读】

1. 写作背景

元代画竹盛行。文同的直系传人有王庭筠、王澹游。元朝画墨竹者法出文湖州,有李息斋、赵文敏、柯敬仲、管仲姬、吴仲圭、顾定之(顾安)等。从现存文献看,最早的画谱应是南宋宋伯仁的《梅花喜神谱》(约成书于1238年),此后画谱论著首推李衎《竹谱详录》,柯九思《画竹谱》、吴镇《墨竹谱》都受其影响。就画竹而言,唐前多重表现自然美,两宋盛行画墨竹,重感受和表现,南宋以后更偏重墨竹艺术。李衎《竹谱详录》注重写实,柯九思《画竹谱》强调以书法写竹,吴镇《墨竹谱》强调"墨戏"。在李衎《竹谱详录》的影响下,元人更注重对画竹理论与技法的追求,出现了文人墨竹日趋写意化趋势。在上承文、苏之流,下启明、清之派的转折期,元代文人作品及理论在中国美术史上的地位很高,影响很大。

2. 作者简介

李衎(1245—1320),字仲宾,号息斋道人,晚年号醉车先生,蓟丘(今北京市)人,晚年寓居维扬(今江苏扬州),皇庆元年(1312年)为吏部尚书,拜集贤殿大学士。其卒年七十五,被追封蓟国公,谥文简。他善画枯木竹石,尤善画墨竹,双钩竹尤佳,和赵孟頫、高克恭并称为元初画竹三大家。他画墨竹初师王澹游,后学文湖州,着色师李颇,驰名当世,是一位具有深厚传统功力、注意师法自然的画家。作为水墨竹画的代表人物,李衎视竹为"全德君子"。其竹画形神兼备,追求蕴藉、自然及象征人物品德高洁的内在美。《竹谱详录》是他生平画竹经验的总结。他画竹重视写实。高克恭曾评其画"似而不神"。(王逢《梧溪集》卷五)其子李士行继承家学,传世作品有《乔松竹石图》等,画法出于乃父,唯功力稍差。

3. 标点翻译

写兰诀

周履靖

写兰之妙气韵为先墨须精品水必新泉[1]砚涤宿垢笔纯忌坚先分四叶长短为玄一叶交搭取媚取妍各交叶畔一叶仍添三中四簇两叶增全墨须二色老嫩盘旋瓣须墨淡焦墨萼鲜手如掣电忌用迟延全凭写势正背欹偏欲其合宜分布自然含三开五总归一焉迎风映日花萼娟娟凝霜傲雪叶半垂眠枝叶运用如凤翩翩葩萼飘逸似蝶飞迁壳皮装束碎叶乱攒石须飞白一二傍盘车前等草地坡可安或增翠竹一竿两竿荆棘枝枝能助奇观师宗松雪方得正传逸之妄论故号梅颠

（周履靖《九畹遗容》）

注[1]：“新泉”二字原缺，据杨尔曾辑《图绘宗彝》补。

4. 经典诵读

画人物论（节选）

周履靖

智者创物，能者述焉。君子之于学，百工之于艺，自三代历汉至唐，广大悉备。故诗至李杜，文至韩柳，书至钟王，画至吴曹，而古今之意趣，天下之能事尽矣。吴之人物，似灯取影，逆来顺往，意见叠出，横斜平直，各相乘除；得自然之数，不差毫末，出新意于法度之中，寄妙理于豪放之外。所谓游刃余地，运斤成风，盖古今一人而已。是谓吴曹二体，学者取宗。按唐张彦远《历代名画记》，云称北齐曹仲达者，本曹国人，最工画梵像。是为曹。唐吴道子曰吴。吴之笔，其势圆转而衣褶飘逸；曹之笔，其体叠而衣褶紧窄。故后辈称之曰："吴带当风，曹衣出水"。

（周履靖《天形道貌》）

【拓展思考】

1. 元代士大夫喜好画竹，风气很盛，是否与元代社会文化有一定关系？请结合相关记载予以评述。

2. 请查阅资料，了解梅、兰、竹、菊何时成为文人品行、节操的象征，并对古代文人迷恋梅、兰、竹、菊的行为偏好予以评说。

附　录

附录一　中国语文教育简史

中国语文学科的发展，可以说历史悠久，源远流长。在1904年语文独立设科之前，语文教育是融合蒙学、经学、史学、文学、伦理为一体的综合性教育。当代著名语文教育家、中国语文教育学理论的奠基者朱绍禹先生曾一再呼吁：研究语文教育，还必须研究历史，"通过对变化历程的了解，认清现状和把握未来趋势"[①]。顾黄初先生也主张，革新的同时，"对传统，要进行深刻的反思"[②]。

在语文教育发展史研究方面，我们首先要面对的就是语文教育的历史分期问题。关于语文教育的历史分期，诸如陈必祥的《语文教育发展史》、陈学法的《语文教育学》、顾黄初的《现代语文教育史札记》及张隆华的《中国语文教育史纲》等都有讨论，可谓观点不一，众说纷纭。我们认为，要解决语文教育的历史分期问题，需从三个方面进行考量：

首先，任何分期必须遵循事物发展的内在规律。任何事物的发展都有其自身的特殊规律，忽视这种规律，就无法把握其本质。其次，确定语文教育的历史分期，应当在整个社会的宏观发展史中寻找其特殊规律，做到既维护学科尊严及自身个性，又符合社会发展的基本规律。最后，历史分期还应注重语文教育发展的内在规律。

基于此，中国语文教育可被划分为三个时期：先秦至1904年为第一时期，即古代语文教育时期；1904年语文独立设科到1949年为第二个时期，即现代语文教育时期；1950年至今为语文教育发展的第三个时期，即当代语文教育时期。我们将围绕这三个历史时期来阐述语文教育发展的重大历史事件及其发展特点。

(一)古代语文教育发展概述

中国古代语文教育历史悠久。从远古先民运用语言进行交流开始，至晚清癸卯学制结束，其可考的历史长达五千多年之久。

1. 古代中国语文教育概述

古代中国的语文教育是伴随着人类文明演进的脚步而不断发展，并走向成熟。从远古时代一路走来，至夏、商、周、春秋、战国时期，随着成体系的甲骨文的出现，便有了文字的认读与书写。该时期的语文教育被学者称之为言文教育时期，"书"与"礼"是学习的主要内容。"书"即文字释读与书写，自然包含语文教育元素。据《汉书·艺文志》："古者八岁入小学，故周官保氏掌养国子，教之六书，谓象形、象事、象意、象声、转注、假借，造字之本也。"[③]"礼"是中国古代

[①]张怡.语文教学与模式创新[M].北京：光明日报出版社，2018：4.
[②]贡如云.语篇阅读教学论[M].南京：南京大学出版社，2019：309.
[③]班固.汉书[M].北京：中华书局，1962：1720.

用以维护社会等级制度的礼仪行为规范,也是古代语文教育的重要内容。《论语·述而》称,"子以四教:文、行、忠、信。"可见,孔子教学包括文献、实践、忠心、诚信等四项内容,包括诗书礼乐、社会实践、忠诚守信、思想情操等。其实,无论是"六书"学习,还是礼、乐、射、御、书、数"六艺"教育,都包含有语文教育的基本元素。

秦汉时期是我国封建制度形成和确立的重要阶段。随着大一统的确立,教育制度也逐渐形成。而秦王朝的书同文、车同轨、行同伦等政令的实施,有力地推动了语文教育的转型。尤其是文字统一,是政令发布、文化传播、培养人才的基本条件。从秦王朝开始,丞相李斯的《仓颉篇》、中车府令赵高的《爰历篇》、太史令胡毋敬的《博学篇》已成为当时标准文字的范本。这些文字范本的公布,应是当时童蒙识字、语文教育的重要参考书。

汉代是古代语文教育的重要发展期。《尔雅》《方言》《说文》《释名》等作为中国早期的语言文字学著作,总结了秦汉以来的训诂理论与实践。而汉赋四大家司马相如、扬雄、班固、张衡等不仅在汉赋创作方面取得了很高成就,在语言文字学领域也颇有建树。东汉许慎所著的《说文解字》,是中国乃至世界第一部字典,更是古代文字学和文献语言学的奠基之作。《史记·儒林列传》《汉书·儒林传》中的经学家们,往往在文字、音韵、训诂等方面卓有成就,可谓是早期的语文教育家。汉代章句之学的兴起,使得习章句之学的太学生逐渐增加,从武帝初的五十人、宣帝时的二百人、元帝时的千人、成帝时的三千人发展至东汉顺帝时的三万人,恰说明了这一点。加之两汉私学之兴盛,也培养了大量的语文教育人才,这标志着汉代语文教育发展已达到了新高度。

魏晋南北朝经历了300多年的动乱与分裂,带来了思想文化的碰撞和变迁。正如鲁迅所言,该时期已进入了"文学的自觉时代"。文学的发展、创作的繁兴、文人的涌现,恰是该时期语文教育发展的表征,并在文化教育、学术思想等领域形成了诸如私学的兴盛、儒术独尊的突破、理论争鸣的展开、国际文化交流的发展等新特点,有力地推动了语文教育的发展。尤其在政治、经济、文化、教育等方面的新变化,使该时期的语文教育在识字写字教学、阅读教学、写作教学、学习思想、学习方法等方面呈现出新的发展态势①。该时期在文章、诗歌、书法、绘画和雕刻等方面都得到了长足发展,既是该时期语文教育发展的结果,也对语文教育具有积极影响。

隋唐是中国历史上最强盛的时期,并在政治、军事、文化、经济、科技等方面有了前所未有的发展。尤其在唐朝,封建文化有了巨大的发展,形成了辉煌灿烂的新局面。唐诗是中国诗坛的长江、黄河,灌溉着中华民族文化的沃土。据统计,全唐诗有作者三千六百多人,存诗五万五千多首。在唐代诗坛上,涌现出许多令后人肃然起敬的巨匠型诗人,诸如李白、杜甫、王维、岑参、王昌龄、韩愈、柳宗元、刘禹锡、白居易、杜牧、李商隐、李贺等。可以说,唐诗所取得的辉煌成就是当时语文教育发展的结果,并对我国语文教育的影响深远,经久不衰,至今依然发挥着巨大的作用。另外,韩愈、柳宗元等倡导的古文运动和散文教育,与诗教相得益彰,也对后世语文教育影响很大。当然,科举制度对语文教育的影响亦不容忽视。科举制度在隋炀帝大业元年(605年)开始实施,到唐代逐渐走向成熟与完备,并一直延续到清末光绪三十一年(1905年),一千三百年来,科举制度深刻地影响着古代语文教育的发展。而唐代中外文化交流,特别

---

① 耿红卫.中国语文教育史教程[M].济南:山东教育出版社,2013:46.

是中日文化交流频繁及佛教的中国化等,对中国古代语文教育也产生了不小的影响。

两宋时期,词这种文体获得空前繁荣与发展的空间,深刻地影响着宋代及其以后的语文教育内容,并至今对语文教育仍有积极影响。唐、五代诗歌创作繁盛,词的发展机会远逊于诗。至宋代,随着城市经济的繁荣,词才有了广阔的发展空间。在形式上,词改变了诗严格讲究句式、节奏、韵律、对仗等规则,擅长运用长短句来表达细腻、丰富的情感;在题材上,词在兴起之初时便被当作言情诗,故重言情说理逐渐成为一种传统。据统计,宋代以词名世者有八百余人,出版专集者有二百余家。无论是婉约悲凉之词,还是豪放雄浑之词,都有效地推动了当时的语文教育发展。除了词,宋代在诗歌、散文、话本、史传文学等领域也取得了辉煌的成就,对当时的语文教育也有积极影响。总体来说,宋代文学的繁荣发展,影响着后代人在语文写作方面的文采和风格[①]。

宋元戏曲对当时语文教育的影响也非常大。元代剧作家关汉卿、马致远、王实甫等人的作品,不仅对当时的语文教育影响很大,而且至今依然是语文教学的重要材料。另外,宋元时期的书法艺术对语文教育影响很大,诸如北宋四大书法家苏轼、黄庭坚、米芾、蔡襄及元代的赵孟頫等人的书法作品,也对宋元时期的语文审美教育产生了积极影响。

宋代理学深刻地影响着当时的语文教育发展,它把儒家的价值理念本体化,并贯穿于心性理论和为学功夫上,对民众的语文学习与日常生活具有引导作用。宋代理学发端于“古文运动”,理学家大都是文学家、教育家。在“唐宋八大家”中,除唐代的韩愈、柳宗元之外,欧阳修、王安石、苏洵、苏轼、苏辙、曾巩等六家都是宋代人,他们是推动宋代古文运动的重要力量,其文学创作与理学思想互为表里,相得益彰。北宋中期以后,出现了以周敦颐、程颢、程颐、张载、朱熹等为代表的一批理学家。朱熹是宋代理学的集大成者和古代最有影响的语文教育家。他一生讲学不辍,编撰了《白鹿洞书院学规》等“学规”“斋规”,编写过蒙学课本,还给“四书五经”、文学总集作注等,都体现了他的语文教育思想。朱熹提出的循序渐进、熟读精思、虚心涵泳、切己体察、着紧用力、居敬持志等读书方法,亦称为“朱子读书法”,至今依然对语文阅读教学颇具启发意义。

可以说,宋元时期是古代语文教育的又一高峰期。宋代理学的发展培养了一大批知识分子,三次兴学促进了官学、私学和书院的发展。值得一提的是,宋代蒙养教育(古代小学,与今天不完全是同一概念)发达,远超过了汉唐时期。宋代蒙养教材丰富,诸如王应麟的《三字经》、朱熹的《小学》、无名氏的《儿童识字课本》及周行嗣的《百家姓》《千字文》和吕本中的《蒙童训》等,主要用以识字教学,兼及德育与文化教育。这些教材对今天的小学语文教育仍有借鉴意义。

书院兴盛于宋代,诸如湖南长沙的岳麓书院(湖南大学前身)、河南登封的嵩阳书院、河南商丘的睢阳书院、江西九江的白鹿洞书院皆创建于宋代,合称中国古代四大书院。宋代书院教育的发展为培养语文人才打下了良好基础,对推动宋代学术文化的繁荣起到了重要作用。同时,宋代与夏、辽、金各民族政权之间的思想文化的交融、各兄弟民族语言文字的创造,都推动了当时的语文教育的大发展。可以说,宋元时期,在官学发达、书院兴盛、私学普及等多种因素

---

①张隆华,曾仲珊.中国古代语文教育史[M].成都:四川教育出版社,2000:288.

的共同影响下,我国传统语文教育的文言型书面语言教学的理论体系已经形成①。

明清时期是我国封建社会语文教育的鼎盛期,也是中国传统蒙学教育的集大成时期。从1368年朱元璋建立大明王朝起,到1911年辛亥革命推翻清朝统治为止,共历时543年。在这五百多年中,我国古代的语文教育获得了空前的发展。比如,明初统治者已认识到教育对于国家治理的重要作用,确定了"治国以教化为先,教化以学校为本"的文教方针,大力发展学校教育,因此从京师到郡县,建立了遍布全国的学校教育网络。而清朝的官学制度基本上是沿袭明制,分为中央和地方两类。中央主要是国子监,地方有府学、州学、县学、书院。此外,伴随着民间搜书、藏书和编书之风炽,义学、社学、私塾等非官学教学机构也愈来愈多。因此,尽管明清两代是中国封建社会由盛转衰期,但在经济发展、重视教育和文化相对繁荣的大背景下,中国古代语文教育也获得了很大的发展空间。

总之,社会变迁对语文教育的影响很大。可以看出,古代语文教育史的演进和中华民族文化思想的发展密切相关,和中国文学的发展同步并行。文学的革新深刻地影响着古代语文教育,无论在教学内容上还是在教学形式上。可以说,一部中国古代教育史,就是一部中国语文教育史;一部中国语文教育史,也是一部中国文学与思想教育史。因此,语文教育是中华民族文化教育的核心。

2. 古代通行的语文教材

1)蒙学识字教材

蒙学是对古代幼儿启蒙教育的统称。蒙学教育的基本目标是培养儿童的认字和书写能力,养成良好的日常生活习惯,能够遵从基本的道德伦理规范,掌握一些基本文化常识及日常生活常识。从现存的记载和教材来看,先秦两汉时期就很重视少儿的识字教育和句读训练。《礼记·学记》称,"古之教者,家有塾,党有庠,术有序,国有学。比年入学,中年考校。一年视离经辨志,三年视敬业乐群,五年视博习亲师,七年视论学取友,谓之小成;九年知类通达,强立而不反,谓之大成。"可见,古代学制不短,长达九年之久。通过七年学习,只是达到小成。经过九年学习,才能达到大成。

识字教育是传统语文教育的重点之一。恰如清人王筠所说:

> 蒙养之时,识字为先,不必遽读书。先取象形、指事之纯体教之。识"日""月"字,即以天上日、月告之;识"上""下"字,即以在上在下之物告之,乃为切实。纯体既识,乃教以合体字。又须先易讲者,而后及难讲者。……能识二千字,乃可读书②。

可见,先集中教儿童认识两千字,然后再教其读书,应是传统语文教育的经验总结。古代蒙学教材不少,历代皆有,兹择其要者于下:

《史籀篇》是我国最早的一部识字教材。《汉书·艺文志》云:"《史籀篇》者,周时史官教学童书也。"该书共15篇。秦代人所作《仓颉篇》《爰历篇》《博学篇》诸书,文字多取自此篇。《史籀篇》四字为句,编成韵语,易于诵读,是有文字以来最早的识字读本。

---

①耿红卫.中国语文教育史教程[M].济南:山东教育出版社,2013:86.

②王筠.教童子法及其他三种[M].上海:商务印书馆,1937:1.

《急就篇》是西汉史游编著的一部童蒙字书,共收字 2016 个,无一重文,文辞雅奥,分为三个部分,共 34 章,按照姓名、衣服、饮食、器用等分类编写,是识字兼常识课本。全书多采用七言韵语形式,易于记诵,面世后很快就成为广泛使用的蒙学教材。恰如顾炎武所说:"汉魏以后,童子皆读史游《急就》习甲子。"

《千字文》是南朝周兴嗣所著。据《梁史》载,梁武帝从王羲之所书碑文中拓下一千个不同的字,交给周兴嗣说:"卿家才思敏捷,为朕作一韵文可也。"周兴嗣精心构思,写成千字韵文,编排别出心裁,四字为句,句法整齐,讲究声律、押韵、对仗,涉及知识面广。从 6 世纪初到 19 世纪末,《千字文》作为蒙学课本使用了近一千五百年,可谓是世界上使用时间最久、影响范围最大的识字课本。

《三字经》相传是宋代名儒王应麟所编,历代都有增补、加工,是古代最有影响的蒙学读物之一。比较通行的版本是《徐氏三种》,收字 1248 个,三字为句,讲究押韵,极易成诵,内容包括中国传统的教育、历史、天文、地理、伦理和道德以及一些民间传说。全书语言生动,言简意赅,体现了中国早期蒙学提倡为人做事恭谦谨敬等特点。《三字经》面世后,很快就广泛流传开来,并一直使用到清末民初。近年来,联合国教育、科学及文化组织把《三字经》列为儿童道德修养的必读书目之一。这说明,《三字经》依然有蒙学教育价值。

《百家姓》为北宋时人所编,是流行较广泛的蒙学识字教材。该书集姓氏为四言韵语,历代多有改编本,通行本有 472 字,收单姓和复姓数百个。作为综合类的识字课本,全篇由互无联系的字组成,因其押韵,故易于诵读、识记。例如,"赵钱孙李,周吴郑王,冯陈褚卫,蒋沈韩杨。"读起来朗朗上口、自然顺畅,非常符合幼童蒙学的诵读特点。南宋时,《百家姓》已成为蒙学语文教材的普及读本,影响深远。可以说,《百家姓》《三字经》《千字文》,习惯上被称为"三百千",是古代语文教育史上流传最广的蒙学教材,也是我国最早的启蒙识字"系列教材"。

2)"五经""四书"

"五经""四书"是我国古代官方所规定的蒙学阶段之后的主要课本。"五经"是《诗》《书》《礼》《易》《春秋》的合称。汉武帝时崇儒术、建太学、设"五经博士"、以"五经"教授太学生,始有"五经"之称。"四书"即《论语》《孟子》《大学》《中庸》的合称,又称"四子书"。南宋时,朱熹取《礼记》之《大学》《中庸》分章注释,并与《论语》《孟子》合为"四书"。从南宋至清末的八九百年以来,"四书"成为官定的学校教科书和科举考试的必读书目,是 历代学子参加科考的首要研习之书。

(1)"五经"

《诗》即《诗经》,是古代第一部诗歌总集,约成书于春秋时期,收录了自西周初年至春秋中叶五百年间的诗歌共 305 篇,另有目无诗的"笙诗"6 篇,共计 311 篇。《诗经》按内容和乐调的不同,分为风、雅、颂三类,是中国古代诗歌的光辉起点,在中国文学史上具有崇高的地位和深远的影响,奠定了我国古典诗歌的现实主义优良传统。从汉代开始,《诗经》成为历代官学、私学教化学子的"诗教"读本,对历代语文教育影响很大。

《书》即《尚书》,在汉代被尊为经典,故称《书经》。"尚"通"上","书"即古人所谓"书以道政事"之义。《尚书》实际上是我国第一部辑存了商、周历史文献的散文集,内容主要是君王任命官员或赏赐诸侯时发布的政令等。

《礼》称《礼经》，包括《仪礼》和《礼记》。《仪礼》为十三经之一，是春秋、战国时期的礼制文献汇编，一说由周武王之弟周公旦所作，一说由孔子订定，以记载士大夫的礼仪为主。《礼记》据传为孔子弟子及其门生所作，西汉戴圣所编，记述了个人修身、教育、教学之法、学制、政治、以教化政、大同社会、礼制与刑律等。

《易》又名《易经》或《周易》。"易"有变易(穷究事物之变化)、简易(执简驭繁)和不易(永恒不变)三义。《易》相传为周人所作，故名《周易》，包括《经》《传》两部分，内容烦杂、言辞深奥，是五经中最难学的儒家经典。

《春秋》又称《春秋经》，是中国第一部编年体史书，取名四季中的"春秋"二字命名，相传为孔子依据鲁国史官所编《春秋》加以删削、整理而成，以此作为历史课本。《春秋》记录了从鲁隐公元年(前722)至鲁哀公十四年(前481)共242年间的各国大事，叙事简约，语句严整，字含褒贬，因称为"春秋笔法"，具有"微而显，志而晦，婉而成章，尽而不污，惩恶而劝善"的特点。

(2)"四书"

《大学》原为《礼记》中的一篇，传为孔子的学生曾子所作，朱熹把它从《礼记》中抽出，作为"四书"之首，是儒家讨论"大学"教育的专书，对教育目的、教学程序皆有论述，对政治教育、道德教育的要求等论述得更为详细，是对先秦儒家道德教育思想的总结，也可以说是我国最早的一部自成体系的道德教育课本。

《中庸》也是《礼记》中的一篇，相传为曾子的学生子思所作，其基本思想即儒家的不偏不倚思想，所谓不偏之谓"中"、不倚之谓"庸"，阐释了原始儒家"过犹不及"等哲学观点。

《论语》是记录孔子及其弟子思想、学说与事迹的语录体散文集，包括孔子谈话、答弟子问及师生、弟子间讨论问题等各方面的内容。今本《论语》是西汉年间由张禹综合各版本编撰而成。《论语》曾被列入古代科举考试的主要命题范围，成为历代士子参加科举考试的重要参考书。而今，《论语》被翻译成多国文字，远播海外。

《孟子》是孟子及其弟子万章等所著，也有人说是孟子的弟子和再传弟子所作。《孟子》共有《梁惠王》《公孙丑》《滕文公》《离娄》《万章》《告子》《尽心》七篇，每篇又分为上、下篇。《孟子》继承并发扬了孔子"仁"学思想，提出了"君为轻、民为贵""人性善"及以仁义治国等一系列主张。

总之，从西汉时起，至晚清时结束，在两千多年的封建社会时期，"五经""四书"曾是历代官学、私学教育的经典语文教材，是古代语文教育时期培养士子品德、训练其书面语言读写能力的主要教本。因此，其影响时间之长，发挥作用之大，塑造中国人精神之深，在中国语文教育史上是绝无仅有的。

3)文选读本

历代有各种文选读本，是古代语文教育时期用来进行读写训练的主要教材。其中，影响较大的文选读本有以下几种：

《昭明文选》选录了先秦至南朝梁八九百年间、130多位作者、750余篇、37种体裁的作品，是现存最早的诗文选本，因是梁昭明太子萧统(501—531)主持选编，故称为《昭明文选》。《昭明文选》编者从编选原则(标准)、选材范围、编排次序、注释等方面都做了有益的探索，并被后代语文教材编选者借鉴，在隋唐时期受"诗赋取士"制度影响而大放异彩，成为文人士子提高写作水平的必备参考书。

《文章规范》为宋代谢枋得所编,共 7 卷,选录汉、晋、唐、宋之文 15 家 69 篇,其中韩愈的文章几乎占了一半。前两卷题为"放胆文",后五卷题为"小心文",主要用于指导士子参加科考,是当时科考的必读书之一。

《古文关键》是宋孝宗乾道至淳熙年间(1165—1189)吕祖谦为门人学习科考之文而编选、点评的文章选本,出发点是示人门径,便于科举。编者选取了唐宋散文大家韩愈、柳宗元、欧阳修、曾巩、苏洵、苏轼、苏辙、张耒之文共计 60 余篇,首次确立了唐宋散文大家的经典地位。

《古文观止》为清康熙年间吴楚材、吴调侯所选编,共 12 卷,选取了自先秦到明末二千多年间共 222 篇文章,是一本不可多得的散文选集。其编排以时间为经,以作家为纬,打破了过去文选读本的框框,是我国文选型语文教材编撰史上的一大突破。选文浅显易读,并配有为世人称道的精当评点,很快就流传开来,对后世语文教育具有深远影响。

《唐诗三百首》为清乾隆年间蘅塘退士孙洙所选编,是一本脍炙人口的唐诗精选普及读本,也是古代重要的诗教读本。选编者精选的 310 首诗,是以适合私塾教学为基本原则,以学童容易理解记忆、适合儿童兴趣为主要出发点的诗歌精品。因此,该书流传很广,被塾师们广泛采用,深受学童和成人的欢迎,深刻影响了我国语文教育的诗教和诗风,对发扬古代"诗教"传统具有重要作用。

除上述有代表性和影响深远的文选之外,各个时代都有迎合时代需要的选文文本,如远古至西周时期的歌谣、神话,春秋战国时期的《诗经》《楚辞》,秦汉时期的《论语》《孟子》,魏晋南北朝时期的《老子》《庄子》、诗赋文章,隋唐五代的"九经"(《易》《书》《诗》《周礼》《仪礼》《礼记》《左氏传》《公羊传》《穀梁传》),宋元时期的《四书集注》及各类章句,明清时期的《钦定四书文》等等。总之,不同时期的选文标准与特点,既反映了我国古代文学的发展演变历程,也反映了历代统治者兴办教育的主流思想,对今天的语文教学也有深远影响。

3. 古代语文教育的优良传统

古代语文教育经历了漫长的发展历程,积累了丰富的语文教育经验,形成了诸如识字教学、阅读教学、写作教学和语文考试等方法与策略,对中国不同时期的社会、政治、经济与文化发展产生了重要影响。因此,总结语文教育经验、传承语文教育优良传统,对增强中华民族文化自信、审视与发展当下语文教育具有积极意义。

1)文道合一的语文学习原则

唐代散文家韩愈认为,教师的基本职责是传道、授业与解惑。基于这样的认识,他提出了"文道合一"的散文创作理论,实际上也是语文学习的基本原则。"文"指字词、语句、篇章,"道"指文章的思想内容,文道合一就是内容与形式的统一。可见,文与道是水乳交融的关系,二者不可分割。

韩愈的观点与孔子的"言文一致"观一脉相承。孔子认为,"言之无文,行而不远",因此非常重视训练学生的"言""文"能力。他认为,"言""文"学习有助于成长,因此教育学生要言行一致、文礼一致。儒家学说的重要传承者荀子也有相似的主张。他在教学原则、教学方法上提出了很多重要而精辟的见解,如闻、见、知、行,积、渐、全、尽,虚壹而静,学思结合,专一有恒,善假于物等等,也具有文道合一的思想倾向。《礼记·大学》云:"大学之道,在明明德,在亲民,在止于至善。"其中,"明明德""亲民""止于至善"通常被称为大学教育的"三纲领",体现了古代教育要求由低至高、内涵由简单到复杂、活动由自身到他人乃至群体社会的基本过程,表达了以教化为手段的仁政、德治思想,强调了修身养德、与人为善、追求至善的道德教育准则和语文教育目标。

宋代理学家朱熹也认为,居敬持志既是道德教育的重要原则,也是读书治学的基本要求。他强调,"读书之法,莫贵乎循序而致精,而致精之本,则又在于居敬而持志。此不易之理也。"可见,在朱熹看来,道德教育、读书治学都要居敬持志。

毋庸置疑,文道合一是古代语文学习的基本原则。基于这样的学习原则,古人非常重视思想教育,重视提高人格修养、提升道德情操。总之,坚持文道合一,实现道德教化目的,一直是中国古代语文教育与学习的基本目标。

2)以诗书教化为取向

古代中国堪称诗国,形成了独具特色的诗教传统。从《诗经》到楚辞,从汉代文人五言诗到唐诗、宋词、元曲,历代皆有鲜明而独特的诗教倾向。就诗人而言,无论是李白、杜甫、白居易,还是柳永、苏轼、李清照,他们的作品皆以文学的视角审视生活、以文学的情怀歌咏生活、以文学的眼光描摹世界。正是在一代代诗人们的努力下,才形成了古代中国独具特色的文学传统和语文教育传统。

诗歌总是给饱受磨难的心灵播撒着希望、传递着温暖,使人得到情之慰藉、美之熏陶。所以,诗经、楚辞、汉赋、唐诗、宋词、元曲等,始终传承着"诗书教化"传统,对古代语文教育具有极其广泛而深刻的影响,形成了古代语文教育的基本精神和独特个性。

"教化"即教而化之,即通过文学教育来化育德行、涵养性情、塑造人格、培育精神。儒家认为,"诗书教化,所以明人伦也。"意思是说,诗书教化的目的在于彰明伦理,进行道德教育。正如孔子所言,"不学诗,无以言。"因为"诗可以兴,可以观,可以群,可以怨。迩之事父,远之事君,多识于鸟兽草木之名。"此后,唐代散文家韩愈十分重视诗书教化,认为诗教可以提高人们的人伦道德水平。朱熹也主张,"读书穷理,当体之于身",认为通过读书学习,即可理解"仁义礼智"的内涵,实现"格物""致知""诚意""正心""修身""齐家""治国""平天下"等"八条目"。

3)构建了有效的语文学科学习逻辑

重视读写基础训练,是古代语文教育的重要原则。基础训练又分为两步:第一步是识字和写字,第二步是阅读和写作。

张志公在《传统语文教育教材论》中将传统语文教育分为四个阶段:第一个阶段,初期识字教育和写字训练,属于启蒙阶段。这个阶段以《三字经》《百家姓》《千字文》《急就篇》为主要教材;第二个阶段,识字教育与思想教育、知识教育相结合,是以启蒙教育为基础的进一步的识字教育阶段。该阶段使用的教材主要有《弟子规》、《女儿经》、《昔时贤文》(又名《增广贤文》)、《兔园册》、《蒙求》、《龙文鞭影》等轶闻掌故类。该阶段有了书法训练,从第一个阶段的描红、脱格等写字训练,发展到该阶段临摹,主要是临摹颜(真卿)、柳(公权)、欧(阳询)、苏(东坡)四大书法家的字帖。第三个阶段是初步的读写训练阶段。在该阶段,学生开始读经(主要是"四书五经"),与此相配合,学生开始阅读简短的散文故事、浅易的诗歌,主要教材如《书言故事》《日记故事》《咏史诗》《千家诗》《神童诗》等。第四个阶段是进一步的读写训练。在该阶段，阅读和写作训练是密不可分的两个方面，但又有各自的内容和做法。就阅读训练教材而言，主要有《文章轨范》《古文关键》《古文标注》《古文观止》《古文释义》《古文笔法百篇》等。同时，该阶段在阅读教学中确立了"文""道"不可偏废的原则，以及熟读、精思、博览的阅读方法。

可见，由识字、写字到阅读、写作，从文化浸润到熟读精思，一直是古代语文学习的基本逻辑，对后世语文教育具有重要影响。

4）建立了科学完整的识字教学体系

中国汉字是表意体系文字，每一个汉字都是音、形、义的组合体。方块字、表意性、单音节是汉字的本质特点，而以识字为基础，在识字基础上开展阅读教学是语文学习的基本规律。

在古代识字教学中，主要采取集中识字的识字教学法。所谓集中识字，就是根据汉字的基本特点及识字量与读写之间的关系而创设的一种识字教学方法，即用较短时间（一般为两年左右）认识 2000 多个汉字的教学方法。

为了达到集中识字的目标，古代非常重视编写蒙学识字教材，主要教材就是前面讲过的"三百千"，即《三字经》《百家姓》《千字文》。《三字经》（《徐氏三种》）收字 1248 个、《百家姓》收字 472 个、《千字文》收字 1000 个，其共性特点是字与字之间没有直接联系，但易读易记。三种教材加起来总字数是 2720，除去复字不算，单字恰好是 2000 个左右，符合初步识字阶段的要求。

（二）现代语文教育发展概述

中国传统的语文教育是融蒙学、经学、史学、文学、伦理为一体的"大语文教育"，经过几千年的教育教学实践，积累了丰富的经验，也形成了许多优良的传统。但是，两次"鸦片战争"惊醒了当时的有识之士，"师夷长技以制夷""中学为体，西学为用"的观念形成，出现了西学东渐的新思潮、创办新式学堂等，传统语文教育由此受到西方教育理念、现代教育观念的挑战与冲击，促使其必须进行新的变革。1904 年，清政府颁布《奏定学堂章程》，自此开启了现代语文教育的大幕。因此，我们把 1904 年语文独立设科至 1949 年新中国成立这段时期，称为现代语文教育时期。本部分内容将重点阐释现代语文教育的发展概况以及发展特点。

1. 语文单独设科与国文、国语定名

语文单独设科和国文、国语定名是现代语文早期阶段的重要问题，对后世语文教育的影响是深远的。

1）语文独立设科

20 世纪初，废除科举、兴办学堂是中国教育史上的大事。1902 年，清政府颁布了由张百熙拟定的《钦定学堂章程》，即"壬寅学制"，但由于学制不够完备而没有实行。

1904 年 1 月 13 日，清政府颁布了由张之洞、张百熙和荣庆合订的《奏定学堂章程》，即"癸卯学制"，它成为我国第一个颁行全国的新学制。"癸卯学制"为国文单独设科奠定了基础，标志着具有现代学科意义的语文教育的开始。《奏定学堂章程》规定，初等小学堂修业 5 年，高等

小学堂修业 4 年,中学堂修业 5 年。初等小学堂开设"中国文字科",高等小学堂、中学堂及初级、优级师范学堂开设"中国文学"科,带有大学语文课程的性质。《奏定学堂章程》规定中、小学堂开设"中国文字""中国文学",它已具备了以阅读和写作教学为主体的现代语文学科的特征。一般认为,"中国文字""中国文学"的出现,结束了语文课程与蒙学教育、经学教育、"六艺"教育等合为一体的历史,标志着中国现代语文教育学科的正式诞生[①]。

当然,独立设科初期的语文教育仍处在由传统语文教育到现代语文教育的过渡阶段。就教学内容而言,仍然是识字加读古文、写古文;就教学方法而言,仍然以记诵模仿为主;就教育目的而言,仍以灌输封建伦理道德、培养统治阶级的忠臣顺民为己任。

2)国语、国文的定名

早在辛亥革命前,蔡元培、梁启超等人认为"中国文字""中国文学"所要学的并不限于文字和文学,提议将该学科定名为"国文"。1912 年,南京临时政府成立,蔡元培任教育总长。1912年 1 月 19 日,蔡元培为了改革旧制,维持学务,发布了《普通教育暂行办法》。该通令规定:将学堂改为学校;清学部颁行的教科书一律废止;初等小学可以男女同校;小学读经一律废止等。同时颁布的《普通教育暂行课程标准》规定,中小学一律开设"国文"课,这是我国教育史上语文学科从古代传统教育体制中独立出来后的第一个正式名称。

"国语"这一名词的出现是在"五四"新文化运动之后。"五四时期"是中国新旧思想交锋、东西文化碰撞的社会剧烈变革时期。"五四"新文化运动,对语文教育的发展起到了极大的推动作用。在"白话文运动""国语运动"的推动下,民国政府教育部根据全国教育联合会和国语统一筹备会的两个决议案,认为"体察情形,提倡国语教育难再缓",于 1920 年 1 月训令全国各国民学校:"自本年秋季起,凡国民学校一、二年级,先改国文为语体文,以期收言文一致之效。"然后,分别以教育部令修正《国民学校令》和《国民学校令施行细则》,将有关条文中的"国文"改为"国语"。修正后的"施行细则"确定了初等小学四年间纯用语体文,并改科目名称为"国语"。1920 年教育部令修正《国民学校令》、改"国文"为"国语"的举措,客观上顺应了社会进步思想与现代语文教育的发展趋势。这一道命令把中国教育的革新至少提早了 20 年。与此同时,言文一致的"国语"科也诞生了,这是中国现代语文教育史上继"国文"单独设科以来又一件具有重大意义的历史事件[②]。

3)现代语文教育发展中的思潮斗争

从"癸卯学制"到 1949 年,现代语文教育经历了从诞生逐步发展到成为一个具有成熟课程体系的发展过程,这一过程同中国革命一样曲折。在当时的历史条件下,爱国知识分子与进步教育家以救国兴邦、培育青年为己任,在语文教育领域取得了可能达到的最佳成效。在该时期,对课程目标、内容、教学方法多有争论,影响比较大的如"文白之争""读经与反对读经之争""中学生国文程度之争""抢救国文"问题的争论等。"文白之争"是"新文化运动"的老话题,它关系到千家万户的孩子们的教育,教育教学用文言文还是白话文的争论,以鲁迅反驳朱光潜、裴廷梁与钱基博的白话文辩论为代表;新文学阵营对以林纾为代表的老牌守旧派分子的批判,

①徐林祥.语文教育回望与前瞻[M].济南:山东教育出版社,2021:32.
②顾黄初.中国现代语文教育百年事典[M].上海:上海教育出版社,2001:95.

与《学衡》派的论争,与《甲寅》派的论争等为代表。"中学生国文程度之争""抢救国文"问题的争论在 20 世纪三四十年代达到高潮,其争论内容广泛,其中,如何看待文言文在语文教育中的地位与作用是重要方面,但其实质是对国文教育的目标、内容、方法以及国文与民族文化传承、社会发展需求等多方面关系的深入探讨。这一时期,《国文月刊》《国文杂志》等具有重要影响力的语文教学期刊的出版,在当时及之后都产生了不可磨灭的历史影响。

4)延安时期的全民语文教育运动

早在井冈山时期,中国共产党就非常重视语文教学,创办的红军教导队等机构注重对学员进行识字、阅读、写作等语文教育训练。后来,在中华苏维埃临时政府时期所创办的红军大学也非常重视识字、阅读、写作等语文教育。1935 年 10 月,中央红军走完万里长征,到达延安的吴起镇,中国革命正式进入延安时期。中共中央进驻延安的十三年里,先后成立抗日军政大学、鲁迅艺术学院、延安大学等,非常重视陕甘宁边区的语文教育,积极推动新文字运动,倡导大众识字运动,这对新中国的语文教育、教学有着极其深远的影响。延安十三年的语文教育探索,有着深刻的红色文化印记,可谓是中国现代语文发展史上的重要阶段。这一时期的全民语文教育的探索,为新中国成立后进行的文字改革、语文教育、全民识字运动等积累了丰富的经验、奠定了良好的基础。

1939 年 12 月,中国共产党陕甘宁边区第二次代表大会通过了《关于发展边区教育提高边区文化的决议》,该决议制定了实行普及教育,推进边区自然科学常识与卫生常识教育,建立示范学校培养师资,创设技术科学学校培养技术人才等具体办法。在群众文化学习方面,该决议指出,要通过冬学、夜校、识字组等开展扫除成年文盲运动,扫除边区成年中近百分之九十的文盲;印制通俗社会科学小册子,向边区人民宣传社会科学常识等。

1944 年 11 月 16 日,陕甘宁边区文教大会通过了《关于机关学校文教工作中几个问题的决议》,该决议就机关学校办墙报、进行娱乐活动、扫除文盲现象等做了规定。这些全民识字措施的落实,有效地提高了延安时期解放区人民的语文水平。此后,中共中央下发《关于提高群众文化水平的通知》,毛泽东亲自主持召开了有文艺工作者、中央各部门负责人共 100 多人参加的延安文艺座谈会,陕甘宁边区政府副主席李鼎铭在陕甘宁边区第二届参议会第二次大会上作了《关于文教工作的方向》报告,都为创造"民主的科学的大众的"新民主主义文化指明了方向,做出了重要贡献。

2. 语文课程文件的产生

语文独立设科之初,并无课程标准规定教学活动。语文课程的目的、内容、教学方法等只在《钦定学堂章程》《学务纲要》《奏定学堂章程》《普通教育暂行课程标准》等文件中有过粗略的规定。"五四"运动以后,在全国范围内掀起了一场学制改革和课程改革的大讨论。讨论的结果是促使 1923 年《新学制课程标准纲要》的出台。此后,民国政府也曾多次修订颁布语文课程标准,对规范和指导语文教学起到了重要作用。

新学制实施以后,在全国教育会联合会的敦促下,成立了新学制课程标准委员会,着手拟定中小学主要学科课程纲要草案。1922 年 12 月 8 日,中小学生主要学科课程纲要草案在南京拟定。有关中小学国语及国文课程纲要草案包括:由吴研因起草的《小学国语课程纲要》、叶绍钧拟定的《初级中学国语课程纲要》、郑晓沧等起草的《高级中学课程总纲》和胡适拟定的《高级中学公共必修的国语课程纲要》①。

1)新学制《小学国语课程纲要》

该纲要由吴研因起草,经黎锦熙、沈颐修订。该纲要分为四个部分:①目的;②程序;③方法;④毕业最低限度的标准。在"目的"部分,《小学国语课程纲要》这样说:"练习运用通常的语言文字,引起读书趣味,养成发表能力,并涵养性情,启发想象力及思想力。"

2)新学制《初级中学国语课程纲要》

该纲要由叶绍钧起草,旨在与小学国语课程衔接,由语体文渐进于文言文,并为学习高级中学的国语课程打下基础。《初级中学国语课程纲要》由三部分组成:①目的;②内容和方法;③毕业最低限度的标准。该纲要在"目的"部分指出:①使学生有自由发表思想的能力;②使学生能看平易的古书;③使学生能作文法通顺的文字;④使学生发生研究中国文学的兴趣。《初级中学国语课程纲要》提出的毕业最低标准是:阅读普通参考书报能了解大意者;作普通应用文,能清楚达意,于文法上无重大错误者;能欣赏浅近文学作品者。

3)新学制《高级中学课程总纲》

该纲要由郑晓沧、廖世承、朱经农、胡明复等人共同起草,1923 年 6 月由新学制课程标准起草委员会复订,1925 年 6 月正式发表。该纲要规定了课程类型,含公共必修的、分科专修的和纯粹选修的三类,具体课程设置及学分分配、具体课程的基本要求等。它紧密衔接初级中学与大学教育,让学生在完成初中学习后,能平稳过渡到大学阶段的学习。

4)《高级中学公共必修的国语课程纲要》

该纲要由胡适起草,分为目的、内容与方法、毕业最低限度的标准和附录三部分。在目的部分指出:①培养欣赏中国文学名著的能力;②增加使用古书的能力;③继续发展语体文的技术;④继续练习用文言作文。教学内容包括读书、文法和作文三项,要求毕业达到最低限度的标准:①能自由运用语体文体发表思想。②能标点与唐宋八家古文程度相等的古书。③曾精读指定的中国文学名著八种以上。④曾略读指定的中国文学名著八种以上。

总之,新国语、国文课纲总结了清末以来兴办现代语文学科教育教学经验,吸收了西方的先进教育思想,初步形成了现代语文学科教育的纲领性文件,为以后规范语文教育、教学起了重要作用。

3.现代语文教科书举要

语文独立设科之后,新学制颁布实施。伴随着新学制的实施,传统的语文教材显然不能适应各级各类学校的要求。因此,新式学堂的发展需求为教科书的编纂指明了方向,而"癸卯学制"的颁布为各类教科书的编纂起到了直接的规约作用。正是在这一背景下,中国第一套现代意义的语文教科书便出现了。

1)《蒙学课本》

一般认为,我国自编的、最早的新型蒙学教科书是 1897 年南洋公学外院师范生陈懋治、杜

---

①徐林祥,马磊.中国现代著名语文教育人物[M].北京:语文出版社,2020.

嗣程、沈庆鸿等人编纂的《蒙学课本》。该教材虽然形式不佳，但在我国教育史上，它毕竟是中国人自编新式小学教科书的开端。1901 年，《蒙学课本》由朱树人改编，内容、形式都有了较大变化。新修订的《蒙学课本》特点比较明显，将识字与语法概念紧密结合，完全按照几大词类编排，而非语文常识混然编排；行文虽为文言体，但文字已较为通俗。可以说，在一定程度上，它已具备了语文教科书的基本条件，是我国近、现代语文教科书的雏形，是语文教科书由混编向分编逐步转变的开始，是我国近代语文教育向现代语文教育发展的重要标志。

2)《国文教科书》

《国文教科书》由吴曾祺编，1908 年由商务印书馆出版，为五年制中学堂国文教材，共五册。这是语文独立设科以来出版的第一套中学堂国文教科书。就结构安排来看，编者采取了按文学史时期逆推选文的办法。出于教学实际需求考量，这本教科书摒弃了辞藻华美的辞赋，留存颇具实用价值的韵文；不再拘泥于"文以载道"的传统理念，进而拓宽了选文的采集范畴，尤其侧重于收录经世致用的文字。该教材涉猎广泛，五册总计选录文章 700 余篇，文字总量达三四十万字。

3)《中学国文读本》

1908 年，由近代文学家林纾编印的教材《中学国文读本》问世，该教材共十册，按照文学史时期逆推选文。其中，第一、二册为清文，第三册为明文，第四册为金元文，第五册为宋文，第六册为唐文，第七册为六朝文，第八册为汉文，第九册为秦文，第十册为周文。这套教材具有以下特点：其一，各册选文集中于林纾所认定的该时代的主要代表作家；其二，林纾对各篇文章均做出了非常精当的评议。

4)《共和国教科书国文读本》

《共和国教科书国文读本》由许国英编，于 1913 年由商务印书馆出版，这套"中学校用"教材共四册，是民国成立、实行新学制以来较早出版和投入使用的中学国文教科书。该读本思想积极、健康，篇幅短小，易学易记，体裁多为论、传、书、序、记等应用文体。其中，诸如张溥的《五人墓碑记》、杜牧的《阿房宫赋》、陶潜的《五柳先生传》、柳宗元的《小石潭记》《钴鉧潭记》《捕蛇者说》等文章，在中学语文教材史上一直被沿用，至今仍为古典文学类常选的基本篇目，可见其影响深远。

5)《新制国文教本评注》

《新制国文教本评注》由谢无量编，1915 年由中华书局出版，共四册，是纯文言文教材。这套教材具有三个显著的可取之处：第一，每册选文按文体分类编排，每一大类又按文章的时代先后依次排列，即实行各单元以文体集中，各篇章以时间为序。以第一册为例，该册共分五编：第一编论著之属，第二编序录之属，第三编书牍之属，第四编传志之属，第五编杂记之属。这里的"编"虽不是严格的现代意义上的单元，但显然已具有组元的思想，它开创了我国中学语文教材以单元组织课文的先例。第二，选文数量相对来讲趋于适中，篇幅趋短，内容深浅适宜于学生学力程度，又能拓宽视野。第三，助读系统明显扩充，评注着重于学生疑难较大之处，留有学生稍加钻研即可通解的余地，以便促进学生自学、养成习惯。

6)《开明国语课本》

《开明国语课本》由叶绍钧于 1931 年编写而成，包括初小八册、高小四册，收录四百多篇课文,约有一半是叶绍钧创作的儿童文学作品。作者在"编辑要旨"中说,课文内容"以儿童生活为中心""本书内容以儿童生活为中心。取材从儿童周围开始,随着儿童生活的进展,逐渐拓张到广大的社会。与社会、自然、艺术等科企图作充分的联络,但本身仍然是文学的。"总之,这套教材文学性强,编写经过精心设计,书中图文并茂,并且与生活紧密相连。所以,该教材出版后备受广大师生的喜爱。

7)《国文百八课》

《国文百八课》由叶绍钧和夏丏尊合编,从1935年起,由开明书局陆续出版。原计划出版六册,每册十八课,共一百零八课,供初中国文教学自修用。每课为一个单元,包括文话一篇、文选二篇、文法或修辞一篇、习问数题等四方面内容,通过这四个部分的巧妙融合、有机组合,成功构建起一个综合性极强的教学单元。正因如此,该教材在单元组合方式的探索进程中独树一帜,开辟出一种全新的格局,为语文教材的编写及教学实践提供了极为宝贵且极具价值的借鉴。

4. 独立设科与国语、国文时期语文教育的经验

1904年清政府颁布《奏定学堂章程》,明确语文独立设科。1912年南京临时政府颁布《中学校令施行规则》,规定中小学一律开设"国文"课。接着,在"白话文运动"和"国语运动"的推动下,1920年1月,民国政府教育部通令全国:"兹定自本年秋季起,凡国民小学一二年级,先改国文为语体文,以期收言文一致之效。"同年4月,教育部又发布通告称,"国民学校国文科改为国语科"。从此,语文学科逐渐脱离了经、史、哲一体的综合性学科特点,从以"传道"为主转变为以学习语言文字为主,从而确立了现代意义的语文课程。在此期间,中国现代语文教育思想逐步形成,一系列语文课程文件随之诞生,100多套教材纷纷问世,这对语文教育的发展的作用非常大,也为后期语文教育的发展积累了丰富的经验。

1)制定"标准",规范和指导语文教学

"标准"即课程标准,是国家管理和评价课程的基础,是课程教学与教材编写的指导性文件。在语文独立设科和国语、国文时期出台的一系列语文课程文件,逐步规范了语文教育的内容、方法,为现代语文学科的建设起到了极其重要的作用。

(1)《奏定学堂章程》

《奏定学堂章程》规定:初等小学堂设8门课,与"语文"相关的有"读经讲经""中国文字";高等小学堂设9门课,中学堂设12门课,与"语文"有关的有"读经讲经""中国文学"。该章程具体规定了语文学科的课程设置、教学内容、教学原则等,从而使语文学科获得独立的地位。总之,该章程的颁布和实施、语文独立设科、明确相关规定等在理论和实践上都具有划时代意义,标志着从传统语文向现代语文的过渡。

(2)《初级中学国语课程纲要》

1922年,叶绍钧参加了全国教育会联合会提议组织的新学制课程标准委员会,受委托起草了适应新学制的《初级中学国语课程纲要》。该纲要与吴研因起草的《小学国语课程纲要》、胡适起草的《高级中学公共必修的国语课程纲要》《高级中学第一组必修的特设国文课程纲要》等经审订后于1923年发布,一并成为我国现代语文教育史上最早的独立形态的课程纲要。该纲要对中学国语的教学目的做了相应的规定：①使学生有自由发表思想的能力；②使学生能看平易的古书；③使学生能作文法通顺的文字；④使学生发生研究中国文学的兴趣。该纲要是"五四"运动在中小学课程建设史上所结出的硕果之一，是中国现代语文教育史上的重要文献。

（3）《小学国语暂行课程标准》和《初级中学国文暂行课程标准》

《小学国语暂行课程标准》颁布于1929年8月，是民国政府教育部正式颁布的第一个国语课程标准。该标准提出了更为明确的语文教学目的，对说话、读书、作文、写字等教学内容的安排具体有序，并总结了灵活多样的教学方法。同年9月，民国政府教育部颁布《初级中学国文暂行课程标准》，共包括六项内容：目标、作业要项、时间支配、教材大纲、教法要点和毕业最低限度。这些课标文件巩固了国语运动和白话文运动所取得的成果，明确了语文课程的教学目的、教学内容、教材体系、教学原则、学段教学的要求等，对后来语文课程标准或教学大纲的制定有很大影响，其基本结构、内容几乎成了后来各个时期同类文件的效法模式。

2）语文教育家及其语文教育理论

在现代语文教育时期，产生了诸如胡适、朱自清、夏丏尊、叶绍钧等语文教育家，他们在语文教育思想、教育理论建设、语文教材编纂、教学方法研究、教育教学实验等方面做出了卓越贡献。

（1）胡适的语文教育思想

胡适（1891—1962），字适之，安徽绩溪人，思想家、文学家、哲学家和教育家，以倡导"五四"文学革命而闻名。1920年3月24日，应北京高师附属中学国文研究部之邀，胡适发表了题为《中国文学之教授》的演讲，这是"五四"运动以后就中学国文科课程建设系统地发表个人见解的第一篇重要文章，内容包括中学国文的目的是什么、假定的中学国文课程、国语文的教材与教授法、演说与辩论、古文的教材与教授法、文法与作文和结论等七部分。

1922年7月2日，胡适到济南参加中华教育改进社第一次年会。同年7月6日，他在会上发表了以《中学国文的教授》为题的专题演讲。此次演讲内容是在他1920年相关演讲的基础上，针对某些问题进行了更深入的修正与补充，记录稿在编入《胡适文存二集》时改为《再论中学的国文教学》。内容包括：假定的"中学国文标准"、假定的"中学国文课程"、国语文的教材和教授法、古文的教材和教授法等四个部分。

总之，在这两篇意义非凡的文章里，胡适针对中学国文科展开了全方位论述，内容覆盖教学目的、课程设置、教材内容以及教学方法等诸多关键维度。他所阐述的各个要点，犹如基石一般，为后来新学制课程标准起草委员会拟定中学国文科课程标准提供了至关重要的参照与支撑。

（2）朱自清的语文教育思想

朱自清（1898—1948），字佩弦，江苏扬州人，现代散文家、诗人、语文教育家。朱自清与语文教学相关的论著主要有《精读指导举隅》，以及与叶绍钧合著的《略读指导举隅》《国文教学》等。此外，他还著有《标准与尺度》《语文拾零》等文集。朱自清的语文教育思想是在语文教学实践的基础上逐渐形成的，并具有鲜明的个性特征。朱自清强调语文学科的工具性与人文性的统一，他认为教育的价值是培养人格健全的学生，健全的人格就是要"为学"和"做人"两者并重，如人的两足应当一样长，而且，这两种品质的培养不仅仅是语文学科的任务，而应由各门学科共同塑造。

朱自清格外重视体现语文学科特点的"技术的训练"。以下从教学法和阅读指导这两个层面来说。在教学法层面,他设计了"五步教学法":一是令学生报告预习的结果;二是令学生分述各段大意及全篇大意;三是较容易的材料可不必令学生预习,临时行默读法,令学生分述各段大意及全篇大意;四是一篇授毕,可与学生研究篇中情思与文笔;五是一篇教完后,可行口问或笔试①。"五步教学法"并非完全由朱自清原创。20世纪20年代前后,外国教育新思潮传入中国。比如,赫尔巴特根据心理学原理提出了教学形式四阶段的理论(明了、联想、系统、方法),他的学生赖恩等加以发展,将四阶段改为五段式(预习、提示、比较、概括、应用)。这种教学方案被引入我国后,得到当时教育界人士的纷纷推荐与效法,不少第一线教师对此方案进行了改良和优化,朱自清的"五步教学法"就是后者的代表。在阅读指导层面,朱自清认为中学国文教学的目的只需这样说明:①养成读书思想和表现的习惯或能力;②"发展思想,涵育情感。"②针对两大目的,朱自清认为,阅读教学承担着三方面的任务:训练了解的能力、传播固有的和现代的文化、供写作的范本。《精读指导举隅》《略读指导举隅》展现了朱自清对阅读教学指导的独到见解。

总之,朱自清的语文教育思想可概括为:语文教育的目的是使学生了解本国固有文化及提高学生欣赏文学作品的能力;鲜明地提出了作文训练(培养学生写作能力)和技术训练(培养学生欣赏能力)才是语文教育相对重要、核心的部分。虽然讲解、分析、辨别、练习早已普遍地成为语文教育的基本手段与方法,但朱自清独具一格地极力倡导"读",应是语文教育方法和手段变革的关键之所在。

(3)夏丏尊语文教育思想

夏丏尊(1886—1946),名铸,字勉旃,后改字丏尊,著名文学家、语文教育家、出版家和翻译家。他翻译的《爱的教育》在新中国成立前曾风行二十余年、再版三十多次,和叶绍钧共同写成普及语言知识的系列读写故事《文心》,连载于《中学生》杂志后出版广受赞誉,朱自清先生亦曾作序,盛赞"这是一本空前的书"③。20世纪30年代,以开明书店总编辑的身份创办了《中学生》杂志,叶绍钧任杂志主编,以先进的文化思想、丰富的科学知识教育中学生。1935年,他与叶绍钧受民国政府教育部委托,担任中等教育播音演讲,先后在电台向中学生做过八次国文学习的广播讲话。同年6月,两个人合编了《国文百八课》。1936年以后,他还主持过《新少年》和《月报》两刊的编辑出版。除了扎实的语文教学实践,夏丏尊在语文教育理论上也做出了重要贡献。他强调教师的人格力量,主张"爱"的教育,把阅读比作临帖,认为阅读应该能够把每个字的魅力展现出来,达到笔意相投。夏丏尊认为,文章的阅读方法主要有精读和略读两种:略读指理解文本文和文章内容;精读指对文章的鉴赏,对作者的情感进行揣摩,对文章语言文字的运用法则展开研究。阅读教学要更加注重精读,略读只是辅助的方法,语文教学的根本任

---

①陈国林.溯本清源思流泽:百年扬州中学十位语文名家教育思想研究[M].南京:东南大学出版社,2015:52.

②朱自清.朱自清语文教学经验[M].北京:教育科学出版社,2007:24.

③夏丏尊,叶圣陶.文心[M].北京:人民文学出版社,2022.

务是发展学生的语感能力。他主张将作文当作是一种生活技能去训练,否认写作的功利化。针对写作,夏丏尊将文章分成不同的种类,提出了具体的写作方法,主张法则和练习相结合,以提高学生的写作能力。

(4)叶绍钧语文教育思想

叶绍钧(1894—1988),江苏苏州人,现代著名教育家、文学家、出版家和社会活动家,是语文教育史上贡献最突出、影响最深远的语文教育家。1921年,他参加"全国教育联合会"组织的新学制课程标准起草工作,草拟了《新学制初级中学国语科课程纲要》。他单独编辑、与人合编、主持并参编出版的语文教材达129种。

从1912年到1949年的三十七年时间里,他的语文教育思想具有三个明显倾向:一是注重语文教育特征的研究,二是注重语文教材编选原则的研究,三是强调语文技能的专门训练。

在语文教育特征的研究方面,叶绍钧提出:一是"语文"就是本国的语言文字,而不等于文学。他在《国文教学的两个基本观念》里说:"国文的含义与文学不同,它比文学宽广得多,所以教学国文并不等于教学文学。"①二是认为"语文"是人生日用不可缺少的工具。他在《略谈学习国文》中说:"尽量运用语言文字并不是生活上一种奢侈的要求,实在是现代公民所必须具有的一种生活的能力。如果没有这种能力,就是现代公民生活上的缺陷;吃亏的不只是个人,同时也影响到社会。"他把掌握本国的语言文字看成是一个人基本生活能力的组成部分。三是他认为"语文"要适应语言的发展,做到言文一致、白话化,提出"直书口说"、用语体文教学。后来,他在《论中学国文课程的改订》里又说:"我们平日都用现代语言说话,都凭现代语言思想,因此依据现代语言的语体,无论在写作的人方面,在阅读的人方面,最具亲切之感。这是普通教育必须教学语体的根本理由。"

关于语文教材的研究,他认为,一是语文教材是语文教学的凭借,只是精选出来供学生学习的一些例子,不是教学的终点。从语文教本入手,目的却在阅读种种的书。二是语文教材中精选的"例子"要切合学生的生活和程度,符合学生的学习心理,并富有一定的教育意义。三是语文教材的编写要从语文形式上着眼,讲究科学性,并能帮助学生掌握系统的语文学习方法。因此,在语文教材编制策略上,他革新选文系统、建构知识系统、设置助读系统、开发作业系统、探索单元组合,使现代语文教材有了区别于传统语文教材的全新的面貌②。

关于语文教学目标研究,在《〈国文教学〉序》中说:"再说'五四'以来国文科的教学,特别在中学里,专重精神或思想一面,忽略了技术的训练使一般学生了解文字和运用文字的能力没有得到适量的发展,未免失掉了平衡。"分而言之,一是语文教学要培养学生自学语文的能力,这种能力必须要在学生亲自参与的读写听说中进行训练;二是语文教学要养成学生阅读和写作的良好习惯;三是语文能力训练不能局限在课堂内、教科书内。他反复强调,语文教科书不是语文学习的终点,而只是学习其他文章书籍的一个起点。

---

①叶圣陶.给语文教师的建议[M].长沙:湖南人民出版社,2022:13.

②马磊,徐林祥.叶圣陶语文教材现代化思想的当代启示[J].课程·教材·教法,2018(7):95.

（三）当代语文教育发展概述

新中国成立是当代语文教育的起点。从 20 世纪 50 年代初开始，以老解放区教育经验为基础，吸收旧的语文教育的有益经验，借鉴苏联语文教育经验，建设新民主主义教育，是新中国成立初期语文教育的总指导思想。总体看，当代语文教育的发展主要经历了"语文"定名时期（1949—1958）、语文教育波折时期（1958—1978）及语文教育改革与不断发展时期（1978 至今）等阶段。

1. 定名时期的语文教育（1949—1958）

新中国成立后，百废待兴，教育事业也要适应时代之需要。民国时期，语文或名"国语"，或称"国文"，而在新中国成立初的十年间，首先需要解决的是对语文学科的定名。

1）语文学科定名

关于语文学科的定名，1950 年中华人民共和国教育部在《小学语文课程暂行标准》（草）中解释说："所谓语文，应是以北京音系为标准的普通话和照普通话写出的语体文。"语言学家张志公在《说"语文"》（1979）中说：

> 1949 年 6 月，全国已经大部分解放，华北人民政府教育部教科书编审委员会着手研究在全国范围内使用的各种教材的问题。关于原来的"国语"和"国文"，经过研究，认为小学和中学都应当以学习白话文为主，中学逐渐加学一点文言文；至于作文，则一律写白话文。总之，在普通教育阶段，这门功课应当教学生在口头上和书面上掌握切近生活实际、切合日常应用的语言能力。根据这样的看法，按照叶绍钧先生的建议，不再用"国语""国文"两个名称，小学和中学一律称为"语文"。这就是这门功课叫作"语文"的来由。这个"语文"就是"语言"的意思，包括口头语言和书面语言，在口头谓之语，在书面谓之文，合起来称为"语文"[1]。

叶绍钧在《语文是一门怎样的功课——在小学语文教学研究会成立大会上的发言》（1980）中回忆说：

> "语文"作为学校功课的名称，是一九四九年开始的。解放以前这门功课在小学叫"国语"，在中学叫"国文"。为什么有这个区别？因为小学的课文全都是语体文，到了中学，语体文逐步减少，文言文逐步加多，直到把语体文彻底挤掉。可见小学"国语"的"语"是从"语体文"取来的，中学"国文"的"文"是从文言文取来的。
>
> 一九四九年改用"语文"这个名称，因为这门功课是学习运用语言的本领的。既然是运用语言的本领的，为什么不叫"语言"呢？口头说的是"语"，笔下写的是"文"，二者手段不同，其实是一回事。功课不叫"语言"而叫"语文"，表明口头语言和书面语言都要在这门功课里学习的意思。"语文"这个名称并不是把过去的"国语"和"国文"合并起来，也不是

---

①张志公.张志公语文教育论集[M].北京：人民教育出版社，1994.

"语"指语言,"文"指文学(虽然教材里有不少文学作品)①。

1950 年 6 月,中央人民政府出版总署编审局编辑出版了《初级中学语文课本》和《高级中学语文课本》。编者在"编辑大意"中提道:"语文教学应涵盖听话、说话、阅读、写作四个方面。因此,这套课本不再沿用'国文'或'国语'的旧称,而改为'语文课本'。"

2)奠定当代语文教学模式的"红领巾"教学法

1953 年 5 月 20 日,北京市女六中举行了一次《红领巾》观摩教学,执教者是北京市女六中的一位教师,当时在该校指导工作的苏联教育专家普希金教授也应邀参加。教学内容是初中语文课本中的一篇小说《红领巾》中的一段,教师采用的教学方法主要是讲述法,兼用了讲解法。这节课由组织教学、检查作业、进行新教材、巩固新教材、布置作业五个环节组成。在课后评议会上,普希金教授做了总结发言。他肯定了这节课的一些优点,随后就提出了几点意见:首先,一篇不满 7 页的课文用了四个小时尚未教完,估计还要讲两小时。这样不合理地使用时间,是把宝贵的光阴浪费了。而且,这样分段讲解,把课文逐字逐句地咀嚼得像粥一样烂,然后喂入学生嘴里,不可能让学生对整篇作品获得完整的印象。其次,每课时 45 分钟,教师的讲述都在 40 分钟以上,学生的活动不足 5 分钟。普希金认为,组成语文课的因素是朗读、复述、分析课文。分析课文也应该让学生做,让学生形象地描述人物的性格,教师予以启发、引导、补充和提高,但这些工作都由教师做了。教师过高的积极性,使学生的思维处在睡眠状态中。最后是思想政治教育的问题。普希金提出,语文课变成政治课,妨碍了语文的发展,而且,进行思想政治教育不应当形式地要求每堂课都是一样的。同年 5 月 27 日,北京师范大学中文系的学生依据普希金的意见,对《红领巾》重新进行教学设计,在北师大女附中再次试教,得到了各方的高度评价。

1953 年 7 月,《人民教育》发表了叶苍岑教授的《从〈红领巾〉的教学谈到语文教学改革问题》,详细介绍了普希金的意见和北京师范大学中文系学生试教的经过和体会。"同一期的《人民教育》还发表了《稳步地改进我们的语文教学》的短评,短评指出:普希金给我们指出了改进语文教学的方向,师大中文系同学已经打响了'第一炮',希望全国中等学校的语文教师能从此把改进语文教学的工作再推进一步,推向新的发展阶段上去。"②此后,全国语文教育界开展了对"红领巾"教学法的学习,许多学校组织了学习讨论和观摩教学,进行教改实验,掀起了学习"红领巾"教学法的热潮。

"红领巾"教学法对语文教学改革主要有两方面的推动作用:第一,比较彻底地改变了由文言文教学法沿袭而来的教师讲、学生听的僵化局面,使语文教学,特别是现代文教学有了生动活泼的局面。"五四"运动以后,现代文进入语文教材。20 世纪二三十年代,就开始了对现代文教学研究的种种探索。新中国成立后,确立了现代文在语文教材中的主要地位。所以,对现代文教学方法的研究,也就成了语文教学法研究的主要内容。第二,在"五个环节"教学模式的基础上,逐步建立了语文教学,特别是现代文教学的基本模式:①题解,作者介绍、时代背景等。②范读,讲解生字生词、学生质疑问难等。③分析课文,结构分析、人物形象分析、重点难点分

---

① 刘国正.叶圣陶教育文集 第三卷[M].北京:人民教育出版社,1994:217.

② 赵志伟.现代语文教育发展[M].上海:华东师范大学出版社,2012:272.

析等。④总结主题思想。⑤研究写作特点①。这种方法对普通教师特别是经验较少的教师掌握教学常规、大面积提高教学质量有重要的示范、指导意义。

3)汉语、文学分科教学实验

汉语、文学分科教学是新中国成立初期语文教育领域的重要事件。新中国成立后，就开始有计划、有组织地翻译苏联的各科教学计划、教学大纲、教材和各种教育文献资料，广泛学习苏联的教育理论和经验。而苏联实行的就是语言、文学分科教学。同时，"红领巾"教学法在语文教学改革，特别是文学作品教学方面取得的成果，激起了人们向苏联学习、实行语言文学分科教学的实验热情。1954年2月，中共中央政治局扩大会议批准了中央语文教学问题委员会的请示报告，中学语文正式实行汉语、文学分科教学。1955年7月，人民教育出版社在时任教育部副部长、著名语文教育家叶绍钧的领导下编辑出版了《初级中学汉语教学大纲(草案)》《初级中学文学教学大纲(初稿)》《高级中学文学教学大纲(草案)》等文件。人民教育出版社根据新的教学大纲陆续编写了《初级中学文学课本》《初级中学汉语课本》《高级中学文学课本》，并有配套的教学参考书。为了便于汉语教学，人民教育出版社中学汉语编辑室主持拟定了"暂拟汉语教学语法系统"，教育部拟定了《中学作文教学初步方案(草案)》，供各地学校试用。

1956年4月，教育部正式发布《关于中学、中等师范学校的语文科分为汉语、文学两科教学并使用新课本的通知》，决定从1956年秋季起，中学、中等师范学校语文科分汉语、文学两科进行教学，并使用新编的汉语课本和文学课本。同年6月，教育部在北京召开了全国语文教学会议，总结和交流试点教学的成功经验，统一思想认识。会上，叶绍钧做了《改进语文教学，提高语文教学质量》的报告，一方面肯定了新中国成立后语文教学工作的成绩，另一方面指出存在着"目的和任务不够明确""缺乏系统性和计划性""缺乏科学的教学法"等三大缺点。针对这三个缺点，他强调了分科的重要性。报告还详细阐述了文学教学、汉语教学和作文教学各自的任务、教材设计、教学要点和相互关系。会后，全国便推行了汉语、文学分科教学。

1958年，《初级中学文学教学大纲》仅编至第二学年，《高级中学文学教学大纲》仅编至第一学年，这两个大纲被称为"新中国成立以来最严谨、最详尽的教学大纲"。但是，1958年3月，中共中央宣传部宣布停止使用汉语、文学分科实验教材，中小学恢复语文课。汉语、文学分科教学实验被突然中止。这次语文教学改革实验名义上前后历时约4年，时间虽然不长，却是我国语文教育史上具有开创性的改革实验，其中的经验教训值得认真反思、总结。

近半个世纪以来，人们对这项实验的研究和讨论从来没有停止过，也没有权威性的结论。但有几项事实是从来没有争议的：第一，这是我国第一次有组织、有领导地对语文教学的科学化和系统化的实验研究，制定了第一套语文教学大纲，编写了第一套汉语、文学分科实验教材。第二，文学课本中的许多名家名篇，其理趣之丰、情趣之浓、章法之妙、语言之美，堪称文章典范。教师乐意教，学生乐意学，在社会上也有较大影响，给一代人留下了深刻印象。

4)新中国的文字改革及扫盲运动

新中国成立后，根据国内外形势需要，将文字改革提上工作日程。1958年1月10日，经

---

①何园英.百年"淑新"文化引领下的学校课程审视与未来构想[M].上海：上海社会科学院出版社，2021:105.

毛泽东提议，周恩来在中国人民政治协商会议全国委员会举行的报告会上做了《当前文字改革的任务》的报告，明确规定了文字改革的主要任务是"推广普通话，整理和简化汉字，制定和推行《汉语拼音方案》。"此后三十多年，我国的语言文字工作都围绕这三大任务而进行。新中国文字改革的政策与实践取得了很大成就，汲取了延安时期的全民语文教育运动的经验，产生了极其深远的影响。

文字是语文教学的基本工具，是民族文化的载体。整理和简化汉字，深刻地影响着语文教学。1955 年 1 月 7 日，中国文字改革委员会和教育部联合发布《汉字简化方案（草案）》，公开讨论征求意见。1956 年 1 月 28 日，国务院通过并公布了《汉字简化方案》。同年 2 月 1 日，公告废除 1055 个异体字。《汉字简化方案》公布后分四批推行，推行十分顺利。1958 年 1 月 10 日，周恩来总理在《当前文字改革的任务》的报告中指出："方案公布后，两年来，简字已经在报纸、刊物、课本和一般书籍上普遍采用，受到广大群众的欢迎，大家称便，特别是对初学文字的儿童和成人的确做了一件很大的好事。"根据各方面对该方案分批试用、推行过程中提出的意见和总结、修订，文字改革委员会在 1964 年 5 月编成《简化字总表》，由文字改革出版社出版，作为教学、出版领域简化字使用的规范。

实际上，《简化字总表》并不是汉字简化史的终点。1977 年底，《第二次汉字简化方案（草案）》（"二简字"）出台，半年后停用，1986 年废止。"二简字"宣传力度大，笔画简单，在部分地方成为教学用字，曾经深刻地影响着语文教学，甚至冲击着高考恢复以后近 10 年的语文教学，导致部分二简字长期存在残留使用的情况。

普通话推广是文字改革的重要内容。1955 年 5 月 6 日，刘少奇听取吴玉章关于文字改革工作的汇报后，提出了"普通话"概念。1955 年 10 月召开的全国文字改革会议，正式通过了推广普通话的决议。会议一致认为，推广普通话是适应全国人民迫切要求和社会主义建设需要的政治任务，是加强汉民族政治、经济、文化的统一的必要步骤，是全国性的带有战略意义的重大措施，也是进一步发展汉语和准备汉字根本改革的必要步骤。1956 年 2 月，国务院发出《关于推广普通话的指示》，规定了普通话的标准："以北京语音为标准音，以北方话为基础方言，以典范的现代白话文著作为语法规范。"此后，在全国范围内迅速推广普通话，并逐步普及。普通话的推广，统一了语音和语法，规范、统一了语文教学，有效消除了交流障碍，对促进社会主义事业的发展意义重大。

《汉语拼音方案》于 1958 年 2 月 11 日由第一届全国人民代表大会第五次会议批准推行，同年秋季进入全国小学课堂。该方案采用二十六个拉丁字母，在字母表里规定顺序和名称，在声母表和韵母表里规定拼法，另有声调符号和隔音符号的规定。在当时，汉语拼音主要作为识读汉字、学习普通话、改进语文教学、培养和提高读写能力的重要工具。该方案公布的六十多年来，极大地拓展了汉语拼音的功能和应用领域，是改革和创制少数民族语言文字的重要依据，是编制盲文、手语、旗语、灯语的重要基础，并广泛地用于中文文献排序检索以及工业、科技领域的型号和代码等方面。而汉语拼音输入法，使汉字步入信息化时代。而今，汉语拼音在诸多领域均有用处，远远超出当初制定者的目标和想象，是中国文字改革史上的一座丰碑。

总之，新中国的文字改革使得中国的语文生活发生了根本改变。其主要体现在：书面语与口语一致、常用汉字简化规范化、用拉丁字母作为拼音字母、书写印刷由竖排改为横排。这次改革的历史意义不仅在于语言文字的革新本身,确立了语文现代化的发展方向、明确了语言文字规范化与标准化的具体任务,对新中国的社会主义建设和改革开放起到了重要的基础作用。

值得注意的是,新中国成立后的扫盲运动是全民性语文学习的伟大实践,新中国的文字改革有力地推动了扫盲运动的开展。1949 年,新中国成立时的总人口约有 5.5 亿,文盲率高达 80%。新中国的扫盲运动,在一定程度上延续了延安时期陕甘宁边区全民识字运动的经验。从此,扫盲班遍布工厂、农村、部队、街道,人们以前所未有的热情投入到学习文化中,形成颇为壮观且成效明显的全民语文学习热潮。据统计,从 1949 年到 1960 年,约有 1.5 亿人参加了扫盲和各级业余学校的学习。当然,新中国成立 70 多年来,扫盲工作在中国从未停止过。21 世纪伊始,中国实现了基本普及九年义务教育、基本扫除青壮年文盲的战略目标,全国的文盲率降至个位数。

2. 波折时期的语文教育(1958—1978)

1958 年至 1978 年,是我国语文教育史上一个非常特殊的时期。这个时期,中国社会经历了“大跃进”“人民公社化”运动、反“右倾”运动、“文化大革命”等政治运动。受社会政治、经济形势的影响,我国的语文教育经历了波折期。

1958 年 5 月,中共八大二次会议在北京举行,制定了“鼓足干劲,力争上游,多快好省地建设社会主义”的总路线。会后,全国城乡迅速出现了工农业生产“大跃进”。1958 年 9 月 19日,中共中央、国务院发布了《关于教育工作的指示》,明确而系统地提出了党和国家的教育工作方针,即“党的教育工作方针,是教育为无产阶级政治服务,教育与生产劳动相结合”。受“大跃进”与极“左”思潮的影响,该时期我国的语文教育偏离了学科自身的发展规律,语文教材选文时以政治标准取代了文学标准,除了鲁迅作品,课本大量选用毛泽东著作及反映“大跃进”“总路线”“人民公社”的作品。此时,语文教学深受政治运动的影响,不重视课堂教学,不尊重教育规律,导致教学质量严重下降。

针对这一问题,党中央积极进行调整。从 1961 年到 1963 年,教育部制定和下达了全国中小学工作条例,陆续颁发了各学科教学大纲,并一再修订和重新编写了各科教材,提出并强调要加强各学科的基础知识教学和基本技能训练。这一系列的重要举措,对推动各学科的教学改革,提高其教学质量起到了重要作用。在语文教学方面,为了进一步统一广大语文教育工作者的思想认识,上海《文汇报》从 1959 年 6 月 5 日起开辟专栏,展开“关于语文教学目的任务的讨论”,至 1961 年 12 月 3 日结束,历时二年半时间。这是我国当代语文教育史上范围最广、历时最长的一场社会性大讨论。在深入讨论和实践的基础上,1961 年 12 月 3 日,《文汇报》发表了题为《试论语文教学的目的任务》的社论,对这场讨论做了总结,着重指明了语文学科的性质和目的、任务。这次大讨论明确了语文的工具性特点,形成了一股大家都抓基础知识教学和基本技能训练的热潮。与此同时,教育领导部门还积极展开了制定中学语文教学大纲、修订和重编中学语文课本等工作。

而在十年“文革”期间,语文课完全被作为阶级斗争和政治运动的工具,有些地方甚至直接把语文课和政治课结合起来,叫“政文”课。在这样的语文课堂上,学生读的是配合“无产阶级文化大革命”的文章,写的是各种“大批判”作文。所以,“读书背语录,作文呼口号”是当时语文学习情况的真实写照。这导致语文基础知识教学和基本技能训练完全被抛在一边,广大学生的语文水平降到了历史最低点。

1976 年 10 月至 1978 年 12 月,这两年多的时间属于语文教育的恢复重建期。1976 年 10 月,党中央一举粉碎了"四人帮",十年"文革"宣告结束,但全国仍处于"两个凡是"的乌云之下,语文教学仍处于"文革"时期的政治氛围之中,直到 1978 年中共十一届三中全会召开,才彻底拨云见日。1977 年春,邓小平复出,8 月 4 日至 8 日,邓小平在人民大会堂主持召开了科学和教育工作座谈会,并发表了题为《关于科学和教育工作的几点意见》的讲话。该意见指出:"今年就要下决心恢复从高中毕业生中直接招考学生,不要再搞群众推荐"。同月,教育部召开了中小学教育座谈会,会上议定草拟全日制十年制中小学各科教学大纲,为十一届三中全会之后推动语文教育工作走向正规道路奠定了基础。

3. 新时期语文教育(1978 年至今)

1977 年召开的科学和教育工作座谈会,为此后推进语文教育工作指明了发展方向。1978 年 3 月,教育部颁布《全日制十年制中学语文教学大纲(试行草案)》,强调政治思想教育和阅读写作训练在语文教学中的地位,并于 1980 年印行[1]。1980 年大纲基于 1978 年大纲进行了修订,修订后的大纲强调语文的工具性,淡化了政治性和文学性,对文言文、语文知识、作文教学等提出了要求,确立了此后近 20 年中学语文教学的指导思想和基本原则。

1977 年举行了文理分科、统一考试、择优录取的高考,对语文教育的应试化影响深刻。高考以省、区、市为单位命题,语文试题是理科考一篇作文,文科加考一段文言文翻译或语文知识若干。1978 年后,高考语文实行全国统一命题,文理科作文都只占总分的 30%,现代汉语和文言文占比 70%。至 1979 年高考,语文试卷中作文占比提高至 40%,降低了现代汉语试题比重,提高了文言文考试比重(理科 15%增为 20%)。1980 年,高考语文试卷中的文言文占比由 24%提高至 28%,作文考了读后感。1981 年,高考语文试卷结构模式沿用 1980 年试卷结构模式。至此,全国高考成了"指挥棒",语文考什么就教什么,考得多则教得多,出现了各类模拟题,学生学习较为功利化。加之历史遗留下来的语文教师文化业务水平不高的问题,形成了"师父不明徒弟拙"的现象,语文教育质量难以提高,"重理轻文"的社会风气逐渐滋生并影响至今。

为了改善入学大学生语文基础薄弱的状况,早在 1978 年,在南京大学校长匡亚明和复旦大学校长苏步青的倡导下,全国各地的高校陆续开设了大学语文课。1980 年,全国大学语文研究会应需而生。从长远来看,恢复高考制度确实具有划时代意义,为 20 世纪 90 年代语文教学培养了新生力量,为改革开放储备了人才,为社会主义现代化建设发挥了巨大的推动作用。

伴随着高考制度的恢复,中小学十年学制的实施,新语文教学大纲(试行草案)的颁布和新语文教材的出版,在全国范围内掀起了一场语文教学改革的高潮。以于漪、钱梦龙为代表的一大批特级教师随之涌现出来,有力地促进了语文教学改革。而《语文学习》《中学语文教学》等语文教育杂志的创办,更为语文教育的理论探讨和语文教改经验的传播开辟了新平台。而且,

---

①李树.中学语文教学百年史话[M].济南:山东人民出版社,2007:179 - 181.

高等师范院校的语文教学论课程得到了加强,有关语文教育的教材和专著相继问世,一支素养较高的语文教育理论工作者队伍成长了起来,并参与了语文教育改革的实践,成为这一时期语文教育教学工作的一大亮点。

1985年,《中共中央关于教育体制改革的决定》颁布,并成为指导这一时期教育改革和发展的纲领性文献,首次提出了实行九年制义务教育的历史性任务。1986年,第六届全国人民代表大会第四次会议通过了《中华人民共和国义务教育法》,对义务教育阶段教育改革的具体目标作出了更为明确的规定。《九年义务教育全日制初级中学语文教学大纲(试用)》于1987年开始起草,1988年出版"初审稿",经过三年试用,做了进一步调整、修订后于1992年颁布,1993年秋正式在全国实行。1993年,语文教材由1950年开始的国定制转变为实行"一纲多本"的审定制,1993年出版的人教版九年义务教育语文教材,具有"联系生活,培养语文能力"的鲜明特色。高中先是沿用1986年的《全日制中学语文教学大纲》,十年后又制定了《全日制普通高级中学语文教学大纲(供试验用)》。1997年,国家教委颁布《全日制十二年制学校普通中学高中语文课程标准》,突出了语文教育在九年义务教育基础之上的提高作用,强调要发挥学生的主体作用,培养学生的自学能力,注重语文课外学习、语文活动课与文学鉴赏。

1997年11月,《北京文学》以"忧思中国文学教育"为题,发表了邹静之的《女儿的作业》、王丽的《中学语文教学手记》、薛毅的《文学教育的悲哀》3篇文章,对语文教育开展猛烈批评,社会反响强烈。紧接着,《中国教育报》《中国青年报》《光明日报》《文汇报》《中华读书报》《新民晚报》《羊城晚报》等报刊也发表了大量文章,展开了一场全社会性的语文教育大讨论,提高了全社会对语文教育重要性的认识,推动了语文教育改革的步伐,深化了语文教育研究内容,为新一轮语文课程改革做了理论上的准备。

2001年,中华人民共和国教育部颁布《基础教育课程改革纲要(试行)》,推动基础教育课程和教学改革。同年,基础教育课程改革在全国38个实验区试行,2004年开始在全国进行推广。新课改的核心理念是一切为了学生的发展,强调转变学习方法,注重知识与技能、过程与方法、情感态度与价值观三位一体,有效地突破了学科中心的束缚。

2003年,教育部印发《关于实施〈普通高中课程改革方案(实验)〉和语文等十五个学科课程标准(实验)的通知》,于是自2004年开始,新课改在高中阶段推进。《普通高中语文课程标准(实验)》指出:语文是最重要的交际工具,是人类文化的重要组成部分。工具性与人文性的统一,是语文课程的基本特点。高中语文课程应进一步提高学生的语文素养,使学生具有较强的语文应用能力和一定的审美能力、探究能力,形成良好的思想道德素质和科学文化素质,为终身学习和有个性的发展奠定基础。同时,《普通高中语文课程标准(实验)》对课程的基本理念、课程设计思路、课程目标、实施建议等做出具体要求。总体上来说,既体现了语文教育的特征,又顺应了教育发展的规律和人生的成长规律。

从1978年开始,大学语文经历了时代的发展与变化,部分高校恢复了大学语文课程的开设,有近千所高校开设大学语文课。而21世纪以来,各高校对待大学语文的态度依然各有差异,甚至有许多高校停开了大学语文课程。2006年9月,中共中央办公厅发布《国家"十一五"时期文化发展规划纲要》。该纲要提出:高校要积极创造条件,面向全体大学生开设语文课。同年11月,教育部高教司组织召开了"高等院校大学语文教学改革研讨会",形成《高等学校大学语文教学改革研讨会纪要》,强调大学语文课程只能加强,不能削弱。随着时代的发展,大学语文课程的作用正在凸显。正如我国学者王步高所言:"认真读一些中国文学的精品,提高大学生的文化素养,不仅可以提高其阅读、写作及口头能力,为专业课学习打下基础,也可陶冶情操,提高自己审美趣味与艺术品位,更重要的是能提高民族自豪感与对民族文化的认同感。"①时至今日,大学语文课的命运依然因高校不同而不同,依然存在着或停或开、时开时停等起伏跌宕的变化。

党的十八大以来,党中央与国务院非常重视文化教育事业。2017 年 12 月 29 日,教育部发布《关于印发〈普通高中课程方案和语文等学科课程标准(2017 年版)〉的通知》文件,该课标突出了文化教育的重要地位,凝练了语文学科的核心素养,建构了学习任务群,优化了语文课程结构,明确了学业质量标准。2017 年版的高中语文课程标准对语文教学改革的要求更高,改革的力度较大。2022 年 4 月 21 日,教育部举行新闻发布会,介绍了 16 个义务教育课程方案和课程标准修订情况,正式颁布实施了《义务教育语文课程标准(2022 年版)》。新课标依据新时代党和国家对教育的新要求,以培育"有理想、有本领、有担当"的时代新人为培养目标,建立了从培养目标到课程标准、再到教学目标的层级化育人目标体系,强化了课程的育人导向,提出以语文核心素养为纲,研制了学业质量标准、优化了课程内容结构、加强了学段衔接,强调了正确价值观、必备品格和关键能力的培育。

特别需要强调的是,重视课程思政是党的十八大以来语文教育教学的新特征。2016 年 12 月,全国高校思想政治工作会议召开。此后,课程思政作为学科德育理念的一种深化和拓展得以迅速推广。2018 年 10 月,教育部发布《关于加快建设高水平本科教育全面提高人才培养能力的意见》。该意见指出:要将思想政治教育贯穿于高水平本科教育全过程,强调需提升思政工作质量,强化课程思政。而语文课程思政是指将思想政治教育融合到语文课程的教学过程当中,通过语文教学这一载体落实思政教育,注重培养学生高尚的思想品德和正确的价值观念,落实立德树人的教育总目标。因此,教师在传授语文知识和技能的同时,要引导学生理解和吸收文本中蕴含的社会主义核心价值观,培养学生的爱国主义情怀、民族精神和审美情趣及正确的价值观和道德观。语文课程思政是落实立德树人根本任务的重要组成部分,彰显了语文课程的育人功能。语文课程思政自开展以来,引发了教育界的大讨论,形成不少有价值的研究成果,必将对语文课程教学产生深刻影响。

4. 当代语文教育发展的经验

当代语文教育经历了不同的历史阶段,但语文教育、教学改革始终是主基调。

1)语文课程目标更趋科学化

新中国成立后,党和国家领导人非常重视语文教学内容,并随着语文的定名和发展而渐趋于明确。叶绍钧说:"平常说的话叫口头语言,写到纸面上叫书面语文。语就是口头语言,文就是书面语言。把口头语言和书面语言连在一起说,就叫语文。"②这实际上将训练语文表达能

---

①郭明俊.高职院校语文课程教育研究[M].天津:天津科学技术出版社,2018:156.
②赵心宪.语文教育通观概论[M].成都:四川人民出版社,2006.

力作为语文教学的基本内容。

当代语文教育强调听、说、读、写四项能力的综合训练，是对传统语文教学只重读写、忽视听说的纠偏，也是当代语文教学的基本导向。1950年，中央人民政府出版总署编审局编辑出版语文课本，编者在《编辑大意》中强调："语文教学应包括听、说、读、写四项，不可偏轻偏重。"听、说、读、写能力的培养相辅相成，学生不仅需要通过阅读各类文章范例提升阅读与写作能力，还应借助多样化的教学活动，如课堂讨论、演讲、情景对话等，强化听和说的能力训练，从而实现听、说、读、写的全面发展。学语文就是为了"学以致用"，经过学习，读书比以前读得透彻，写文章比以前写得通顺，有助于所从事的工作，才算达到学习语文的目的。

1959年6月，上海《文汇报》引发了一场全国性的"关于语文教学目的和任务问题"的大讨论，使得语文教育界明确提出了加强"双基"的口号，将"字、词、句、篇、语、修、逻、文"作为语文教学的"八字宪法"。1963年教育部颁布的《全日制中学语文教学大纲（草案）》首次明确规定："中学语文教学的目的，是教学生能够正确地理解和运用祖国的语言文字，使他们具有现代语文的阅读能力和写作能力，具有初步阅读文言文的能力"。它同时指出："为了达到这个目的，要选文质兼美的范文，教学生精读，要加强识字写字、用词造句、布局谋篇等基本训练。"加之语文教育工作者在各类刊物发表文章持续讨论，一时加强基础知识教学和基本技能训练，成为语文教师教学遵从的原则和追求的目标。可以说，重视"双基"教学客观上提高了语文教育的质量，也导致语文教学填鸭式、技术化泛滥的倾向。

有鉴于此，2001年6月，教育部印发《基础教育课程改革纲要（试行）》。同年7月，又印发了语文等各科全日制义务教育的课程标准。2003年3月31日，教育部正式印发《普通高中课程方案（实验）》和语文等十五个学科课程标准（实验）。2001年《全日制义务教育语文课程标准（实验稿）》中明确了语文学科课程目标从"知识与技能""过程与方法""情感态度与价值观"三个维度设计，标志着语文课程目标由"双基"到"三维目标"的发展变化。这说明语文课程应着眼于人的全面发展，着眼于全面提高学生的语文素养。《义务教育语文课程标准（2011年版）》认为，语文课程是一门学习语言文字运用的综合性、实践性课程，强调语文课程应致力于培养学生的语言文字运用能力。

十八大以来，语文教学内容又增加了新内容。2014年3月30日，教育部印发《关于全面深化课程改革落实立德树人根本任务的意见》，研究制定"学生发展核心素养体系"，明确把核心素养的内涵界定为"学生应具备的适应终身发展和社会发展需要的必备品格和关键能力"。2016年9月13日，中国学生发展核心素养研究成果发布会在北京师范大学举行，提出中国学生发展核心素养，以科学性、时代性和民族性为基本原则，以培养"全面发展的人"为核心，分为文化基础、自主发展、社会参与三个方面。综合表现为人文底蕴、科学精神、学会学习、健康生活、责任担当、实践创新六大素养，具体细化为国家认同等十八个基本要点。根据这一总体框架，可针对学生年龄特点进一步提出各学段学生的具体表现要求。

2017年12月29日，教育部印发《普通高中课程方案和语文等学科课程标准（2017年版）》，提出语文学科核心素养是"语言建构与运用、思维发展与提升、审美鉴赏与创造、文化传承与理解"四个方面。这说明，语文课程不仅要培养学生的语文基本能力，更要注重优秀文化对学生的熏染，提升学生的情感、态度、价值观以及道德修养、审美情趣，培养良好的个性和健全的人格。2022 年 3 月 25 日,教育部印发《义务教育课程方案和课程标准(2022 年版)》,提出了语文核心素养为:文化自信、语言运用、思维能力、审美创造。

总之,新中国成立以来,语文课程目标从"听说读写"到强调基本知识、基本技能的"双基"训练,再到"知识与技能""过程与方法""情感态度与价值观"的"三维目标",而今则强调文化自信、语言运用、思维能力、审美创造等四大"核心素养"。可见,语文课程目标随时代的发展而变化,充分体现了语文学科从学科本位到以人为本的转变,落实了"立德树人"的根本宗旨。

2)语文教育思想逐步走向成熟

1949 年开始,语文教育经历了定名期、波折期、新时期等阶段,人们对语文学科的目的、性质、任务等的认知越来越清晰、越来越深入。语文教学要以人为本、以学为本、尊重学科自身规律,突出语文课程的综合性和实践性,培育核心素养,提高学生的母语运用能力,已成为人们的共识。76 年来,一批又一批语文教育研究专家、语文教学名师深耕课堂、创新方法,极大地丰富了语文教学的理论研究与教学实践。他们坚持推进教育教学改革实验,规模之大,范围之广,探讨之深,持续之久,都是空前的。下文将重点介绍几位语文教育名家的教育思想、语文特级教师的教学实践,以展示本时期语文教育的丰硕成果和有益经验。

(1)辛安亭

辛安亭(1904—1988),著名教育家、出版家、通俗读物作家,普通教材编写开路人,新中国基础教育奠基人。1938 年到延安之前,他曾在中学和师范学校教过七年语文课,到了延安,一直在陕甘宁边区政府教育厅负责编写教材,在延安的 11 年时间里,编写了小学各科教科书、农民识字课本、干部文化课本及教师读物、儿童读物等 40 余册。新中国成立后,他曾先后在甘肃省文教厅、甘肃省教育学院、兰州大学、人民教育出版社担任领导职务,曾任中国教育学会副会长,甘肃省教育学会会长。他在人民教育出版社工作的 11 年间,协助叶绍钧审定了部分中小学教科书,对新中国中小学的教材建设做出了重要贡献。他的语文教育思想主要有:发展儿童智力,要从发展儿童的语言入手;编写语文教材要根据语文的特点,体现教学原则;阅读教学要改革教学方法,小学低年级集中识字,中小学都要扩大阅读量;写作教学要明确讲读是写作的基础,"文从写话起"。

(2)叶绍钧(后期)

叶绍钧(1894—1988),字圣陶,现代作家、教育家、出版家和社会活动家,"优秀的语言艺术家",一生经历了"五四"运动、新中国成立以及新时期三个重要时期,其语文教育思想在三个时期均有建树。如果说民国时期是叶绍钧语文教育思想的形成、发展期,那么,新中国成立后则是其语文教育学思想的完善期。他对语文课的性质与目标、语文教材的内容与体系、语文教学的原理与方法、语文考试的实质和语文教师的修养等都有独到见解。关于语文课程的性质,同时强调工具性和人文性。他说:"我们说语言是一种工具,就个人说,是想心思的工具,是表达思想的工具;就人与人之间说,是交际和交流思想的工具。"同时,他一直把"为人生、为生活、为交际"作为语文教学的最根本和最核心的宗旨。关于语文学科的教学方法:"教师教任何功课(不限于语文),'讲'都是为了达到用不着'讲',换个说法,'教'都是为了达到用不着'教'。"他认为教师在教学中要充分利用教材来达到"举一反三"的教学效果。关于语文教材的编写,叶绍钧认为选文要达到"文质兼美、堪为模式",要"无篇不精",教材应该包括学生可能遇到的各种文体,尽量做到"各体匀称,不偏于某一类、某一作家"。关于阅读教学,他强调要养成阅读书籍的习惯,培养欣赏文学的能力、训练写作文章的技能。总之,叶绍钧对当代中国语文教育做出了开创性的重大贡献。

(3)吕叔湘

吕叔湘(1904—1998),著名语言学家,语言学界的一代宗师,一直从事语言教学和语言研究,涉及一般语言学、汉语研究、文字改革、语文教学、写作和文风、词典编纂、古籍整理等领域。吕叔湘认为,从事语文教学者要做到两个"必须认清":首先,必须认清"教的是什么"。这是语文学科的一个根本问题。他认为,语文课应当是语言文字课,而不是文学课。中学里学习文学作品与大学里不同,并不是为了评论这些作品的思想和地位,也不是为了模仿作品去学习文学创作,而是为了学习语言文字的实际应用。他主张,语文教学"应该语言和文字并举,以语言为门径,以文字为重点,达到语言和文字都提高的目的"。其次,"必须认清人们学会一种语文的过程"。学习语言是学一种技能,养成一种习惯,而习惯只有通过正确的模仿和反复的实践才能养成。因此,语文教学要做到"少而精,少讲,精讲",做到"讲为练服务"。吕叔湘特别重视语文教师自身的素质,强调"言教不如身教",呼吁各科教师都来关心语文,整个社会使用语文要严肃认真,给语文教学营造一个良好的大环境。

(4)张志公

张志公(1918—1997),当代著名语言学家、教育家,在传统语文教育研究方面很有见地。他研究传统语文教育主要有三个阶段:第一阶段为20世纪50年代末60年代初,主要是收集传统语文教育的资料并从传统语文教育中探求一些经验,研究成果集中体现在著作《传统语文教育初探》中。第二阶段为1977年到1990年前后,主要是对传统语文教育进行再认识,通过重新审视,探求语文教学现代化和民族化相结合的语文教改之路。他先后发表了《对传统语文教学的再认识》《传统语文教学的得失》《汉语文教学的过去、现在和未来》等文章,总结出传统语文教育的三大经验和四大弊端。第三阶段为1990年之后,又一次深入研究传统语文教育,在《传统语文教育初探》的基础上,将研究重点集中于教材,写成专著《传统语文教育教材论——暨蒙学书目和书影》。在研究传统语文教育的基础上,他还集中精力研究当代语文教育,提出了系统改革语文教学的设想,积极倡导语文教学的科学化、现代化。张志公的主要贡献:一是呼吁语文教学科学化,"所谓科学化,就是搞清楚语文教学规律,按规律办事";二是高举语文教育现代化的大旗,提出语文教学应该与现代化建设接轨;三是提出幼儿、小学、初中、高中语文课程、语文教材、语文教学"一条龙"整体改革设想;四是提出"精要、好懂、有用"语文教学的六字箴言。

(5)于漪

于漪(1929—),语文特级教师、全国教书育人楷模,荣获"改革先锋""人民教育家""最美奋斗者"等称号。她的语文育人观主要是"教文育人",既教人,又教文,把思想教育渗透在语文训练之中,使学生的思想水平和理解运用祖国语言文字的能力双提高,强调要胸中有书、目中有人,要眼睛盯着课本、心里想着学生,要热爱学生、了解学生。于漪的教师观就是奉献,认为"教师的天职在于对学生做无私的奉献。"她始终坚持语文是工具性和思想性统一的观点,在《我和语文教学》中说:"语言文字是表情达意、交流思想的工具。既是表达情意,那么,用它组成的作品,都寓有一定的思想情感。思想情感为里,语言文字为表。"于漪的语文育人观、教师观、语文观对当代语文教育有着明显的影响,始终将培养学生的语文核心素养贯穿于语文教学实践中。

(6)钱梦龙

钱梦龙(1931—2024),全国教育系统劳动模范,上海市语文特级教师。针对传统的讲读教学模式,钱梦龙创新性地提出了导读教学模式,在长期的语文教学实践中,逐步形成了以"学生为主体,教师为主导,训练为主线"的"三主"教学指导思想,认为"三主"是导读教学的指导思想。他认为,"基本式"是导读教学的结构形态。"基本式"即基本课型,其表现形态为:自读式—教读式—练习式—复读式"四式"。钱梦龙"三主四式"教学理念明确强调,学生是学习的主体,训练是学习的主线,而课堂是真正发扬民主、贯彻思维训练的场域,要欢迎学生的质疑,并主动发起课堂讨论,让学生在思考与辩论中锤炼其思维能力。

总之,本附录通过梳理古代语文教育时期、现代语文教育时期、当代语文教育时期等各个历史阶段语文教育发展的历史脉络,可以了解不同时期的语文教育思想、语文教育代表人物、语文教材建设的重要举措等,让我们从历史中汲取经验教训,研究语文发展规律,为今后语文教育教学实践和理论研究提供借鉴。展望未来,随着人工智能技术的进一步发展,中国未来的语文教育、语文教学、语文教材、语文教师必将面临新变革、新挑战,走向数字化、走向智能化、全球化或许是未来语文的发展方向,并将对未来语文教育新思想、新方法、新模式的形成具有深刻而长久的影响。

附录二　常见病句及标点误用

(一)常见病句

所谓病句,是指在语法、修辞或逻辑上有毛病的句子。就语法方面来说,常见的语病有词类误用、成分残缺或多余、语序不当、搭配不当、句式杂糅、分句间意义缺乏联系、分句次序混乱、关联词使用不当等。

1. 词类误用

词类误用是指使用词类时,错误地将某一词类当作另一词类,或者将某一词类的用法错误地用于某一语境。需要明确的是,词类误用并非词类活用。

1)名词误用为动词或形容词

(1)近日,纪念李四光诞辰 135 周年座谈会在京召开。(《××科学报》2024 年 10 月 28 日)

(2)放映中经常会发生放映灯泡突然故障的情况,最常见的是单机中两只放映灯泡中的其中一只损坏。(《××技术》2015 年第 6 期)

(3)绿水载轻舟,两岸山峦郁郁葱葱,清澈的江水倒影着沿途风景,江风拂面,纵是 35 ℃的高温,也未能阻止游客们站上甲板赏景拍照。(《××日报》2022 年 8 月 4 日)

(4)同为作家的文珍则认为,黄昱宁在文学翻译和编辑领域很职业很出色,又有丰富的人生积淀,写小说不会有业余的嫌疑。(《××读书报》2018 年 9 月 19 日)

(5)民兵们看到村里人这种敬佩的眼神,感到十分荣誉,胸膛挺起,步子也走得格外精神起来。(《吕梁英雄传》,××出版社 ,1956 年,第 253 页。)

例(1)"诞辰"是名词,不能带数量词作补语,应改为"诞生"。例(2)"故障"是名词,一般不作谓语,应该在"故障"前加动词"出现"。例(3)"倒影"是名词,不能带宾语,应改为"倒映"。例(4)"职业"是名词,一般不能受副词"很"修饰,误用为形容词了,应改为"专业"。例(5)"荣誉"是名词,不能受副词"十分"修饰,误用为形容词了,可改为"荣耀"或"光荣"。

2)形容词误用为动词或名词

(1)凌宇的性格娴静、内秀,独有一种外柔内刚的"韧性";同时又充沛着一种当代大学生的朝气与活力。(《××日报》2001 年 6 月 16 日)

(2)他把节俭下来的钱存下来,通晓数学的他,担心钱会贬值,就把它换成金戒指等硬通货。(《陈景润传》,××出版社,2021 年,第 38 页。)

(3)现任港督月薪 17.8 万港元,英内阁首相梅杰月薪折合港元 9.9 万元,两者几乎悬殊一倍。(《××商战风云录》,××出版社,1996 年,第 114 页。)

（4）在武术走向世界之时，为减少费解，1988 年在亚洲奥林匹克理事会执行委员会议上，第一次通过了"武术"（wushu）这个名词，并成为国际奥林匹克运动的正式用语。（《××学院学报》2005 年第 2 期）

例（1）"充沛"是形容词，意思是"充足而旺盛"，可作谓语，但不能带宾语，也不能带动态助词"着"，应把"充沛"改为"洋溢着"或"充满着"①。例（2）"节俭"是形容词，不能带趋向动词"下来"，应改为"节省"。例（3）"悬殊"是形容词，表示状态，可以用程度副词"很""太"等修饰，不能用倍数计算它，应改为动词"相差"。例（4）"费解"是形容词，不能作"减少"的宾语，"为减少费解"应改为"为减少误解"。

3）动词误用为名词或形容词

（1）我父母到了秘鲁才开始正经学西班牙语，他们很快就熟悉地掌握了这门语言，但不经意间还是会犯小错误。（《她的空难和她》，××出版公司 ，2022 年，第 11 页。）

（2）CDEX 也在今年发布了探测结果，对 CoGeNT 所探测到的疑似信号提出质疑。（《××日报》2014 年 8 月 25 日）

例（1）"熟悉"是动词，一般不作状语，误用为形容词，应改为"熟练"。例（2）"质疑"是动词，不能作"提出"的宾语，误用为名词，应改为"疑问"。

2. 成分残缺或多余

1）主语残缺或多余

（1）根据新字组合层次的多寡，把这类字的结构分为单层结构和多层结构。（某硕士学位论文）

（2）经过老主任再三解释，才使他怒气逐渐平息，最后脸上勉强露出一丝笑容。（1992 年全国卷）

（3）往事的回忆像一幅长长的画卷在我面前默默地展开。（《普希金抒情诗精选》，××出版社 ，1997 年，第 204 页。）

例（1）缺少主语，可在句首添加"我们"或"笔者"等，使句子结构完整、表意明确。例（2）缺少主语，可以删除"经过"，让"老主任"作主语，或者删除"才使"，让"他"作主语，并在"他"后添加"的"。例（3）"往事"和"回忆"语义赘余，应该删除"的回忆"。

2）谓语残缺或多余

（1）3 月 5 日那天，我市万名青年志愿者走上街头学雷锋活动，这次活动的总口号是"弘扬雷锋精神，参与志愿行动，服务青年创业，建设和谐城市"。（2009 年全国卷）

（2）国庆之夜，到处张灯结彩，人来人往也特别多。（邵敬敏主编：《现代汉语通论（第三版）》下，上海教育出版社，2016 年，第 140 页。）

例（1）缺少谓语，应该在"学雷锋活动"前面加上动词"开展"作谓语。例（2）"也特别多"多余，应该删去。

3）宾语残缺或多余

（1）要进一步完善知识产权保护制度，加强执法，用信息化与数字化手段着力打击侵权，同

---

① 常丽丽.病句精讲［M］.上海：上海教育出版社，2021：39.

时加强监管,规范秩序,营造公平竞争环境。(《××日报》2025年1月6日)

（2）我是个党员,保护孩子的安全是我的责任。(《××日报》2002年4月9日)

（3）鲁迅乐于为出版青年的作品写序作跋,有时还从版税中拿出钱来资助。(邵敬敏主编：《现代汉语通论(第三版)》下,上海教育出版社,2016年,第138页。)

例(1)动词"打击"应带名词性宾语,"侵权"是动词,不能作"打击"的宾语,应该在"侵权"后面加上"行为"。例(2)宾语多余,应删除"的安全","保护"的是"孩子",而不是"安全"。例(3)"资助"所支配的对象不明,应该在"资助"后面加上"他们"。

4)定语、状语、补语残缺或多余

（1）学生为了能考上大学,就必须排除各种因素,安心学习。(《学生实话实说》,××出版社,1998年,第33页。)

（2）两句话,蕴含着多少无声的潜台词和关爱。(《别样的家书：宋庆龄、沈粹缜往来书信集》,××出版社,2015年,第4页。)

（3）自"人民医生行动"开展以来,西南医院已开展了包括新春爱民月、医疗进社区、健康之声宣传周等系列惠民举措,累计义诊约40万人次,优惠或免费手术数千例,减免各种费用达2000万元。(《××日报》2009年3月7日)

（4）因而,要想彻底根治"提笔忘字"的尴尬和不堪,关键要从重振汉字文化和母语自信的角度去加强教育引导,从提升社会对书写鉴赏审美能力素养的角度去塑造氛围,从提升使用频率的角度去增加汉字书写的普及。(《××读书报》2014年2月12日)

（5）这本事,恐怕得花好多年工夫才能练就出来。(《有人重写爱情》,××出版社,2022年,第113页。)

例(1)"因素"前缺少定语,可在前面加上"不利"。例(2)定语"无声"和"潜"意思重复,应删掉"无声的"。例(3)"各种费用"后面缺一个范围副词加以总括,应在"达2000万元"前面加上"共"。例(4)"根治"是"彻底治好"的意思,不能再用状语"彻底"修饰。例(5)"练就出来"语义重复,"练就"是动补结构,意思是"练成",应删去趋向补语"出来"。

5)其他残缺或冗余

（1）大约半小时左右,大家纷纷打开自家的门窗,用芭蕉扇把未散尽的烟雾扇出家门。(《××报》2020年7月11日)

（2）据统计,人类获取外界信息约80%以上是通过"看"所获得的。(《人工智能核心技术解析及发展研究》,××出版社,2023年,第114页。)

（3）"边塞"一词组合使用最早出自于《史记·三王世家》中的"宜专边塞之思虑,暴骸中野无以报"一句之中。(某硕士学位论文)

（4）台湾把中医称为"国医",从事中医业务的中医超过二千多人,经营中药业者逾七千多家。(《××医药报》1992年4月20日)

（5）而黎明钊、李均明两先生他们也都没有将这句话完整的释出来。(某硕士学位论文)

（6）三是现当代有关于清代云南诗歌的整理和著述,虽辑录诗歌的数量不如前代丰富,但在诗歌分类整理方面则更加具体集中。(某硕士学位论文)

"约""大约""以上""左右"都可用于表示概数,任意两个都不能同时使用,否则会导致语义重复。因此,例(1)"大约"和"左右"应该删除其中一个,例(2)中的"约"和"以上"应该删除其中一个。例(3)"出自"是"(作品、引文、典故或主张等)来源于"的意思,是及物动词,后面直接带宾语,应删去介词"于"。此外,"一句之中"也赘余,应删去。例(4)"超过""逾"后应跟一个准确的数值,应该把"二千多""七千多"的"多"删去。例(5)"他们"就是"黎明钊、李均明两先生",同位语重复,应该删去,此外"的"应改为"地"。例(6)"关于"是一个介词,用来表示关涉的范围或对象,在语义表达上已经完整,应删去前面的"有"。

3. 语序不当

1)多层定语排序不当

(1)丰富的教育资源吸引了许多附近村民的参与。(《吾土吾地——中国当代艺术的在地性》,××出版社 ,2022 年,第 129 页。)

(2)作为忧国忧民的一个有抱负的知识分子,他不能无动于衷。(某硕士学位论文)

(3)自从 1899 年殷墟甲骨文发现以来,如何读懂甲骨片上的刻辞,就成为一个问题一直困扰着甲骨学界。(某硕士学位论文)

例(1)属于多层定语排序不当。多层定语有一定的排序规律,一般的次序如下:领属关系的词语→表示时间、处所的词语→量词短语或指示代词→动词性词语和主谓词语→形容性词语→表示质料、属性或范围的名词、动词。"附近"表处所,应该移到数量定语"许多"的前面。例(2)属于多层定语排序不当,数量短语或指量短语作定语一般要放在带"的"的定语前面,因此要把"一个"放到"忧国忧民的"前面。例(3)属于多层定语排序不当、定语和中心语错位,应改为"一个一直困扰着甲骨学界的问题"。

2)多层状语排序不当

(1)侧支循环无疑是相当重要的,因为有证据表明,在许多有症状的卒中患者中,常常以前就发生过脑梗,只是由于侧支循环的存在而使症状稍轻微或无明显症状。(《神经血管外科学》,××出版社,2020 年,第 194 页。)

(2)假如巡逻车和不同的办公轮班可以 24 小时进行,且如果巡逻车一直从早上 9 点到下午 5 点在商业街区巡逻,那么总支出的三分之一将被分配给 ΣX。(《马克思主义政治经济学研究》,××出版社 ,2022 年,第 256 页。)

例(1)属于多层状语排序不当。如果动词前有几个表示时间的状语,一般排序是时间名词→表时间的介词短语→时间副词。应把"常常以前"改为"以前常常"。例(2)也属于多层状语排序不当。应改为"从早上 9 点到下午 5 点一直在商业街区巡逻"。

3)状语错位

(1)布告发出后,就有人陆续来会报名,截至十二月底,总数达到一千七百四十八人。(《北京档案史料》,××出版社,2009 年,第 10 页。)

(2)她将来希望成为一名小学数学老师。(《小学生国学经典诵读・论语》,××出版社,2019 年,第 64 页。)

(3)翻开中国的历史,谈到政治一般情况下首先想到的是男性。(某硕士学位论文)

(4)对举关系是在这里指两个词在表意上存在相对或相反的关系。(某硕士学位论文)

例(1)"陆续"是副词,在句中作状语,应放在所修饰的动词"有"的前面,是"陆续有人",不是"陆续来","会"冗余,应删掉,可改为"就陆续有人来报名"。例(2)"将来"是状语,应移到"成为"的前面。从意义上看,"将来"是说成为"小学数学老师"的时间,并不是说明"希望"的时间。例(3)"一般情况下"作为状语,应放在"谈到政治"的前面。例(4)属于表示说明或解释的"是"字句,状语"在这里"应放在谓语"是"前面。

4)其他

(1)《红楼梦》小说的作者曹雪芹的祖上即为主管织造的官僚,后没落。(《古冀遗韵:甘谷非物质文化调查与采访》,××出版社,2014年,第96页。)

(2)本文以统编版高中语文教材和香港启思版高中语文教材中的古诗词选编作为研究对象。(某硕士学位论文)

例(1)词语次序失当,"《红楼梦》小说"应改为"小说《红楼梦》"。例(2)属于定语位置不当,动词"选编"作中心语"古诗词"的定语,应改为"选编的古诗词"。另外,"作"应删去。

4. 搭配不当

1)主谓搭配不当

(1)冼星海一到延安,创作热情特别高涨活跃。(《××日报》1995年10月29日)

(2)动物性油脂在流通中占的比例很少,仅占食用油脂总消费的1.5%左右。(《烹饪原料》,××出版社,2020年,第211页。)

(3)刘聪心情急促,无暇观赏街景,驱马来到宫门,把马交给从仆,自己直奔而入。(《中国历代谋略演义》,××出版社,2001年,第26页。)

(4)这所大学的学费标准是多少?(《湖北省新高考志愿填报核心方法与技巧》,××出版社,2020年,第165页。)

例(1)"创作热情"和"活跃"语义上不能搭配,可改为"热情高涨,创作特别活跃"。例(2)"比例"只能论大小,不能论多少,谓语选错了词,导致主谓搭配不当,"很少"应改为"很小"。例(3)"心情"不能和"急促"搭配,可将"急促"改为"焦急"。例(4)"学费标准"和"是多少"搭配不当,应改为"学费是多少"。

2)述宾搭配不当

(1)此举是为了从实际解决危重症患者的医疗费负担,逐步缓解群众"看病贵"问题。(《××日报》2007年4月26日)

(2)目前,电子计算机已经广泛应用到各行各业,这就要求我们必须尽快提高和造就一批专业技术人员。(2002年北京"春招"卷)

(3)成千上万的亚运志愿者都在忙碌着,他们在共同努力,完成举办一次令亚洲乃至全世界都瞩目的文明亚运的理想。(2010年广东卷)

(4)由此可见,有效、深入学习史传类文言文,能够贯彻落实新课程标准提出的核心素养,即:"语言建构与运用"、"思维发展与提升"、"审美鉴赏与创造"和"文化传承与理解"。(某硕士学位论文)

例(1)"缓解"和"问题"搭配不当,应改为"解决"。例(2)可以说"造就一批专业技术人员",

但不能说"提高一批专业技术人员",这是述宾组合中的顾此失彼,应删去"提高和"。例(3)"完成"和"理想"搭配不当,应把"完成"改为"实现"。例(4)"贯彻落实"与"核心素养"搭配不当。"贯彻落实"通常与"政策""方针""精神"等词搭配,"核心素养"更适合与"培养""提升"等词搭配,可将"贯彻落实"改为"培养"。此外,"即"用于引出解释说明的内容,冒号同样具有提示下文解释说明的作用,二者并用显得多余,应删去冒号;引号之间的顿号应删掉,根据国家标准《标点符号用法》(GB/T 15834—2011),标有引号的并列成分之间、标有书名号的并列成分之间通常不用顿号。

3)主宾搭配不当

(1)秋天的长白山是一年中最美的季节。

(2)洛川县生产的苹果是我省产量最高的地区之一。

例(1)主语的中心语是"长白山",和"季节"不存在语义关系,应改为"长白山的秋天是一年中最美的季节"。例(2)主语的中心语是"苹果",宾语的中心语是"地区之一",不存在语义关系,应改为"洛川县是我省苹果产量最高的地区之一。"

4)定语、状语、补语与中心语搭配不当

(1)老师们和同学们在座谈会上生动丰富的发言,可以充分说明这一点。(《松风涛声:寿松涛纪念文集》,××出版社,2022年,第617页。)

(2)在青年夫妇和谐美满的家庭生活中,别里托夫似乎发现了精神的避风港,他们之间建立起亲切而深厚的友谊。(《外国小说鉴赏辞典1》,××出版社,2009年,第211页。)

(3)天亮就起来,洒扫庭堂院落,要把里里外外都打扫得整整齐齐干干净净。(《书报引用古诗文浅释》,××出版社,1981年,第90页。)

(4)我仿佛回到了半个世纪以前,变成一个孩子了,时不时兴奋得使我跳了起来。(《××日报》1993年12月6日)

例(1)定语"丰富"和中心语"发言"搭配不当,应删去"丰富"。例(2)"深厚"可以修饰中心语"友谊","亲切"则不能,可将"亲切而"删去。例(3)"打扫"和"整整齐齐"搭配不当,可把"打扫"改为"收拾","整整齐齐"后面还应加上顿号。例(4)"兴奋"和"使我跳了起来"搭配不当,应删去"使我"。

5.句式杂糅

(1)这次网络培训班的学员,除北大本校人员外,还有来自清华大学等15所高校的教师、学生和科技工作者也参加了学习。(2000年全国卷)

(2)阅览室图书经常出现"开天窗"现象,我们可以从这一现象反映两个问题,一是阅读者素质有待提高,一是管理力度有待加强。(2008年全国卷)

(3)鲁迅批评屈原个性:屈原不过是《红楼梦》中贾府里的奴才焦大,看不惯主子奴才们的所作所为,只知道呼天抢地地怒骂,但骨子里还是为了主子们好。(某硕士学位论文)

例(1)句式杂糅,把两个句子混杂在一起,导致句意不清,应删去"也参加了学习"。例(2)把"我们可以从这一现象看出两个问题"和"这一现象反映两个问题"句式杂糅,应把"我们可以从"删去,"问题"后的逗号改为冒号。例(3)句式杂糅且冒号使用不当,"批评屈原个性:屈原不过是……"杂糅了两种语法结构,一种是以"批评＋对象＋观点",一种是以"批评＋对象的某种属性",导致成分搭配不合语法规则。应改为"鲁迅批评屈原,认为屈原不过是……"。

6.分句间意义缺乏联系

(1)对这部小说的人物塑造,作者没有很好地深入生活、体验生活,凭主观想象加了一些不恰当的情节,反而大大减弱了作品的感染力。(2008年广东卷)

(2)中国人民是勤劳的,中国人民决心发展同世界各国人民之间的友谊。(黄伯荣、廖序东主编:《现代汉语(增订七版)》,高等教育出版社,2024年,第141页。)

例(1)"反而"前后两个分句是因果关系,不能使用转折连词,应改为表因果关系的"因而"。例(2)"勤劳"和"发展友谊"意义上没有必要联系,可把"勤劳"改为"热爱和平"。

7.分句次序混乱

(1)可怜的民工已经奄奄一息地躺在地上,满脸伤痕,无力呼救了。(邵敬敏主编:《现代汉语通论(第三版)》下册,上海教育出版社,2016年,第142页。)

(2)我们应当贯彻党的教育方针,深刻理解党的教育方针。(黄伯荣、廖序东主编:《现代汉语(增订七版)》,高等教育出版社,第141页。)

例(1)第二个分句和第一个分句次序颠倒,可改为"可怜的民工已经满脸伤痕,奄奄一息地躺在地上,无力呼救了。"例(2)两个分句前后颠倒,应把"深刻理解"和"贯彻"互换。

8.关联词使用不当

(1)人们认为,团队有效性的关键因素不只是个体贡献的简单相加,而是能使队员行动一致、互相配合的团队协作技能。(2006年湖南卷)

(2)"耶路撒冷"是和平之城的意思,却又是遭受劫难最多的城市,可是长期的冲突并没有使其失去迷人的魅力,从而使旅游者望而却步。(2008年全国卷)

例(1)关联词"不只是……而是……"使用不当,应把"不只是"改为"不是","不是……而是……"表示转折关系,符合语境。(2)关联词"并没有……,从而"使用不当。"从而"是表示因果、目的关系的连词,而"使其失去迷人的魅力"和"使旅游者望而却步"二者是并列关系,应把"从而"改为"也没有"。

(二)标点符号常见错误例析

"标点"一词,最早见于《宋史·何基传》:"凡所读,无不加标点,义显明,有不待论说而自见者。"此处的标点,是指古人读书时所加的句读。我国新式标点是清末从西方借鉴而来的。民国初期,一些出版物中已经开始使用新式标点。1920年北洋政府颁布了《通令采用新式标点符号文》(教育部训令第五十三号),从此,由政府颁布推行的第一套新式标点符号正式诞生。

新中国成立后,国家十分重视标点符号的规范使用。1951年9月,中央人民政府出版总署公布了《标点符号用法》,并要求10月全国推行。1990年3月,国家语委和新闻出版署重新修订并发布《标点符号用法》。1995年12月13日,国家技术监督局发布了中华人民共和国国家标准GB/T 15834—1995《标点符号用法》,从1996年6月1日起实施。2011年12月30

日,中华人民共和国国家质量监督检验检疫总局、中国国家标准化管理委员会发布了国家标准GB/T 15834—2011《标点符号用法》,从2012年6月1日起实施,截至目前,仍执行这一标准。

目前通行的标点符号分主要为两类,一类是点号,另一类是标号。它们既是书面语言的有机组成部分,又是语文学习的重要内容。标点符号不仅具有表示停顿语气以及词语的性质和作用的功能,而且还有辅助修辞、增强语意表达效果的作用。然而,人们在使用标点符号的过程中时常出现误用或不规范的情况。我们通过实例来说明标点符号误用的情况,期望读者杜绝类似情况,并规范使用标点符号。

1. 误用点号

1)顿号使用不当

(1)环境权的内涵主要包括:环境权的主体、环境权的客体、以及环境权的内容三个方面。(某硕士学位论文)

(2)《长恨歌》第一章让王琦瑶从"弄堂"、"流言"、"闺阁"、"鸽子"里走出来,成为与它们并列的非现代性因素。(某硕士学位论文)

(3)具体而言,在法律规定的详尽条文中,若包含"应当"、"必修"、"不得"以及"禁止"等字眼,则被视为强制性规定;而包含"可以"的条款,则归类为任意性规定。(某硕士学位论文)

(4)除去以上叙述技巧层面的谋划,更重要的是,金宇澄以实践写作完成了这样的命题:6、70年代上海的大众文化如何建构了《繁花》中的一代人的精神世界,并影响了他们看待世界的方式。(某硕士学位论文)

(5)在历史文献方面,则以《左传》、《国语》、《史记》等著作为主要参考的材料。(某硕士学位论文)

(6)其中2014年共投入移民搬迁资金14.97亿元,累计搬迁贫困人口6.13万户、24.08万人。(《2015中国×西》,××出版社,2015年,第109页。)

例(1)连词"以及"前面不应使用的顿号,应去掉。例(2)、例(3)引号之间的顿号应删掉,根据国家标准《标点符号用法》(GB/T 15834—2011),标有引号的并列成分之间通常不用顿号。例(4)"6、70年代"标点错误,"6,7"并非并列列举关系,不能用顿号,应改为"六七十年代"。例(5)书名号和书名号之间一般不用顿号,应删去。例(5)"6.13万户"和"24.08万人"不是并列关系,而是领属关系,故应删掉顿号。

2)逗号使用不当

(1)宋以后随着理学的逐步形成,理学家以及士大夫们极力提倡封建伦理纲常,把男尊女卑,妇女的"三从四德"等提到了"天理"、"自然"的高度。(某硕士学位论文)

(2)的确,善于运用语言,只言片语足以打动人,不善于挖掘语言的魅力,越是滔滔不绝可能招致反感。(《××日报》2015年3月27日)

根据国家标准《标点符号用法》(GB/T 15834—2011),语段中并列词语之间用顿号。例(1)"男尊女卑"和"妇女的'三从四德'"属于并列关系,二者之间的逗号应改为顿号。此外,"天理"和"自然"之间的顿号应删去。例(2)是并列关系复句,各分句之间应使用分号,应把"只言片语足以打动人"后面的逗号改为分号。

3）句号使用不当

（1）其实不然，在这里的"坏"读作 pī。通"培"，用泥土封塞空气。（某硕士学位论文）

（2）对于《海国图志》中的新词的定义。我们采用王力先生的说法 。（某硕士学位论文）

（3）依兰兰和小牛成了形影不离的好朋友。她到小河边采水蕨茭，小牛跟着；她到山上去捡鸡藤果，小牛跟着；她上姥姥家做客，小牛也跟着。（《云豹斑斑》，××出版社 ，2009 年，第 92 页。）

例（1）中"pī"后的句号应改为逗号，显然是"坏"通"培"。例（2）"定义"后的句号应改为逗号。例（3）"依兰兰和小牛成了形影不离的好朋友"是总括性的话，之后采用并列分句进行具体解说，因此应把"好朋友"后的句号改为 冒号。

4）冒号使用不当

（1）按照西方学者的观点，中国古代有四大发明：火药、指南针、印刷术、造纸。（《先进制造系统》，××出版社 ，2023 年，第 9 页。）

（2）桐城派散文大家姚鼐在《惜抱轩尺牍·与陈硕士》:谈及自己的学习经历："大抵学古文者，必要放声疾读，又缓读，久之自悟；若但能默看，即终身作外行也。"（某硕士学位论文）

冒号表示总说和分说的句子，破折号表示说明或注释作用，二者易混，例（1）中的冒号应改为破折号，"火药、指南针、印刷术、造纸"是对"四大发明"的解释。例（2）"在《惜抱轩尺牍·与陈硕士》"只是表明出处的介词短语，不具提示性，因此书名号后面的冒号应删去。

2. 误用标号

1）破折号使用不当

破折号的形式是"——"，占两个字的位置。因为电脑输入法或字体的原因，在文本中经常被误作"— —"。

（1）杨晓红的《影像记忆的优势— —纪录片在非物质文化遗产保护传承中的作用》（2015），文章主要从"非遗"纪录片的真实记录及再现功能、保护和文化传承功能、艺术的多样性表达、传统文化传播的便捷性与教育性等几个方面来阐述"非遗"纪录片对于传统文化传承和保护的作用。（某硕士学位论文）

（2）高中语文交际语境写作教学研究— —以渭南市某中学为例（某硕士学位论文题目）

例（1）（2）中的破折号形式应该修正为"——"。

2）引号使用不当

（1）不该使用引号

①1993—1994 年，咸宁人民广播电台自办节目分新闻、理论、科技、经济信息、文艺五大类，"可爱的桂乡"、"理论与学习"、"经济旋转台"、"农家顾问"等八档栏目，每天播出 17 个小时，后增加《桂乡风流桂乡情》《卷河流水浪河波》两档大型广播板块。（《××市志（1965－2005）》下册，××出版社，2014 年，第 890 页。）

②1877 年第二卷出版了，题名为"革命诗集"。（苏培成《标点符号使用手册（修订本）》，语文出版社，2001 年，第 192 页。）

③根据吴其昌先生的描述，就甲骨文而言，在字的"形"的方面，"斧"和"王"是非常相像的，

甚至吴其昌先生断言二者是一致的。（某硕士学位论文）

例①"可爱的桂乡""理论与学习""经济旋转台""农家顾问"是栏目名，属于作品名称，应把引号换成书名号。此外，《桂乡风流桂乡情》、《卷河流水浪河波》之间的顿号也应删去。例②"革命诗集"也是作品名称，故引号应改为书名号。例③中"在字的'形'的方面"，语义清楚，"形"无特殊含义，也无需强调，故可改为"在字形方面"。

（2）该加引号的词语未加引号

①看来，依法治国，上下同规，苍蝇、老虎一起打才能深得民心上。（《×××别裁》，××出版社 ，2020 年，第 81 页。）

②如果说，在自然科学领域，我们把那些能够担当国家历史重任、为国家发展作出历史贡献的重大项目称为"国之重器"，如目标飞行器天宫一号、青藏铁路、港珠澳大桥等，那么，在人文艺术领域，我们或许可以将那些在中国艺术史上开宗立派的鸿篇巨制称为"国之经典"。（《××日报》2024 年 10 月 30 日）

根据国家标准《标点符号用法》（GB/T 15834—2011），语段中具有特殊含义而需要特别指出的成分需要加引号。例①"苍蝇"比喻职级低的腐败官员，"老虎"比喻职级高的腐败官员，都应加引号。例②"天宫一号"是航天飞行器的代号，应该加上引号。

3）书名号使用不当

（1）那时，他已从《陕西日报》社退休，旋即被《华商报》社聘为编审，这一干又是很多年。（《××集》，××出版社 ，2022 年，第 105 页。）

（2）毛《传》训"将"为"大"，郑玄认为"大"是"其德亦大"；郑《笺》训"嘉"为"善"。（某硕士学位论文）

例（1）"《陕西日报》社""《华商报》社"中都不应加书名号，因为"陕西日报社""华商报社"都是单位名称。例（2）中《毛传》是《毛诗故训传》的简称，《郑笺》是郑玄所作《毛诗传笺》的简称，故"毛《传》"应改为"《毛传》"，"郑《笺》"应改为"《郑笺》"。

3. 标点符号简表（见附表 1）

附表1 标点符号用法简表

类别	名称	形式	主要用法	示例
点号	句号	。	用于句子末尾,表示陈述语气	1.北京是中华人民共和国的首都。
			有时也可表示较缓和的祈使语气和感叹语气	2.请您稍等一下。 3.我不由得感到,这些普通劳动者也同样是很值得尊敬的。
	问号	?	用于句末,表示疑问语气(包括反问、设问等疑问类型)	1.你怎么还不回家去呢? 2.难道这些普通的战士不值得歌颂吗? 3.真正的铜墙铁壁是什么?是群众,是千百万真心实意地拥护革命的群众?
			选择问句中,通常只在最后一个选项末尾用问号,各个选项间一般用逗号隔开	4.诗中记述的这场战争究竟是真实的历史描述,还是诗人的虚构?
	叹号	!	用于句子末尾,主要表示感叹语气,有时也可以表示强烈的祈使语气、反问语气等	1.蜜蜂是渺小的,蜜蜂却又是多么高尚啊! 2.你给我住嘴! 3.谁知道他今天是怎么搞的!
	逗号	,	复句内各分句之间的停顿	1.不是人们的意识决定人们的存在,而是人们的社会存在决定人们的意识。
			用于下列各种语法位置:较长的主语之后;句首的状语之后;较长的宾语之前	2.苏州园林建筑各种门窗的精美设计和雕镂功夫,都令人叹为观止。 3.在苍茫的大海上,狂风卷集着乌云。 4.有的考古工作者认为,南方古猿生存于上新世至更新世的初期和中期。
			用于某些序次语("第"字头、"其"字头及"首先"类序次语)之后	5.为什么许多人都有长不大的感觉呢?原因有三:第一,父母总认为自己比孩子成熟;第二,父母总要以自己的标准来衡量孩子;第三,父母出于爱心而总不想让孩子在成长的过程中走弯路。 6.《玄秘塔碑》之所以成为书法的范本,不外乎以下几方面的因素:其一,具有楷书点画、构体的典范性;其二,承上启下,成为唐楷的极致;其三,字如其人,爱人及字,柳公权高尚的书品、人品为后人所崇仰。 7.下面从三个方面讲讲语言的污染问题:首先,是特殊语言环境中的语言污染问题;其次,是滥用缩略语引起的语言污染问题;再次,是空话和废话引起的语言污染问题。

类别	名称	形式	主要用法	示例
点号	顿号	、	用于并列词语之间	1.这里有自由、民主、平等、开放的风气和氛围。
			用于某些序次语(不带括号的汉字数字或"天干地支"类序次语)之后	2.我准备讲两个问题:一、逻辑学是什么?二、怎样学好逻辑学? 3.风格的具体内容主要有以下四点:甲、题材;乙、用字;丙、表达;丁、色彩。
	分号	;	表示复句内部并列关系的分句(尤其当分句内部还有逗号时)之间的停顿	1.语言文字的学习,就理解方面说,是得到一种知识;就运用方面说,是养成一种习惯。
			表示非并列关系的多重复句中第一层分句(主要是选择、转折等关系)之间的停顿	2.人还没看见,已经先听见歌声了;或者人已经转过山头望不见了,歌声还余音袅袅。 3.荷塘中的月色并不均匀;但光与影有着和谐的旋律,如梵阿玲上奏着的名曲。 4.不管一个人如何伟大,也总是生活在一定的环境和条件下;因此,个人的见解总难免带有某种局限性。 5.照例还有一个同乡会,吊烈士,骂满洲;此后便有人主张打电报到北京,痛斥满政府的无人道。
			用于分项列举的各项之间	6.任弼时同志有三"怕":一怕工作少;二怕麻烦人;三怕用钱多。
	冒号	:	用于总说性或提示性词语(如"说""例如""证明"等)之后,表示提示下文	1.热传输的基本方式有三种:传导、对流和辐射。 2.阿婆笑眯眯地说:"你打开箱子去看看呀!"
			表示总结上文	3.直到十几天之后,这才知道她家里还有严厉的婆婆;一个小叔子,十多岁,能打柴了;她是春天没了丈夫的;他本来也以打柴为生,比她小十岁:大家所知道的就只有这一点。
标号	引号	"" ''	标示语段中直接引用的内容。	1.李白诗中就有"白发三千丈"这样极尽夸张的语句。
			标示需要解释、说明、论述的词语	2.也有一些字眼的意义变化或者事物名称的改变,跟人们的生活不一定有多大关系。比如"江"原来专指长江,"河"原来专指黄河,后来都由专名变成了通名。
			标示需要强调或具有特殊含义的词语。	3.我以为世间最可宝贵的就是"今",最易丧失的也是"今"。 4.有几个"慈祥"的老板到菜场去收集一些菜叶,用盐水一浸,这就是她们难得的佳肴。
			当引号中还需要使用引号时,外面一层用双引号,里面一层用单引号。	5."你教的是'子曰诗云'吗?"我觉得奇异,便问。

续表

类别	名称	形式	主要用法	示例
标号	括号	（） 〔〕 〔〕	标示注释内容或补充说明	1.木心和茅盾（沈雁冰）是远亲,孙家花园和茅盾故居在一条街道的两端。 2.普通话共有四个声调,即阴平声(如"妈")、阳平声(如"麻")、上声(如"马")、去声(如"骂")。
			标示次序	3.语言有三个要素:(1)声音;(2)结构;(3)意义。
			标示作者的国籍或所属朝代,可用方括号或六角括号	4.〔日〕村上春树《挪威的森林》。 5.〔清〕段玉裁著。
	破折号	——	标示注释内容或补充说明。	1.人们对生命的理解已经跨出了沙龙式的探讨。在北欧那个盛开着郁金香的浪漫国家——荷兰,法律已经以其庄严的名义确定了濒死病人有对死亡做出选择的权利。 2. 我一直坚持读书,想借此唤起弟妹对生活的希望——无论环境多么困难。
			标示总结上文或提示下文。	3.坚强,纯洁,严于律己,客观公正——这一切都难得地集中在一个人身上。
			用于副标题前	4.见证社会变迁 传承时代精神——"新时代·好记者"全国巡讲活动综述。(《光明日报》2024年11月17日第6版)
			用于引文、注文后,标示作者、出处或注释者。	5.富贵不能淫,贫贱不能移,威武不能屈。 　　　　　　　　——《孟子》
	省略号	……	标示引文的省略	1.他忍不住停下手,坐在一个沙丘上,唱起了歌:"在那遥远的地方,有一位好姑娘……"歌声像一枚纸鸢,飘起来,飞了。
			标示列举或重复词语的省略	2. 在广州的花市上,牡丹、吊钟、水仙、梅花、菊花、山茶、墨兰……春秋冬三季的鲜花都挤在一起啦!
	着重号	・ ・	标示语段中重要的文字	1.那么我也这样联想,东洋厂的每一个锭子上面,都附托着一个中国奴隶的冤魂!
			标示语段中需要指明的文字	2.给下列加点字注音。 戛然而止　步履　窥视　雕琢
	连接号	-	短横线主要用于产品型号、代码及门牌号码、用阿拉伯数字表示的年月日之间的连接	1.GB/T15834 - 2011。
			在复合词中起连接作用	2.物理-化学反应。
		—	一字线标示时间、地点的起止	3.颜真卿(709—784)唐代书法家。 4.上海—乌鲁木齐直达快车。
		～	波浪线标示数值范围的起止。	5.20kg～30kg。 6.第五～九课。

类别	名称	形式	主要用法	示例
标号	间隔号	·	标示外国人名或少数民族人名的内部分界	1.米兰·昆德拉。 2.爱新觉罗·努尔哈赤。
			标示书名与篇（章、卷）之间的分界	3.《诗经·小雅·棠棣》。
			标示词牌、曲牌、诗体名等和题名之间的分界	4.《念奴娇·赤壁怀古》。 5.《七律·登高》。
	书名号	《　》 〈　〉	标示书名、卷名、篇名、刊物名、报纸名、文件名等	1.《经典释文》的作者是陆德明。 2.《左传·成公二年》。 3.《荷塘月色》。 4.《文学评论》。 5.《光明日报》。 6.《生态环境损害赔偿制度改革方案》。
			当书名号中还需要书名号时，里面一层用单书名号，外面一层用双书名号。	7.鲁迅《〈二心集〉序言》。 8.李天虹《简本〈晏子春秋〉与今本文本关系试探》。
	专名号	——	标示古籍、古籍引文或某些文史类著作中出现的专有名词，主要包括人名、地名、国名、民族名、朝代名、年号、官署名等。	1.晏婴(？—前500)春秋时齐国大夫。字平仲，夷维(今山东 高密)人。齐灵公二十六年(前556 年)，其父晏弱死，继任卿，历仕灵公、庄公、景公三世。 2.从咸宁二年到太康十年，匈奴、鲜卑、乌桓等族人徙居塞内。
	分隔号	/	隔开诗行或诗文中的音节节拍	1.横看成岭侧成峰/远近高低各不同/不识庐山真面目/只缘身在此山中。(苏轼《题西林壁》) 2.我想/那缥缈的/空中，定然有/美丽的/街市。街市上/陈列的/一些物品，定然是/世上/没有的/珍奇。(郭沫若《天上的街市》)

说明:本表根据目前执行的国家标准《标点符号用法》(GB/T 15834—2011)编写。

参考文献

[1] 班固.汉书[M].北京:中华书局,1962.

[2] 刘向.战国策[M].上海:上海古籍出版社,1985.

[3] 司马迁.史记[M].北京:中华书局,2014.

[4] 王逸.楚辞章句[M].黄灵庚,点校.上海:上海古籍出版社,2017.

[5] 郑玄,贾公彦.周礼注疏[M]//阮元.十三经注疏.北京:中华书局,1980.

[6] 陈寿.三国志[M].北京:中华书局,1959.

[7] 干宝.搜神记[M]//张海鹏.学津讨原.扬州:江苏广陵古籍刻印社,1990.

[8] 魏收.魏书[M].北京:中华书局,1974.

[9] 萧统.文选[M].李善,注.上海:上海古籍出版社,1986.

[10] 范晔.后汉书[M].北京:中华书局,1965.

[11] 房玄龄,等.晋书[M].北京:中华书局,1974.

[12] 韩愈.韩昌黎文集校注[M].马其昶,校注.上海:上海古籍出版社,1986.

[13] 孔颖达.礼记正义[M]//阮元.十三经注疏.北京:中华书局,1980.

[14] 孔颖达.毛诗正义[M]//阮元.十三经注疏.北京:中华书局,1980.

[15] 李延寿.南史[M].北京:中华书局,1975.

[16] 刘禹锡.刘宾客文集[M].上海:上海古籍出版社,1993.

[17] 柳宗元.柳宗元集[M].北京:中华书局,1979.

[18] 陆羽,等.茶经[M].杨文标,编译.南京:江苏凤凰科学技术出版社,2016.

[19] 孙思邈.备急千金要方[M].北京:人民卫生出版社,1955.

[20] 张永泰.黄帝内经[M].王冰,林亿,校注.北京:人民卫生出版社,2013.

[21] 姚思廉.梁书[M].北京:中华书局,1973.

[22] 张彦远.历代名画记[M].范祥雍,等,点校.北京:人民美术出版社,2004.

[23] 刘昫,等.旧唐书[M].北京:中华书局,1975.

[24] 郭茂倩.乐府诗集[M].北京:中华书局,1979.

[25] 洪适.隶释·隶续[M].北京:中华书局,1986.

[26] 洪兴祖.楚辞补注[M].北京:中华书局,1983.

[27] 李昉,等.太平御览[M].北京:中华书局,1960.

[28] 欧阳修,等.新唐书[M].北京:中华书局,1975.

[29] 欧阳修.欧阳修全集[M].李逸安,点校.北京:中华书局,2001.

[30] 沈括.梦溪笔谈[M].张富祥,译注.北京:中华书局,2016.

[31] 宋伯仁.梅花喜神谱[M]//郭若虚,等.宋人画学论著.台北:世界书局,2011.

[32] 苏轼.苏轼文集[M].孔凡礼,点校.北京:中华书局,1986.

[33] 章樵.古文苑[M]//永瑢,等.影印文渊阁四库全书·集部:第1332册.台北:台湾商务印书馆,1983.

[34] 朱肱.酒经[M].郭丽娜,编译.南京:江苏凤凰科学技术出版社,2016.

[35] 朱肱.酒经译注[M].宋一明,李艳,译注.上海:上海古籍出版社,2010.

[36] 朱熹.楚辞集注[M].北京:国家图书馆出版社,2017.

[37] 朱熹.四书章句集注[M].北京:中华书局,1983.

[38] 朱长文.墨池编[M].何立民,点校.杭州:浙江人民美术出版社,2012.

[39] 脱脱,等.宋史[M].北京:中华书局,1977.

[40] 王逢.梧溪集[M].北京:北京师范大学出版社,2016.

[41] 王实甫.西厢记[M].北京:人民文学出版社,1954.

[42] 辛文房.唐才子传[M].郑州:中州古籍出版社,1987.

[43] 陈继儒.晚香堂小品[M].上海:上海杂志公司,1936.

[44] 窦梦麟.疮疡经验全书[M]//四库全书存目丛书编纂委员会.四库全书存目丛书·子部:第40册.济南:齐鲁书社,1997.

[45] 窦梦麟.疮疡经验全书[M].任玉兰,点校.北京:中国中医药出版社,2021.

[46] 胡应麟.少室山房笔丛[M].北京:中华书局,1958.

[47] 胡之骥.江文通集汇注[M].北京:中华书局,1984.

[48] 黄宗羲.黄宗羲全集:第十九册[M].杭州:浙江古籍出版社,2012.

[49] 金圣叹.金圣叹批评本水浒传[M].罗德荣,点校.长沙:岳麓书社,2006.

[50] 李濂.嵩渚文集[M]//四库全书存目丛书编纂委员会.四库全书存目丛书·集部:第70册.济南:齐鲁书社,1997.

[51] 凌稚隆.汉书评林[M].刊本.吴兴:凌氏,1581(明万历九年).

[52] 刘璟.易斋集[M]//永瑢,等.影印文渊阁四库全书·集部:第175册.台北:台湾商务印书馆,1983.

[53] 施耐庵.水浒传[M].北京:人民文学出版社,2005.

[54] 宋应星.天工开物[M].北京:人民出版社,2021.

[55] 汤显祖.牡丹亭[M].北京:人民出版社,1963.

[56] 陶宗仪.说郛三种[M].上海:上海古籍出版社,2012.

[57] 万时华.诗经偶笺[M]//四库全书存目丛书编纂委员会.四库全书存目丛书·经部:第70册.济南:齐鲁书社,1997.

[58] 王世贞.弇州四部稿//永瑢,等.影印文渊阁四库全书·集部:第218册.台北:台湾商务印书馆,1983.

[59] 徐霞客.徐霞客游记[M].上海:上海古籍出版社,2016.

[60] 徐霞客.徐霞客游记校注[M].朱惠荣,校注.北京:中华书局,2017.

[61] 杨尔曾.图绘宗彝[M].北京:文物出版社,2020.

[62] 张岱.琅嬛文集[M].上海:上海杂志公司,1935.

[63] 张景岳.景岳全书[M].杭州:浙江古籍出版社,2013.

［64］张景岳.类经图翼·附:类经附翼［M］.北京:人民卫生出版社,1958.

［65］张景岳.景岳全书［M］.北京:人民卫生出版社,2007.

［66］张景岳.景岳全书［M］.王大淳,点校.杭州:浙江古籍出版社,2013.

［67］钟惺.隐秀轩集［M］.上海:上海古籍出版社,1992.

［68］周履靖.九畹遗容［M］//莫是龙,等.明人画学论著.台北:世界书局,2009.

［69］周履靖.天形道貌［M］//莫是龙,等.明人画学论著.台北:世界书局,2009.

［70］周履靖.淇园肖影［M］//莫是龙,等.明人画学论著.台北:世界书局,2009.

［71］曹雪芹,高鹗.红楼梦［M］.北京:人民文学出版社,2005.

［72］仇兆鳌.杜诗详注［M］.北京:中华书局,1979.

［73］但明伦.但明伦批评聊斋志异［M］.济南:齐鲁书社,1994.

［74］董诰,等.全唐文［M］.北京:中华书局,1983.

［75］方玉润.诗经原始［M］.北京:中华书局,1986.

［76］冯集梧.樊川诗集注［M］.上海:上海古籍出版社,1978.

［77］冯应榴.苏轼诗集合注［M］.上海:上海古籍出版社,2001.

［78］高步瀛.唐宋诗举要［M］.上海:上海古籍出版社,1978.

［79］郭庆藩.庄子集释［M］.北京:中华书局,2004.

［80］黄宗羲.黄宗羲全集［M］.杭州:浙江古籍出版社,2012.

［81］纪昀.阅微草堂笔记［M］.上海:上海古籍出版社,2016.

［82］金农.冬心题画记［M］.阎安,校注.杭州:西泠印社出版社,2008.

［83］刘熙载.艺概［M］.上海:上海古籍出版社,1978.

［84］彭定求,等.全唐诗(增订本)［M］.北京:中华书局,1999.

［85］蒲松龄.全本新注聊斋志异［M］.朱其铠,等,校注.北京:人民文学出版社,1989.

［86］邱嘉穗.东山草堂陶诗笺［M］//四库全书存目丛书编纂委员会.四库全书存目丛书·集部:第3册.济南:齐鲁书社,1997.

［87］沈德潜.古诗源［M］.北京:中华书局,1963.

［88］沈德潜.唐诗别裁集［M］.上海:上海古籍出版社,1979.

［89］施补华.岘佣说诗［M］//王夫之,等.清诗话.北京:中华书局,1963.

［90］王概,等.芥子园画谱［M］.上海:上海书店出版社,1982.

［91］王先谦.荀子集解［M］.北京:中华书局,1988.

［92］王筠.教童子法及其他三种［M］.上海:商务印书馆,1937.

［93］吴楚材,吴调侯.古文观止［M］.北京:中华书局,1959.

［94］严可均.全后汉文［M］.北京:商务印书馆,1999.

［95］杨守敬,熊会贞.水经注疏［M］.南京:江苏古籍出版社,1989.

［96］永瑢,等.四库全书总目［M］.北京:中华书局,1965.

［97］袁枚.随园诗话［M］.北京:人民文学出版社,1960.

［98］张海鹏.学津讨原［M］.扬州:江苏广陵古籍刻印社,1990.

［99］张志聪.黄帝内经集注［M］.北京:中医古籍出版社,2015.

[100] 赵殿成.王右丞集笺注[M].上海:上海古籍出版社,1961.

[101] 易卜生.玩偶之家[M].潘家洵,译.北京:人民文学出版社,1963.

[102] 易卜生.易卜生文集[M].潘家洵,译.北京:人民文学出版社,1995.

[103] 泰戈尔.泰戈尔诗集[M].郑振铎,译.北京:商务印书馆,2021.

[104] 李约瑟.中国科学技术史[M].袁翰青,等,译.北京:科学出版社,1990.

[105] 莎士比亚.罗密欧与朱丽叶[M].朱生豪,译.北京:人民文学出版社,2012.

[106] 安旗,等.李白全集编年笺注[M].北京:中华书局,2017.

[107] 冰心.繁星·春水[M].北京:商务印书馆,2015.

[108] 蔡义江.红楼梦诗词曲赋鉴赏[M].北京:中华书局,2001.

[109] 曹旭.诗品笺注[M].北京:人民文学出版社,2009.

[110] 常丽丽.病句精讲[M].上海:上海教育出版社,2021.

[111] 陈传席.中国绘画理论史[M].台北:三民书局,2014.

[112] 陈鼓应.老子今注今译[M].北京:商务印书馆,2003.

[113] 陈鼓应.庄子今注今译[M].北京:中华书局,2001.

[114] 陈国林.溯本清源思流泽:百年扬州中学十位语文名家教育思想研究[M].南京:东南大学出版社,2015.

[115] 陈桥驿.郦道元评传[M].南京:南京大学出版社,1994.

[116] 郦道元.水经注校证[M].陈桥驿,校证.北京:中华书局,2007.

[117] 郦道元.水经注[M].陈桥驿,王东,译注.北京:中华书局,2016.

[118] 陈铁民.王维论稿[M].北京:人民文学出版社,2006.

[119] 陈直.弄瓦翁古籍笺证[M].北京:中华书局,2021.

[120] 程俊英,蒋见元.诗经注析[M].北京:中华书局,1991.

[121] 程树德.论语集释[M].北京:中华书局,2014.

[122] 崔尔平.书苑菁华校注[M].上海:上海辞书出版社,2013.

[123] 戴吾三.考工记图说[M].济南:山东画报出版社,2003.

[124] 丁福保.六祖坛经笺注[M].上海:华东师范大学出版社,2013.

[125] 董每戡.五大名剧论[M].北京:人民文学出版社,1984.

[126] 杜雪琴.易卜生戏剧地理空间研究[M].武汉:武汉大学出版社,2015.

[127] 段启明.西厢论稿[M].成都:四川人民出版社,1982.

[128] 方健.中国茶书全集校证[M].郑州:中州古籍出版社,2015.

[129] 费振刚,等.全汉赋校注[M].广州:广东教育出版社,2005.

[130] 干祖望.孙思邈评传[M].南京:南京大学出版社,1995.

[131] 高海夫.唐宋八大家文钞校注集评·昌黎文钞[M].西安:三秦出版社,1998.

[132] 高明.帛书老子校注[M].北京:中华书局,1996.

[133] 耿红卫.中国语文教育史教程[M].济南:山东教育出版社,2013.

[134] 贡如云.语篇阅读教学论[M].南京:南京大学出版社,2019.

[135] 顾黄初.中国现代语文教育百年事典[M].上海:上海教育出版社,2001.

[136] 郭明俊.高职院校语文课程教育研究[M].天津:天津科学技术出版社,2018.

[137] 郭沫若.郭沫若诗精编[M].武汉:长江文艺出版社,2014.

[138] 郭沫若.女神[M].北京:人民文学出版社,1958.

[139] 郭延礼.秋瑾选集[M].北京:人民文学出版社,2004.

[140] 纳兰性德.纳兰词[M].何灏,等,注析.武汉:长江文艺出版社,2014.

[141] 何宁.淮南子集释[M].北京:中华书局,1998.

[142] 何园英.百年"淑新"文化引领下的学校课程审视与未来构想[M].上海:上海社会科学院出版社,2021.

[143] 厚夫.路遥传[M].北京:人民文学出版社,2015.

[144] 厚夫.心灵的边际[M].呼伦贝尔:内蒙古文化出版社,2014.

[145] 厚夫.走过陕北[M].北京:商务印书馆,2016.

[146] 胡道静.梦溪笔谈校证[M].上海:上海人民出版社,2016.

[147] 胡鹏.莎士比亚戏剧早期现代性研究[M].北京:北京大学出版社,2019.

[148] 华东师范大学古籍整理研究室.历代书法论文选[M].上海:上海书画出版社,2012.

[149] 黄耀红.百年中小学文学教育史论[M].长沙:湖南师范大学出版社,2008.

[150] 蒋文颖.易卜生戏剧的现代伦理思想研究[M].武汉:华中师范大学出版社,2022.

[151] 蒋星煜.中国隐士与中国文化[M].北京:生活·读书·新知三联书店,1988.

[152] 蒋星煜.元曲鉴赏辞典[M].上海:上海辞书出版社,2021.

[153] 金良年,胡小静.梦溪笔谈全译[M].上海:上海古籍出版社,2013.

[154] 孔繁.荀子评传[M].南京:南京大学出版社,1997.

[155] 李兵.现代戏剧之父:易卜生心理现实主义剧作研究[M].成都:四川大学出版社,2009.

[156] 李华瑞.宋代酒的生产和征榷[M].保定:河北大学出版社,1995.

[157] 李剑国.搜神记辑校[M].北京:中华书局,2019.

[158] 李景荣,等.备急千金要方校释[M].北京:人民卫生出版社,2014.

[159] 李树.中学语文教学百年史话[M].济南:山东人民出版社,2007.

[160] 李心机.伤寒论通释[M].北京:人民卫生出版社,2003.

[161] 刘半农.扬鞭集[M].北京:中国文联出版公司,1998.

[162] 刘渡舟.伤寒论校注[M].北京:人民卫生出版社,1991.

[163] 刘国正,顾黄初.中国现代语文教育史[M].成都:四川教育出版社,2004.

[164] 刘铭.陈旉农书校释[M].北京:中国农业出版社,2015.

[165] 刘扬忠.晏殊词新释辑评[M].北京:中国书店,2003.

[166] 楼宇烈.老子道德经注校释[M].北京:中华书局,2008.

[167] 卢嘉锡.中国科学技术史·机械卷[M].北京:科学出版社,2000.

[168] 鲁迅.鲁迅全集[M].北京:人民文学出版社,2005.

[169] 鲁迅.中国小说史略[M]//鲁迅.鲁迅全集.北京:人民文学出版社,2005.

[170] 金圣叹.金圣叹批评本·水浒传[M].罗德荣,校点.长沙:岳麓书社,2006.

[171] 罗建新,梁奇.《楚辞》文献研读[M].桂林:广西师范大学出版社,2011.

[172] 毛效同.汤显祖研究资料汇编[M].上海:上海古籍出版社,1996.

[173] 孟二冬.陶渊明集译注[M].长春:吉林文史出版社,1996.

[174] 孟宪强.中国莎学简史[M].长春:东北师范大学出版社,1994.

[175] 莫言.莫言文集[M].北京:当代世界出版社,2004.

[176] 莫言.小说的气味·黑色的精灵[M].沈阳:春风文艺出版社,2003.

[177] 缪启愉,缪桂龙.农书译注[M].济南:齐鲁书社,2009.

[178] 缪启愉,缪桂龙.齐民要术译注[M].上海:上海古籍出版社,2020.

[179] 缪启愉.齐民要术校释[M].北京:中国农业出版社,1998.

[180] 聂石樵.诗经新注[M].济南:齐鲁书社,2000.

[181] 潘吉星.宋应星评传[M].南京:南京大学出版社,1990.

[182] 潘吉星.天工开物校注及研究[M].成都:巴蜀书社,1989.

[183] 潘吉星.天工开物译注[M].上海:上海古籍出版社,2008.

[184] 彭放.郭沫若谈创作[M].哈尔滨:黑龙江人民出版社,1982.

[185] 彭林.《周礼》主体思想与成书年代研究[M].北京:中国人民大学出版社,2009.

[186] 钱超尘.伤寒论文献通考[M].北京:学苑出版社,1993.

[187] 钱钟书.管锥编[M].北京:中华书局,1979.

[188] 秋瑾,郭延礼.秋瑾选集[M].北京:人民文学出版社,2004.

[189] 沈冬梅.茶经校注[M].北京:中国农业出版社,2007.

[190] 石声汉.农政全书校注[M].上海:上海古籍出版社,1979.

[191] 孙文青.张衡年谱[M].北京:商务印书馆,1959.

[192] 台湾大学中文系.先秦两汉文选[M].台北:台湾大学出版中心,2013.

[193] 唐圭璋.全宋词[M].北京:中华书局,1965.

[194] 唐圭璋,等.唐宋词鉴赏辞典(南宋辽金)[M].上海:上海辞书出版社,1988.

[195] 唐圭璋.词学·第七辑[M].上海:华东师范大学出版社,1989.

[196] 唐锡仁,杨文衡.徐霞客及其游记研究[M].北京:中国社会科学出版社,1987.

[197] 田代华.黄帝内经素问[M].北京:人民卫生出版社,2007.

[198] 宛敏灏.二晏及其词[M].北京:商务印书馆,1935.

[199] 万国鼎.陈旉农书校注[M].北京:农业出版社,1965.

[200] 王钢.校订录鬼簿三种[M].郑州:中州古籍出版社,1991.

[201] 王蒙.双飞翼[M].北京:生活·读书·新知三联书店,1996.

[202] 王叔岷.列仙传校笺[M].北京:中华书局,2007.

[203] 王运熙.汉魏六朝诗简说[M].北京:北京出版社,2019.

[204] 王镇远.中国书法理论史[M].上海:上海古籍出版社,2009.

[205] 王志清.纵横论王维[M].长春:吉林人民出版社,2001.

[206] 韦宾.汉魏六朝画论释证[M].成都:四川人民出版社,2022.

[207] 闻人军.考工记译注[M].上海:上海古籍出版社,2021.

[208] 吴熊和.唐宋词汇评·两宋卷[M].杭州:浙江教育出版社,2004.

[209] 吴毓江.墨子校注[M].北京:中华书局,1993.

[210] 夏丏尊,叶圣陶.文心[M].北京:人民文学出版社,2022.

[211] 谢思炜.杜甫集校注[M].上海:上海古籍出版社,2015.

[212] 熊明.汉魏六朝杂传集[M].北京:中华书局,2017.

[213] 徐林祥,马磊.中国现代著名语文教育人物[M].北京:语文出版社,2020.

[214] 徐林祥.语文教育回望与前瞻[M].济南:山东教育出版社,2021.

[215] 徐燕婷,朱惠国.纳兰词评注[M].上海:生活·读书·新知三联书店,2014.

[216] 纳兰性德.纳兰词[M].南京:江苏凤凰文艺出版社,2020.

[217] 徐志摩.翡冷翠的一夜[M].天津:百花文艺出版社,1928.

[218] 徐志摩.徐志摩精选集[M].北京:中国文联出版社,2016.

[219] 阎琦.韩昌黎文集注释[M].西安:三秦出版社,2004.

[220] 颜世安.庄子评传[M].南京:南京大学出版社,1999.

[221] 杨伯峻.论语译注[M].北京:中华书局,1980.

[222] 杨伯峻.孟子译注[M].北京:中华书局,2010.

[223] 杨明照.抱朴子外篇校笺[M].北京:中华书局,1991.

[224] 杨仁恺.中国书画[M].上海:上海古籍出版社,1990.

[225] 杨泽波.孟子评传[M].南京:南京大学出版社,1998.

[226] 姚春鹏.黄帝内经译注[M].北京:中华书局,2022.

[227] 叶恭绰.全清词钞[M].北京:中华书局,1982.

[228] 叶嘉莹,缪钺.灵谿词说[M].上海:上海古籍出版社,1987.

[229] 叶圣陶.给语文教师的建议[M].长沙:湖南人民出版社,2022.

[230] 刘国正.叶圣陶教育文集[M].北京:人民教育出版社,1994.

[231] 叶圣陶.叶圣陶语文教育论集[M].北京:教育科学出版社,2015.

[232] 游国恩.楚辞概论[M].北京:商务印书馆,1930.

[233] 俞剑华.中国画论类编[M].北京:人民美术出版社,2016.

[234] 俞平伯,等.唐诗鉴赏辞典[M].上海:上海辞书出版社,2013.

[235] 袁行霈.陶渊明集笺注[M].北京:中华书局,2003.

[236] 臧励和.汉魏六朝文[M].台北:台湾商务印书馆,1947.

[237] 詹锳.李白诗文系年[M].北京:人民文学出版社,1984.

[238] 詹锳.文心雕龙义证[M].上海:上海古籍出版社,1989.

[239] 张草纫.纳兰词笺注[M].上海:上海古籍出版社,2003.

[240] 张建军.中国古代山水画理论史[M].南京:江苏凤凰美术出版社,2022.

[241] 张觉.荀子译注[M].上海:上海古籍出版社,2012.

[242] 张隆华,曾仲珊.中国古代语文教育史[M].成都:四川教育出版社,2000.

[243] 张泗洋,等.莎士比亚戏剧研究[M].长春:时代文艺出版社,1991.

[244] 张怡.语文教学与模式创新[M].北京:光明日报出版社,2018.

[245] 张志公.张志公语文教育论集[M].北京:人民教育出版社,1994.

[246] 张志烈,等.苏轼全集校注[M].石家庄:河北人民出版社,2010.

[247] 赵心宪.语文教育通观概论[M].成都:四川人民出版社,2006.

[248] 赵秀亭,冯统一.饮水词校笺[M].北京:中华书局,2015.

[249] 赵志伟.现代语文教育发展[M].上海:华东师范大学出版社,2012.

[250] 郑建明.张仲景评传[M].南京:南京大学出版社,2001.

[251] 中共中央文献编辑委员会.毛泽东选集(四卷本)[M].北京:人民出版社,1991.

[252] 中共中央文献研究室.毛泽东文集(八卷本)[M].北京:人民出版社,1993.

[253] 中国戏曲研究院.程砚秋演出剧本选集·梅妃[M].北京:中国戏剧出版社,1958.

[254] 周兴陆.唐贤三昧集汇评[M].南京:凤凰出版社,2016.

[255] 朱惠荣.徐霞客与《徐霞客游记》[M].北京:中华书局,2003.

[256] 朱钧侃,等.徐霞客评传[M].南京:南京大学出版社,2006.

[257] 朱一玄,等.中国古代小说总目提要[M].北京:人民文学出版社,2005.

[258] 朱自清.朱自清语文教学经验[M].北京:教育科学出版社,2007.

[259] 邹同庆,等.苏轼词编年校注[M].北京:中华书局,2002.

[260] 孔岩."力"与"诗"的和鸣:厚夫《漫步秦直道》赏评[J].名作欣赏,2005(18):90-92.

[261] 刘向政.论工科类研究生汉、英语文修养及学科建设:从一则硕士研究生毕业论文的中、英文摘要谈起[J].湖南社会科学,2007(4):208-210.

[262] 马磊,徐林祥.叶圣陶语文教材现代化思想的当代启示[J].课程.教材.教法,2018(7):54-60.

[263] 莫言.透明的红萝卜[J].中国作家,1985(2).

[264] 丘立才.努力提高研究生的中国语文水平[J].中山大学学报论丛,1998(5):28-30.

[265] 史铁生.务虚笔记[J].收获,1996(1).

[266] 徐亮.惊人的偏执 惊人的真实:张承志小说后论[J].当代作家评论,1991(1):40-46.

[267] 袁红凯.华佗麻沸散可能存在的文献和历史证据[J].中医药文化,2020,15(1):86-90.

[268] 张承志.黑骏马[J].十月,1982(6).

[269] 张海明.江淹《别赋》《恨赋》写作时间及本事新证[J].北京师范大学学报(社会科学版),2014(2):34-47.

[270] 张庆善.纪念伟大作家曹雪芹逝世250周年大会暨学术研讨会开幕词[J].红楼梦学刊,2014(1):1-7.

[271] 周汝昌.曹雪芹:中华文化的集大成者[J].党建,2014(7):56-58.

[272] 崔文龙.深刻把握强化科技教育和人文教育协同的战略意义[N].光明日报,2024-11-5(6).

[273] 杜云.强化科技教育和人文教育协同[N].光明日报,2024-10-22(6).

[274] 任定成,李三虎.把握科技与人文的内在统一性 强化科技教育和人文教育协同[N].人民日报,2024-10-28(9).

后　记

　　本教材是延安大学 2023 年研究生教材建设项目的结项成果。自 2023 年 7 月立项以来，全体编写组成员克服重重困难，利用暑假、寒假及业余时间，经过一年半的努力，历经四次编写小组会议讨论，终于完成了这项难度较大的教材编写任务。

　　其实，在语文教材这个"大家庭"中，并没有《研究生语文》这个成员。该教材可谓是新生事物，也算是语文教材之"异类"。尽管大家都认为硕士研究生的语文能力有待提高，但并不认为通过开设语文课可以解决这个问题。因此，编写组成员还要顶着"压力"去收集资料、筛选作品、设计问题，毕竟，"第一次吃螃蟹"是颇具挑战性的。

　　本教材是全体编写组成员协同合作的集体成果。本教材由刘向斌教授担任主编，负责全盘工作、编写任务的分配、通稿工作及前言、后记的撰写等，并编写了部分单元；由师瑞副教授担任副主编，主要负责书稿的文字校对、文献核对、注释修改和格式调整等，并编写了部分单元；其他成员各司其职，负责编写所分配的各部分任务。具体分工如下：

　　上编第一单元"诗歌"、下编第七单元"科技探索"由王小艳副教授负责编写；上编第二单元"散文"由霍建波教授负责编写；上编第三单元"小说"和第四单元"戏曲"由李军峰副教授负责编写；上编第五单元"辞赋"和下编第九单元"艺术之美"由刘向斌教授负责编写；下编第六单元"思想穿梭"和第八单元"养生之道"由师瑞副教授负责编写；附录一"中国语文教育简史"由卜岩副教授和李朝琴老师负责编写；附录二"常见病句及标点误用"由马智忠副教授负责编写。

　　当然，本教材编写组在成立后就立刻明确了"文责自负"原则，并要求各位编者，当选文在版权时效范围内时，必须有相关作品的使用授权书。并且，本书编者基于著作权保护原则，均在书稿中标注了选文的出处。特此说明。

　　最后，感谢延安大学研究生院的信任，敢于将"第一次吃螃蟹"的使命赋予我们！感谢延安大学文学院领导的鼎力支持，让我们在轻松愉悦的环境中完成了编写任务！感谢西安交通大学出版社雒海宁编辑的辛勤付出，由于她的认真审校才使该教材以高质量的面貌来到这个世界！